지식인마을23
롤스 & 매킨타이어
정의로운 삶의
조건

지식인마을 23 정의로운 삶의 조건
롤스 & 매킨타이어

저자_ 이양수

1판 1쇄 발행_ 2007. 9. 7.
2판 1쇄 발행_ 2013. 6. 11.
2판 6쇄 발행_ 2023. 5. 1.

발행처_ 김영사
발행인_ 고세규

등록번호_ 제406-2003-036호
등록일자_ 1979. 5. 17.

경기도 파주시 문발로 197(문발동) 우편번호 10881
마케팅부 031)955-3100, 편집부 031)955-3200 | 팩스 031)955-3111

저작권자 ⓒ 2007 이양수
이 책의 저작권은 저자에게 있습니다. 서면에 의한 저자와 출판사의
허락 없이 내용의 일부를 인용하거나 발췌하는 것을 금합니다.

COPYRIGHT ⓒ 2007 Lee yang soo
All rights reserved including the rights of reproduction in whole
or in part in any form. Printed in KOREA.

값은 뒤표지에 있습니다.
ISBN 978-89-349-2597-2 04340
      978-89-349-2136-3 (세트)

홈페이지_ www.gimmyoung.com   블로그_ blog.naver.com/gybook
인스타그램_ instagram.com/gimmyoung   이메일_ bestbook@gimmyoung.com

좋은 독자가 좋은 책을 만듭니다.
김영사는 독자 여러분의 의견에 항상 귀 기울이고 있습니다.

지식인마을 23

롤스 & 매킨타이어
John Rawls & Alasdair C. MacIntyre

정의로운 삶의 조건

이양수 지음

김영사

Prologue 1 지식여행을 떠나며

정의로움을 찾아가는 여행

무릇 정치사상은 시대와 상황에 무관할 수 없다. 정치적 이슈는 항상 시대적 맥락 안에서 생각되어야 한다. 그런 점에서 이 책도 정치적 변화의 영향을 받았다고 할 수 있다. 이 책의 초판이 나올 때만 해도 롤스와 매킨타이어에 대해 아는 사람은 그리 많지 않았다. 우리 사회에서 정의 문제는 결코 대중적으로 친숙한 주제가 아니었다. 여전히 정의는 소수 전문가 층의 관심 대상에 가까웠다. 초판의 서문에서 독자의 많은 비판을 기대하면서 가슴 설렌다 했던 것은 정의 문제의 심각성을 부각시키고 싶은 욕심 때문이었다. 이 관점에서 보면 상황은 매우 유리한 방향으로 흐르지 않았나 싶다.

무엇보다 정의를 바라보는 시각이 눈에 띄게 바뀌었다는 점을 들고 싶다. 상황의 급변에는 미국 정치철학자 마이클 샌델의 힘이 컸다. 2009년《정의란 무엇인가》는 인문학 서적으로는 좀처럼 깨기 힘든 판매고를 기록했다. 독자의 자발적인 관심 표명이라는 측면에서도 우리 사회에 많은 생각할 거리를 던진 사건이었다.《정의란 무엇인가》의 장점은 20세기의 지배적인 정의 담론이라는 묵직한 주제를 다루면서도 다양한 예시를 통해 이전에는 주목하지 않았던 여러 이슈를 토론할 기회를 제공했다는 데 있다. 정치적 이슈에 무감각한 우리 현실을 감안하면 샌델 열풍은 큰 의의가 있는 지적 사건이다.

어떤 의미에서 보면 이 책은 샌델 열풍의 최대 수혜자라고 할 수 있다. 샌델 자신이 롤스의 정의이론에 대한 체계적 비판자라는 점에서 샌델의 대중적 인기는 자연스럽게 롤스에 대한 관심으로 이어졌다. 하지만 이런 외형적인 변화보다 더 중요한 점이 있다. 우리 사회의 구성 자체가 바뀌고 있다는 사실이다. 이런 이면에는 미처 파악하지 못한 작은 변화가 있다. 작은 변화들이 모이면 큰 변혁의 틀이 된다. 이런 현상은 아마도 자유주의 사회에 가까워지는 우리 사회의 변화를 반영한 것이 아닐까 한다. 예컨대 우리 사회가 겪고 있는 갈등을 보면 정의를 둘러싼 갈등인 경우가 많아지고 있다. 정의 담론에 대한 이해는 서구 자유주의 논의이긴 하지만 우리에게 분명 도움이 될 수 있을 것이다. 어느 쪽이든 사회 문제에 관심을 기울이는 것만으로도 충분하지 않을까.

재판에서는 초판본에서 다루지 않았던 주제를 첨부했다. 우선 우리 사회와 밀접하게 연관된 세 가지 주제를 선별했다. 선별된 주제는 다음과 같다. 첫 번째 주제는 정의와 평등의 차이이다. 정의는 평등과 동의어가 아님에도 불구하고 정의를 평등의 시선에서 이해하는 경우가 많았다. 따라서 이번 논의에서는 정의 담론의 특징을 담으려고 했고, 사회협동 체제와 정의의 연관관계에 관한 몇 가지 논의를 첨삭했다. 사회협동의 문제는 정의 담론이 평등의 관점과 달라지는 주요한 논거이기 때문이다.

두 번째 주제는 실력주의 사회의 이상理想이다. 이 문제는 우리 전통사회의 정치적 이상과 관련된다. 전통사회에 대한 분석이 충분하지 못한 현실에서 롤스의 장점을 더욱 진전시켜보려고 했다. 특히 자유주의 평등관에 근거한 실력주의 사회의 이상을 거부하는 롤스의 논변을 전달하는 데 치중했다. '형식적' 기회균등과 '공정한' 기회균등의 차이를 명확히 하는 데 집중했다. 이런 맥락에서 형식적 기회균등을 강조하면서 승복 논리를 고수하는 입장에 대한 대안으로 차등원칙을 부각시켰다.

마지막으로 매킨타이어 논의를 보충했다. 초판이 상당 부분 롤스 논의에 치중하고 있어 상대적으로 미흡했던 매킨타이어 논의에 '이야기' 논의를 첨부시켜 균형을 잡으려 했다. 특히 매킨타이어 논의에서 이야기가 차지하는 중요성에 대해 많은 지면을 할애했다.

이외에도 초판에 나온 문맥상 불명료한 부분들을 과감하게 정리했다. 독자의 가독성을 높이는 것이 중요하다는 판단 아래, 불필요한 접속사나 내용은 삭제했다. 한층 정합적인 텍스트를 썼으면 하는 미련이 남기는 하지만 지나친 개작은 처음 생각을 훼손할 수 있어 손을 대지 않았다. 전달하려는 뜻이 분명하다면 충분하다고 생각했다.

책 제목이 시사하듯 정의 문제는 삶의 문제이다. 정의에 대한 시선은 현실 이슈에 늘 고정된다. 정의를 바라보는 시선이 중요한 이유가 여기에 있다. 이제 우리의 시선은 전에 보지 못했던 세세한 문제에도 주목한다. 이에 대한 합리적 토의는 분명 더 좋은 사회를 위한 기반일 것이다. 매일매일 부정의에 시달리면서도 삶에 대한 희망을 놓지 않는 것도 이 때문일 것이다. 세상의 다양한 이슈들을 좀 더 적극적인 자세로 다룰 기회가 많았으면 하는 심정이다. 여전히 독자의 더 많은 비판이 그립다.

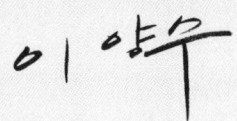

Prologue 2 이 책을 읽기 전에

〈지식인마을〉시리즈는…

　〈지식인마을〉은 인문·사회·과학 분야에서 뛰어난 업적을 남긴 동서양대표 지식인 100인의 사상을 독창적으로 엮은 통합적 지식교양서이다. 100명의 지식인이 한 마을에 살고 있다는 가정 하에 동서고금을 가로지르는 지식인들의 대립·계승·영향 관계를 일목요연하고 볼 수 있도록 구성했으며, 분야별·시대별로 4개의 거리(street)를 구성하여 해당 분야에 대한 지식의 지평을 넓히는 데 도움이 되도록 했다.

〈지식인마을〉의 거리

플라톤가　플라톤, 공자, 뒤르켐, 프로이트 같이 모든 지식의 뿌리가 되는 대사상가들의 거리이다.
다윈가　고대 자연철학자들과 근대 생물학자들의 거리로, 모든 과학 사상이 시작된 곳이다.
촘스키가　촘스키, 베냐민, 하이데거, 푸코 등 현대사회를 살아가는 인간에 대한 새로운 시각을 제시한 지식인의 거리이다.
아인슈타인가　아인슈타인, 에디슨, 쿤, 포퍼 등 21세기를 과학의 세대로 만든 이들의 거리이다.

이 책의 구성은

　〈지식인마을〉시리즈의 각권은 인류 지성사를 이끌었던 위대한 질문을 중심으로 서로 대립하거나 영향을 미친 두 명의 지식인이 주인

공으로 등장한다. 그리고 다음과 같은 구성 아래 그들의 치열한 논쟁을 폭넓고 깊이 있게 다룸으로써 더 많은 지식의 네트워크를 보여주고 있다.

초대 각 권마다 등장하는 두 명이 주인공이 보내는 초대장. 두 지식인의 사상적 배경과 책의 핵심 논제가 제시된다.

만남 독자들을 더욱 깊은 지식의 세계로 이끌고 갈 만남의 장. 두 주인공의 사상과 업적이 어떻게 이루어졌으며, 그들이 진정 하고 싶었던 말은 무엇이었는지 알아본다.

대화 시공을 초월한 지식인들의 가상대화. 사마천과 노자, 장자가 직접 인터뷰를 하고 부르디외와 함께 시위 현장에 나가기도 하면서, 치열한 고민의 과정을 직접 들어본다.

이슈 과거 지식인의 문제의식은 곧 현재의 이슈. 과거의 지식이 현재의 문제를 해결하는 데 어떻게 적용될 수 있는지 살펴본다.

이 시리즈에서 저자들이 펼쳐놓은 지식의 지형도는 대략적일 뿐이다. 〈지식인마을〉에서 위대한 지식인들을 만나, 그들과 대화하고, 오늘의 이슈에 대해 토론하며 새로운 지식의 지형도를 그려나가기를 바란다.

지식인마을 책임기획 장대익
서울대학교 자유전공학부 교수

Contents 이 책의 내용

Prologue 1 지식여행을 떠나며 · 4
Prologue 2 이 책을 읽기 전에 · 8

초대
우리를 둘러싼 정의의 모습 · 14
내게 이로우면 그뿐일까? | 법적으로 문제 없다고 양심까지 엿 바꿔 먹을래?
부정의는 사회 곳곳에 있다 | 정의의 철학자, 롤스
롤스의 비판자, 매킨타이어

만남
1. 정의가 없다면 어떻게 될까 · 44
다툼없는 사회를 꿈꾸다 | 우리가 정의를 갈망하는 이유
정의는 없어도 될까? | 정의와 법은 같은가?
공정한 정의원칙을 찾아서 | 존 롤스, 그는 누구인가
개인의 자유와 희생 | 정의원칙은 상상에서만 가능하다
왜 계약이 '사회적'이어야 하는가?

2. 왜 원초적 입장인가 · 82
꼭 원초적 입장이어야 하는 이유 | 원초적 입장은 무엇이고, 어떻게 성립할까?
어느 쪽 편에도 서지 않는 상태 | 원초적 입장의 계약 단서 조항들
보통 사람의 관점과는 다른 원초적 입장

3. 내 것이 네 것보다 더 공정해! · 101
내 정의원칙이 더 나은 이유[롤스의 정의원칙] | 롤스의 자유주의와 정의
공리주의와 대결하다 | 롤스가 제시한 방향성 | 효율성 vs. 공정한 분배
비교할수록 분명히 알 수 있어요 | 공리주의 vs. 자유우선원칙
공리주의 vs. 기회균등의 원칙 | 공리주의 vs. 차등원칙

4. 실력주의 사회의 이상과 비판 · 133
공정한 기회와 실력 발휘 | 100미터 달리기의 비유
공정한 기회를 주면 모든 게 정당화되는가 | 민주주의 평등이 하나의 대안이다
박애는 실현될 수 있는가

5. 지나치게 도덕만 말하지 말라 · 152
  도덕군자들의 세계 | 매킨타이어는 누구인가? | 꼭 원초적 입장이 필요한가?
  도덕적 관심은 인간의 한 관점일 뿐

6. 인간의 가치는 법을 필요로 한다 · 175
  누구나 알 수 있는 객관적인 관점이 필요해요! | 롤스의 꿈
  우리가 받아들일 수 없는 법 | 누구나 실수할 수 있지만 그래도 난 나지요!
  실수에서 배울 수 있는 사람이 도덕적이지요!
  정치적 삶은 공동체를 요구하지요! | 도덕적인 사람과 정치적인 사람

7. 이야기하는 인간 · 203
  매킨타이어의 공동체주의 정치관 | 자기 자신이란 누구인가?
  인간은 이야기한다 | 해석하는 동물, 서사적 존재 | 전승과 전통

8. 분배정의와 사회변혁 · 222
  어떻게 분배해야 할까? | 사회의 기본가치와 분배
  차등원칙은 현실적인가? | 분배는 공동체가 필요하죠!
  정의로운 사회를 위하여

 대화

  롤스와 매킨타이어의 가상 세미나:
  21세기 자유주의-공동체주의 논쟁 · 246

 이슈

  한국사회에 롤스의 정의원칙을 적용하다 · 268

Epilogue 1 지식인 지도 · 286   2 지식인 연보 · 288
  3 키워드 찾기 · 290   4 깊이 읽기 · 293
  5 찾아보기 · 294

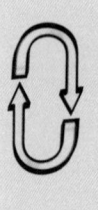

Chapter 1

John Rawls

✉ 초대
INVITATION

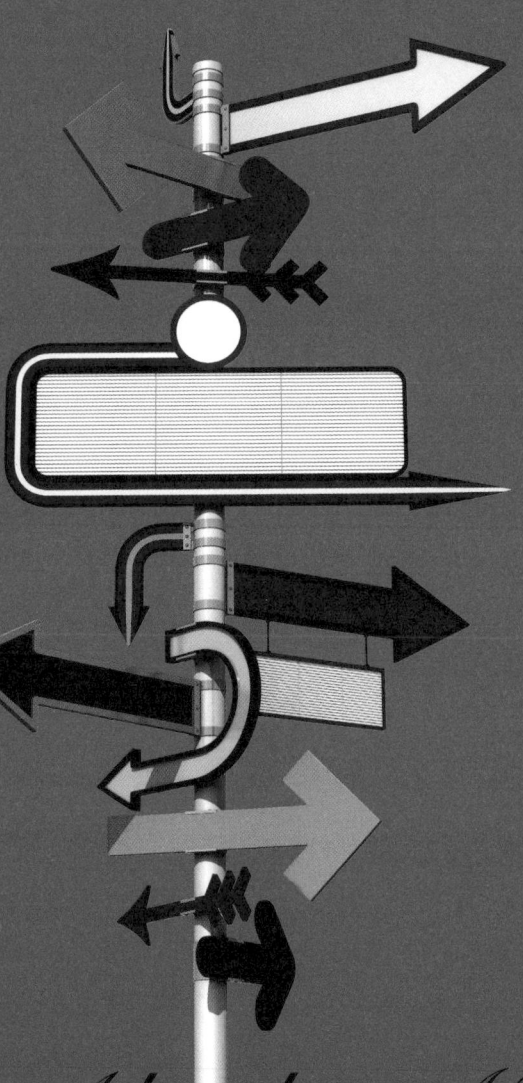

Alasdair MacIntyre

초대 1

우리를 둘러싼
정의의 모습

**내게 이로우면
그뿐일까?**

    누구에게나 꿈이 있다. 대통령이 되고 싶어 하기도 하고, 멋진 연예인이 되는 꿈을 꾸기도 한다. 그 꿈을 이루기 위해 열심히 노력도 한다. 하지만 나 혼자 열심히 노력한다고 해서 꿈이 이루어지는 경우는 많지 않다. 그 이유는 간단하다. 인간은 혼자만의 힘으로 살 수 없고, 사회 속에서 다른 사람들과 서로 도와가며 살아야 하기 때문이다.

    여기 오페라 가수가 되고 싶은 사람이 있다. 혼자 힘으로 훌륭한 오페라 가수가 될 수 있을까? 얼핏 가능해 보여도 실상은 그렇지 못하다. 우선 오페라를 만들 연출자와 오페라 가수들이 필요하고 공연을 즐길 청중도 필요하다. 멋진 오페라 무대가 있다면 더욱 좋을 것이다. 오페라 극장을 설계할 건축가, 인테리어 디자이너, 건축업자들도 필요하다. 이렇듯 오페라 가수로서의 꿈은 개인의 특출한 재능에만 달린 것이 아니라 다른 사람들과의 협동을 전제로 한다. 다른 사람의 도움 없이는 오페라 가수로 성공할 수 없기 때문이다.

사회협동은 서로의 이해관계가 잘 맞아떨어질 때 좋은 결실을 맺을 수 있지만 쉽게 깨지기도 한다. 살다 보면 조화보다는 갈등이 생기기 쉽기 때문이다. 상상을 더 펼쳐보자.

나는 이번 오페라 공연에서 꼭 주인공 역할을 맡고 싶고, 그럴 자격과 능력도 충분히 있다고 생각한다. 남보다 노력도 많이 했고, 열심히 허드렛일도 도왔다. 하지만 현실은 그렇게 만만치 않다. 같은 오페라 단원들이라면 누구나 주인공 역할을 꿈꿀 것이고, 따라서 주인공 배역을 맡기 위해서는 동고동락하던 동료들과 경쟁해야 한다. 공연의 책임을 맡은 연출가는 공정한 절차와 기준의 오디션을 통해 적임자를 선출할 것이다. 단원 모두가 그 결과를 인정한다면 아무 문제가 없겠지만 그렇지 못할 경우에는 갈등이 생기기 마련이다.

우리는 실제 생활에서 이런 상황을 심심치 않게 경험한다. 자신이 원하는 바를 얻기 위해선 다른 사람과의 협동이 필요하다. 흔히 대수롭지 않게 생각하지만 협동이야말로 인간만이 누리는 특이한 삶의 방식이다. 하지만 자신의 이익을 위해 협동을 하는 과정에서 갈등은 필연적으로 발생한다. 서로의 이해관계가 충돌하고 반목을 일으키는 경우가 허다하기 때문이다. 그래서 억울하게 누명을 쓰는 사람도, 사회협동의 결과들을 거저 얻는 불로소득자들도 생긴다. 이때마다 우리가 부르짖는 것이 '정의'다. 자기 자신의 정당한 몫을 달라고 말한다.

다소 딱딱하고 생소하게 들릴지 모르지만, 정의란 사회를 이루어 살아가는 인간의 삶에서 떼려야 뗄 수 없는 것이다. 더불어 살아야 하겠지만, 남의 것을 빼앗거나 남에게 불이익을 주는 것은 용납할 수 없다. 더불어 사는 삶이란 모두가 자신의 삶에 만족할 때 비로소 완성될 수 있다. 그 때문에 정의로운 삶이란 사회협동이 서로 조화를 이룰 수 있는 삶과 같은 것으로 생각해왔다. 이런 맥락에서 볼 때, 정의는 협동생활에서 일어나는 갈등을 조정하고, 인간의 삶이 서로 조화될 수 있도록 하기 위한 것이다. 하지만 분명한 것은 정의는 항상 타인과의 관계, 특히 갈등상황에서 비롯된다는 것이다. 갈등에 대한 합리적인 해결을 요구한다.

**법적으로 문제 없다고
양심까지 엿 바꿔 먹을래?**

갈등은 우리 생활 곳곳에서 발생한다. 어떤 때는 강한 시기심으로, 어떤 때는 분노로 표출된다. 대부분 이런 상황은 정의롭지 못한 경우다. 정의는 시기심도, 분노도 없이 모든 인간이 서로 좋은 관계를 유지하는 상태를 지칭한다. 반면에 정의롭지 못함은 서로 으르렁대고 싸우거나 힘이 없는 약자가 항상 당하고만 사는 것이다. 정의로운 사회에선 서로가 평등하다고 느끼기 때문에 싸울 이유가 없다. 정의롭지 못한 사회는 구성원이 심하게 불평등을 경험하는 사회, 시쳇말로 '양극화가 심한 사회'를 가리킨다. 따라서 정의의 근간은 사회의 모든 불평등과 부당한 대우를 없애는 것이다.

인간이 사는 곳 어디에도 갈등은 있기 마련이다. 문제는 갈등의 조정이다. 더 이상의 불평등이 야기되지 않도록 갈등 상황을

조정해야 하고 그러기 위해 반드시 필요한 것이 바로 법이다. 법은 우리 생활에서 발견할 수 있는 가장 손쉬운 갈등 해소, 갈등 조정의 방법이다.

서양에선 정의를 뜻하는 상징물로 저울을 사용한다. 저울의 수평 상태가 곧 갈등 조정의 가장 바람직한 상태이자 정의의 상태이다. 수평 상태를 유지하는 저울처럼 법도 그 요건을 충족하기 위해서는 특정 집단이나 개개인의 이해관계를 벗어나 철저하게 중립을 지켜야 한다. 법은 또한 항상 '누구에게나 동일하게' 적용되어야만 한다. 법이 늘 정의의 대명사로 이해되어 온 것도 이 때문이다. 법의 중립성과 정의는 그래서 서로 밀접하게 관련되어 있고, 이러한 공평성은 법의 형식적 요건이면서 실질적인 정의의 내용이다.

법은 언제나 정의를 추구한다. 정의롭지 못한 행동이나 판단을 금지하는 것이 법의 궁극적인 목표다. 다소 역설적으로 들릴지 모르지만, 법은 그 위반자를 처벌할 수 있는 공권력을 정당화하는 수단이 되기 때문에 사회의 기반으로서 법의 권위를 무시하는 모든 행동에 대해 무시무시한 폭력을 휘두른다. 이 역설적인 성격은 소크라테스$^{Socrates, BC\ 470?\sim399}$의 죽음에서 잘 나타난다.

소크라테스의 죽음은 철학사에서 흔히 언급되는 역사적 사건이다. 그의 죽음은 앞에서 말한 법의 역설 때문에 생겼다. 소크라테스의 죄는 그리스 젊은이를 타락시키고 그리스 사회가 모시는 신을 믿지 않았다는 것이었다. 그는 그 이유로 기소되고, 끝내 사형을 선고받았다. 현재의 시각에서 보면 말도 되지 않는 판결이다. 누구나 신앙의 자유를 가지고 있고, 신을 믿든 말든 그것은 개인의 자유에 속하는 것이다. 더욱이 한 사람의 목숨을 정말로 소중하게 여긴다면 소크라테스의 죽음이야말로 어이 없는 일이 아닐 수 없다.

"잘못된 법도 법이다"라는 말을 남기고 사형당한 소크라테스

물론 법이 부당하다고 생각한 소크라테

스의 친구들은 그를 살리기 위해 다른 나라로 망명할 것을 제안했다. 그러나 소크라테스는 의외의 선택을 했다. 나라를 떠나기보다는 사형 선고를 받아들임으로써 그 사회의 법을 준수해야 한다고 생각하고 그렇게 행동한 것이다. 그의 생각과 행동은 후세에 많은 교훈을 남겼다. 특히 법과 정의의 역설을 깊이 생각할 기회를 만들어 주었다. "잘못된 법도 법이다"라는 법의 요건을 무시할 수 없음을 함축한다. 물론 이 말은 시대와 상황에 따라 제멋대로 덧칠해졌다. 어떤 이들은 이 말을 빌려 잘못된 법도 법의 요건을 충족하고 있는 한 무조건 준수해야 한다고 생각했고, 또 어떤 이들은 법의 형식적 요건보다 그 내용을 중요시하는 도덕과 양심이 정의에 더 가깝다고 말하곤 한다. "정의롭지 않는 법은 법이 아니다"라는 볼테르$^{Voltaire,\ 1694~1778}$의 말을 자주 언급하는 것도 이 때문이다. 그러나 더 중요한 것은, 소크라테스의 경우처럼 우리의 일상 신념과 일치하지 않는 법 체계에 대해 의구심이 커져간다는 것이다. 이런 경우에 정확히 꼬집어 말하지는 못하겠지만, '무엇인가 잘못됐다'고 느낀다. 따라서 법은 우리가 일상생활에서 느끼고 있는 공정함이나 정의로움과 일치할 때, 비로소 그 궁극적인 의미를 충족한다고 할 수 있다.

물론 법의 형식적인 요건도 중요하다. 법의 객관성과 밀접한 관련이 있기 때문이다. 소크라테스의 생각처럼 만인에게 동등하게 법을 적용하는 것이 꼭 정의롭다고 할 수 있을까? 똑같은 법을 적용해도 여전히 누군가가 부당하다고 느낀다면, 그 법을 정의롭다고 말할 수 있을까? 가령 일상생활에서 자주 쓰는 '법대로'라는 말을 생각해보자. 문제가 생기면 법이 지시하는 대로 하자는 말일 것이다. 그러나 이 말이 가끔 법망을 피하기 위해 수사적으로 쓰이는 경우도 있다.

최근 모 대학에서 일어났던 일이다. 대학 총장 선거에서 직접 선거가 이루어지지 않자 관련 대학인들이 들고일어섰다. 학교 당국은 규정을 들면서 법적으로 전혀 문제없다고 주장했다. 그러자 대학인들은 자신들의 생각을 담은 슬로건을 교정에 걸어 놓았다.

'법적으로 문제 없다고 양심까지 엿 바꿔 먹을래?'

이 슬로건은 법적 요건의 충족이 흔히 우리가 공정함이라고 부르는 것과 완벽하게 일치하는 않는다는 것을 잘 보여주고 있다. 법적 요건 자체도 중요하지만, 우리가 생각하는 정의와 법은 우리의 양심과 도덕이다.

이 세상엔 알고도 실행하기 어려운 것이 많다. 그중의 하나가 바로 정의다. 무엇이 바른 행동이고, 무엇이 올바른 판단인지 알아도 자신의 이해관계 때문에, 혹은 친분 때문에 정의로운 행동과 올바른 판단을 하지 못할 때가 많다. 무엇이 공정한 상거래이고, 무엇이 바람직한 교우 관계인지 잘 알고 있지만 자신의 순간적인 이익에 눈이 멀어 정의롭지 못한 짓을 저지르는 경우가 허다하다.

좀 더 쉬운 예를 들어보자. 기말시험 기간에 친한 친구들과 같이 공부를 하다가 배가 고파 피자를 주문했다. 피자가 배달되자 학생들은 허기진 배를 채우려 달려들었다. 그때 그들은 어떻게 피자를 나누어 먹는 것이 공평한지 잘 알고 있다. 통상 피자는 8조각이고, 공평하게 나누어 먹기 위해서는 8조각을 사람 수로 나누면 될 것이다. 그러나 실상은 이 같은 계산과 거리가 멀다. 우선 배달된 피자가 말 그대로 똑같은 크기로 잘라져 있지 않은 경우가 많다. 또 각자가 느끼는 배고픔의 정도와 선호도도 다르다. 하지만 좀 더 큰 피자를 먹고자 하는 강한 욕망만은 누구나 공통적으로 가지고 있다. 돈을 지불한 사람이 잠시 화장실에 간 사이 누군가가 큰 피자 조각을 골랐다고 가정해보자. 돈을 내고도 작은 피자 조각을 선택할 수밖에 없던 사람은 당연히 불쾌하고 뭔가 잘못되었다고 생각할 것이다. 뭔가 잘못됐다는 생각, 뭔가 불공평하는 생각이 드는 그 순간이 곧 정의에 대해 의문을 제기하는 순간이다. 이는 못 먹어서가 아니라 그 배분과정이 부당하다고 생각하기 때문이다.

정의는 무엇보다 피해자들의 관점을 대변한다. 앞의 예에서 보듯, 부정의를 느끼는 사람은 배분과정의 피해자이기 때문이다. 최근 여성들의 부당한 대우에 대한 관심이 높아진 것도 이와 관련이 깊다. 우리 사회에서는 사회의 안전망으로부터 멀리 떨어져 있는 여성이 부당한 대우를 받거나 불공평한 처사를 겪는 경우가 남성들에 비해 상대적으로 많다. 더욱 두드러지는 현상은 자신이 겪는 부당한 대우에 대해 여성 스스로가 인식조차 없는 경우도 많고, 설사 인식하더라도 이렇다 할 저항이나 그들의 목소리를 높일 만한 제도적 장치를 찾기가 쉽지 않다는 것이다. 한마디로 여성들의 권리는 형식적으로 법의 테두리 안에 있을지 몰라도 실질적으로는 정의와 멀리 떨어져 있는 셈이다. 부당한 대우나 처사를 하소연할 만한 제도적 장치가 없는 한 그들의 분노나 절규를 제대로 담아낼 수 없다.

예를 들어 가정 폭력의 경우, 명백하게 정의롭지 못한 행동임에도 불구하고 법의 사각지대에 있는 경우가 많다. 이런 경우에는 형사상의 처벌만이 능사가 아니다. 가정 폭력의 본질적인 문제 해결이란 가정에서 폭력을 몰아내고 바람직한 가족 관계를 수립하는 것이지, 가해자의 행동을 처벌하는 것만은 아니기 때문이다. 다시 말해 법의 형식적인 요건에서만 가정 폭력을 파악하면, 건전한 가정의 수립이라는 본래의 목적을 간과하기 쉽다. 정의의 심판은 이루어졌는지 모르지만, 가정의 정의로움은 일어나지 않는다. 올바른 문제 해결을 위해서는 무엇보다 피해 당사자의 입장을 충분히 고려하는 것이 급선무일 것이다. 여기서 중요한 건 그 세세한 절차나 정의로운 내용의 수립이 아니라 어떻게 피해 당사자의 억울함을 보상하고 균형을 찾아주느냐이다.

또, 정의는 사회 재화의 분배에도 관여한다. 이때에도 정의는 갖지 못한 사회적 약자의 편에 선다. 정의롭지 못한 분배 관행과 행동에서 사회적 약자가 나오기 때문이다. 총 사회 생산량을 키우기 위해선 사회협력이 필요하다. 증가된 생산량을 공정하게 나누어야 한다. 그러나 공정한 분배원칙이 이미 존재하는 것은 아니다. 우선 협력에 참여하는 사람들의 역할과 책임의 범위가 다르다. 또 실질적 분배과정에서 개인의 이해관계를 배제할 수도 없다. 그 때문에 사회는 항상 기득권자와 그렇지 못한 자로 양분되고, 사회적 약자는 이 과정에서 피해자가 된다.

**부정의는
사회 곳곳에 있다**

누군가는 정의를 너무 거창한 것으로 생각해 자신과 동떨어진 문제라고 말할지 모르겠다. 정의는 실질적으로 우리 사회 곳곳에서 일어나는 일들과 밀접하게 연결되어 있다. 아직은 분명하게 정의가 무엇인지 말할 수 없다. 우리가 생각하기에 여전히 부당하거나 공정하지 못한 상황은 있다. 온갖 세상사는 알게 모르게 정의의 문제와 직·간접적으로 관련되어 있다. 우리 주위를 살펴보자. 다음 다섯 가지 경우를 살펴본다면 왜 정의가 필요한지 그 대답을 쉽게 찾을 수 있을 것이다.

(1) 양심적 병역거부는 정당한 것일까?

양심적 병역거부는 한때 가장 뜨거운 논쟁을 일으킨 문제였다. 이 문제는 특히 사법 판단의 적절성과 밀접하게 연관되어 있다. 군사적으로 북한과 대치상황이기 때문에 군복무는 어쩔 수 없다는 정치적 이데올로기가 작동하는 우리 사회에서 병역 거부는 현행법으로나 심정적으로나 받아들이기 어려웠다. 더 나아가 법의 형평성 차원에서도 병역거부는 일종의 의무를 회피하는 행위로 인식되어왔던 점도 부인할 수 없는 사실이다.

양심적 병역거부 역시 불과 몇 년 전만 해도 특정 종교만의 문제였다. 종교적 교리를 위해 군대에 갈 수 없다고 병역을 거부한 이들에 대해 많은 사람들은 대한민국 국적을 가진 건장한 남성이라면 반드시 이행해야 할 의무를 회피하는 술책이라고 판단해 왔다. 특정 종교에만 예외를 인정하는 것은 일종의 특혜라는 생각이 지배적이었기 때문이다.

지금의 논란은 '병역거부'가 아니라 '양심적인 병역거부의 이유'에 초점이 맞추어져 있다. 이 같은 강조점의 변화는 왜 특정 행동을 양심적이라고 부르는가를 생각하게 한다. 한 사회의 제도를 넘어 '세계평화'를 부르짖는다면 그 행위는 전혀 다르게 취급될 수 있기 때문이다.

물론 사회환경의 변화도 중요한 역할을 했다. 병역거부의 사유가 특정 종교가 추구하는 진리보다 세계평화의 문맥에서 검토되는 것 자체가 우리 사회환경의 변화를 보여주는 부분이기도 하다. 그러나 이보다 중요한 건 그 강조점의 차이를 어떻게 이해해야 하는가이다. 종교적 신념을 부르짖는 것과 세계평화를 외치는 것은 분명히 차이가 있다. 그 근거에 따라 형태는 같지만 전혀 다른 내용을 지닌 행동으로 이해할 수 있기 때문이다. 평화에 대한 갈망과 양심에서 나온 행동이라면 좀 더 다른 관점에서 바라보아야 하지 않는가? 법조계의 깊은 고민이 시작된다. 형평성을 잃지 않는 가장 적합한 판단이 필요하다.

(2) 선행학습에 의한 줄서기가 과연 정당한 것일까?

교육 문제도 그렇다. 물론 교육 문제가 우리 사회의 문제만은 아니다. 부모치고 자식 잘되기를 바라지 않는 부모가 어디 있겠는가! 어떤 사회든 부모들은 자녀들이 양질의 교육을 받아 좋은 성과를 올리기를 바랄 것이다. 하지만 교육 문제는 그 특수한 성격에 주목해야 한다. 우리의 교육 현실은 사회의 기득권 진입과 직결되기 때문이다. 이 때문에 전국의 학생과 학부모들은 온통 선행학습에 열중한다. 유치원에서부터 영어를 배우겠다고 아우성이고, 초등학교에선 1~2년을 앞서 배우기 위해 학원 다니기에 열중한다. 학생들의 모든 것은 등수로 환원되고, 일등만이 누릴 수 있는 특권을 생각하며 일등이 되기 위해 수단과 방법을 가리지 않는다.

물론 선행학습 자체가 문제가 되는 건 아니다. 자율적으로만 이루어진다면, 예습은 오히려 자신이 배울 바를 미리 점검하는 모범생의 올바른 습관이라고 할 수도 있을 것이다. 하지만 선행학습은 이미 자율적인 습관을 넘어 점수를 올리는 방식만을 가르치며 우리 교육제도의 문제점을 그대로 드러내고 있다. 돈 있는 사람들은 비싼 과외를 하고, 그렇지 못한 대부분의 학생들도 학교 수업이 끝나면 너도나도 사교육 현장으로 달려간다. 사교육의 전문가들은 미리 시험에 나올 만한 문제들을 찾아내고, 학원은 학생들에게 시험을 잘 보는 비법을 전수한다. 따라서 지금의 선행학습은 학습자의 습관을 향상시키는 목적을 넘어서 높은 점수를 따는 '제도'로 굳어져 교육의 양극화를 조장하고 있다.

교육의 빈부 차로 교육의 질은 세습되고, 공교육은 민주주의 사회에서의 기능을 포기한다. 그뿐인가? 선행학습을 한 학생들은 학교 수업에 흥미를 느끼지도 못하고 시험만 잘 보면 그뿐이다. 현대 사회에 필요한 창의적 사고도 나타나지 않는다. 기득권을 획득하고, 공고히 할 뿐이다. 그래서 사회를 바꿀 생각도, 또 다른 사회를 꿈꾸지도 않는다.

그렇다면 선행학습의 결과를 어떻게 받아들여야 할까? 그것을 정당하다고 말할 수 있을까? 누구도 자신 있게 말하지 못한다.

하지만 직감적인 믿음은 있다. 무언가 공정하지 못하다는 것이다. 사회 관행은 직관적 믿음과 멀리 떨어져 있다. 그런데도 우리 사회는 선행학습의 결과를 우대하고 승복하라고 가르친다. 우리의 직감적인 믿음과 사회적 관행 사이에는 깊은 골이 있다. 그렇기 때문에 정의 문제가 발생하게 되는 것이다.

너무나 잘 알려진 〈토끼와 거북이〉 이야기를 생각해보자. 현실적으로 토끼는 거북이보다 더 빠르다. 토끼의 뛰는 능력이 거북이의 능력보다 우월하다. 그럼에도 이야기에서는 거북이가 열심히 경주해 토끼를 추월한다. 환상을 가르치며 이를 좇게 만들고 있다. 정말 거북이는 토끼와의 경주에서 이길 수 있을까? 실제로는 이길 수 없는 경기인데도 이야기에서는 묘한 반전이 이루어지고 있다. 혹 우리 교육 현장에서 벌어지고 있는 일련의 상황들이 바로 토끼와 거북이의 경주는 아닐까? 질 수밖에 없는데도, 그 경주를 공정하다고 받아들여야 하는 건 아닐까? 공정한 경주의 조건이 무엇인지 궁금해진다.

(3) '노동의 권리'를 상실한 사람들

요즘 방송매체를 보면 '비정규직 노동자'라는 말이 심심치 않게 등장한다. 비정규직 노동자란 정식으로 직장에 채용되지 못하고 임시계약직으로 일하는 사람을 가리키는데, 이들은 보수나 직위에 있어 정규직보다 심한 차별을 받고 있다. 정규직 노동자에 비해 이들이 겪는 심리적 고통은 너무도 크다. 보통 일반 정규직과 다르게 직업과 생활의 안정을 누릴 수 없기 때문이다. 다음 한 비정규직 교사의 하소연을 들어보면, 그 고초를 생생하게 짐작할 수 있다.

> 다음 학기, 내년, 계속 이 학교에서 근무할 수 있을까? 다른 데 알아봐야 되는데, 혹시 자리를 못 잡아서 한 학기 공치는 거 아닌가. 이런 생각을 하면 밤에 잠도 안 와요. …… 전 이걸로 생계유지를 하거든요. 그렇잖아도 방학 땐 월급도 안 나오는데. …… 한 학기 놀면 통장 깎아먹고 살아야 한다는 건데, 걱정되죠.
>
> 장귀연, 《권리를 상실한 노동자 비정규직》(2005)

이 비정규직 노동자가 겪는 심리적 불안은 우리가 알고 있는 것 이상이다. 직장으로부터 언제 쫓겨날지 모른다고 상상해보라. 이 같은 공포는 비단 기간제 교사에게만 국한된 것이 아니다. 이 나라 대부분의 비정규직 노동자들이 겪고 있는 가슴 아픈 이야기다.

물론 비정규직 문제가 우리나라만의 문제는 아니다. 이미 선진국에서도 가속화되고 있다. 그러나 우리 사회에서 비정규직 노동자의 문제는 매우 특수하다. IMF 구제금융 이후 노동 시장의 유연성을 확보한다는 명분으로 시작된 구조조정은 수많은 비정규직을 양산했고, 비정규직 노동자 문제는 새로운 사회 문제로 인식되기 시작했다. 현재 비정규직은 시장과 산업 현장의 변화를 반영하는 우리 사회제도의 일부가 되었다. 그런 점에서 비정규직 문제는 '남의 이야기'가 아니라 바로 우리의 이야기다. 소득이 양극화되고, 일하고 싶은 욕망과 소망을 박탈당한 사람들이 늘어나는 현실 속에서 무엇을 어떻게 해야 할까? 우리 사회에서 진정 무엇을 해야 하는지 진지하게 따져보아야 할 때다.

사회로부터 소외된 사람들이 많다는 것은 그 사회가 결코 정의롭지 못하다는 것을 뜻한다. 이런 사회 속에서 갈등은 더욱 가속화될 것이고, 사회 근간은 크게 위축될 것이다. 최근 우리 사회에서 양극화 현상을 심각하게 우려하는 목소리가 커져가는 것도 이런 징후로 해석될 수 있다. 따라서 비정규직 노동자에 대한 사회적 해결책을 모색하고, 좀 더 정의로운 선택이 무엇일지 심도 있게 토의할 필요가 있다.

(4) 자유무역협정과 스크린 쿼터의 문제

지금은 잠잠해졌지만 한때 우리 사회에서 1인 시위가 빈번하게 등장하던 때가 있었다. 1인 시위는 현행법을 위반하지 않고 정부나 집단에 대해 개인의 저항을 표현하는 방식의 하나다. 자유무역협정 협상과정에서 영화 관계자들도 1인 시위에 나섰다. 길거리로 나선 영화인들은 스크린 쿼터 축소에 반대하기 위해 목청을 드높였다. 하지만 최근 미국과의 자유무역협정이 체결되면서 스크린 쿼터 축소가 확정되었다.

스크린 쿼터 축소, 무엇이 문제인가? 이를 이해하기 위해선 그 논의를 잠시 살펴볼 필요가 있다. 한국 영화시장 개방을 반대하는 사람들은 시장 개방으로 인해 한국 영화산업이 뿌리째 흔들리게 될 것이라고 성토한다. 즉, 한국 문화를 보호하기 위해 제도적 방어막이 필요하다는 주장이다. 특히 세계화 이념이 문화를 말살한다고 목청을 높인다. 그러나 그 반대의 목소리도 만만치 않다. 이들은 국가의 보호 아래 문화가 보존되는 시대는 끝났다고 말한다. 이들도 역시 영화산업을 국가제도의 맥락에서 파악한다. 문화산업의 경쟁력이 최우선 과제라고 말한다. 이들은 영화산업에 과감한 경쟁 시스템을 도입하여 국가경쟁력을 키워야 하며, 우리의 영화산업은 이런 경쟁에서 뒤처지지 않을 만큼 탄탄한 기반을 갖고 있다고 주장한다. 그 예로 국민의 3분의 2가 보았다는 〈왕의 남자〉[2005]의 성공을 든다. 이 영화의 성공이 바로 우리 영화도 세계적인 경쟁력을 갖추었다는 증거라는 것이다. 누구의 말이 진실일까? 누구의 분석이 옳은 것일까? 국가는 누구의 입장에서 대책을 마련해야 할까?

세계화는 시대의 대세라고 말한다. 어쩔 수 없는 선택임을 강조한다. 세계화가 반드시 우리 시대의 특수한 문화를 훼손하지 않을 것이라고도 한다. 그러나 우리는 묻는다. 경제만능주의에 빠진 신자유주의 정책이 유일한 해결책일까? 다른 대안은 없는가? 자신의 문화를 보존하면서도 세계화할 수 있는 방안은 진정 없는 것일까? 정의로운 국제관계란 무엇인가? 힘 있는 자의 힘 자랑이 아닌, 상호 존중의 가능성은 없는 것일까?

(5) 전쟁은 정말 정의로울 수 있는 것일까?

"시간이 약이다"라는 말이 있다. 시간이 모든 것을 잊게 해준다는 말이다. 우리는 한국 군대가 이라크에 파병되어 있다는 사실을 쉽게 잊어버리곤 한다. 그렇지만 이라크 파병 결정은 베트남 파병 결정만큼 매우 중대한 문제였고, 뜨거운 찬반논란이 일어났던 문제였다. 주된 논점은 과연 미국 주도로 일어난 이번 전쟁이 정당한가에 관한 것이었다. 파병 반대론자들은 이라크에 대한 미국 정부의 개입은 명분 없는 부당한 것이라 주장했고, 반대로 파병 찬성론자들은 우리 군대의 파병은 실질적인 이익을 가져온다고 역설했다.

미국 정부의 이라크 전쟁에 대한 명분은 대량 살상 무기의 확대를 막고, 독재자의 횡포에서 이라크 민중을 해방하자는 것이었다. 따라서 미국의 입장에서 전쟁은 '침입자'로서 이라크에 무력 개입을 하는 것이 아니라, '해방군'으로서 독재정치에 고통받는 이라크 민중을 해방하기 위한 것이다. 물론 침입자와 해방군을 구분하는 특성은 매우 작위적이다. 그 구분의 근거가 전쟁 수행의 정의로움을 판가름하는 중대 사안임에는 틀림없다.

중요한 건 아직도 우리의 군대는 이라크에 주둔하고 있다는 사실이다. 명분과 실리 사이에서 우리는 아직도 고민해야 하는 것인가? 아니면 이 전쟁이 다시 평가되어야 하는가? 여기서 우리는 전쟁의 정의로움에 대해 다시 물을 수 있다. 정말 전쟁을 통해 정의가 실현될 수 있을까? 왜 우리는 평화를 외치지 않는가?

앞에서 언급한 여러 논란을 살펴보더라도 정의와 관련되지 않는 문제는 없다. 그만큼 정의의 문제는 광범위하고 폭넓다. 그러나 정의가 무엇인지를 묻는 근본적인 질문 하나에 위의 논란은 모든 것이 원점으로 돌아간다. 그 핵심에는 정의가 무엇인지 묻고 있다. 분명한 것은 정의가 우리의 삶을 구속할 수 있는 사회, 경제, 정치제도와 밀접하게 관련되어 있다는 사실이다.

정의의 철학자, 롤스

이 책에서는 넓은 의미의 정의 문제를 다룬다. 물론 정의 문제를 한꺼번에 총괄하려고 시도하는 것이 아니다. 이 책의 실마리는 미국 학계에서 활발하게 논의해온 이슈들이다. 이를 바탕으로 우리 맥락에서 어떻게 적용할 수 있을지 미국 철학자인 존 롤스^{John Rawls, 1921~2002}와 그의 비판자 알래스데어 매킨타이어^{Alasdair Macintyre, 1929~}의 논의를 중심으로 살펴볼 것이다. 이 둘의 논쟁은 롤스의 저서 《정의론^{A Theory of Justice}》1971과 깊은 관련이 있다. 이 책은 여러 실천적인 논쟁을 촉발했고 마침내 자유주의-공동체주의 논쟁으로 심화되고 있다.

롤스는 미국 철학계의 큰 별이었다. 그의 철학적 관심은 항상 실제적인 상황을 비켜가지 않았다. 철학적 태도 또한 당대의 문제에 초점을 맞추고 있었다. 그가 존경하는 사람은 노예를 해방한 에이브러햄 링컨^{Abraham Lincoln}이었고, 그의 정치 철학의 불꽃을 댕긴 사건은 1960년대 미국 민권운동^{civil right movement}이었다. 링컨의 노예해방은 미국 사회의 제도적 불평등을 해소하는 데 일조한 상징적인 사건이었다. 그러나 형식적인 불평등의 해소가 곧 현실적인 평등의 실현일 수는 없다. 노예해방이 되었다고 해서 그 속박의 당사자였던 아프리카계 미국인의 삶이 실제로 백인들과 동등해진 것은 아니었다. 하지만

:: 민권운동
1950년대말부터 미국에서 시작된 흑인 차별에 대항하는 대중인권운동. 민권운동은 비폭력 저항 활동을 통해 백인 전용과 유색인종 전용으로 공공시설을 엄격히 구분하는 남부의 관행을 깨뜨렸고, 남부재건시대(1865~1877) 이후 흑인에게 평등권을 부여하는 법률 제정에서 가장 중요한 계기를 마련했다.

이 사건이 미국 사회가 정의로운 사회로 나아가기 위한 상징적 토대가 된 것은 분명하다.

노예해방 이후 아프리카계 미국인의 삶은 형식적 법의 테두리 내에선 주권자였지만, 실질적으로는 여전히 온갖 차별을 감수해야 할, 가진 것 없는 소수자였다. 아프리카계 미국인의 자손들은 온갖 사회적 불평등에 시달렸다. 학교는 물론 화장실조차 백인들과 같이 사용할 수 없었다. 그들은 극심한 차별대우를 받아야만 했다.

어느 날 미시시피의 한 마을에서 생긴 아프리카계 미국인의 입학 허가 문제가 사회적 논란의 불씨를 댕겼다. 이 사건을 계기로 민권운동이 시작되었고, 차별적 대우를 철폐하자는 목소리가 드높아갔다. 이 같은 사회적 배경 속에서 마틴 루서 킹^{Martin Luther King, 1929~1968} 목사의 비폭력적 민권운동은 미국 사회에 거대한 변화의 폭풍을 불러일으켰다.

이 시기에 청년기를 보낸 롤스는 일련의 사회적 변화들을 민감하게 받아들였고 그 변화들을 철학적 통찰로 이끌어냈다. 그리고 그 반성을 계기로 사회가 나아갈 방향을 모색했다. 이 과정에서 롤스는 크게 두 가지 생각을 했다. 하나는 사회 이론에 관한 통찰로서, 한 국가의 각 성원들이 가진 가치를 모두 만족시킬 수 없기 때문에, 일상생활의 부정의와 불평등을 법과 같은 제도를 통해 해결해야 한다는 점이었다. 또 다른 하나는 현재 사회의 지배적인 가치에 대한 체계적인 비판과 대안을 찾아야 한다는 점이었다.

본래 롤스의 주된 관심은 윤리적 선택이 어떻게 이루어지는지에 있었다. 그는 개인의 윤리적 선택을 사회 선택에 적용하기 위해 필요한 조건들을 탐색하고 있는 중이었다. 특히 당시의 지배적인 사회 선택 이론은 공리주의였다. 이는 많은 문제를 낳고 있었지만 그에 상응하는 비판은 부재한 상태였다. 특히 공리주의를 대체할 만한 마땅한 대안을 찾을 수 없다는 점도 큰 문제로 대두되었다. 그는 어떻게 공리주의 정의원칙의 문제점을 드러내면서도, 그를 대체할 만한 정의원칙을 제시할 수 있을까 깊이 생각했다. 그 결과 그가 고안한 것이 '원초적 입장'이라는 매우 특별한 사유실험이었다.

원초적 입장은 말하자면 일종의 생각을 통해 각각의 입장의 우열을 가려보자는 것이다. 실제로 현실의 얽히고설킨 이해관계 속에서 어떤 입장이 다른 입장보다 나은지를 가려내는 것은 쉽지 않은 일이다. 그 우열을 가리기 위한 가장 단순한 방법은 모든 조건을 동일하게 하고, 그 조건하에서 어떤 결정을 할 수 있는지 생각해보는 것이다. 그 결정 과정에서 가장 중요한 것이 우월함을 보여줄 수 있는 기준과 절차이다. 원초적 입장은 현실에서 발견할 수 있는 상황이 아니라, 우리의 생각 속에서 이루어지는 가상적인 실험일 뿐이다. 이 가상적인 사유실험이 중요한 이유는 현대에 가장 큰 영향력을 미치고 있는 공리주의 정의원칙의 문제점을 드러내고, 그보다 우월한 정의원칙을 찾을 수 있는 가능성을 내포하기 때문이다.

롤스의 이러한 대담한 생각은 사실 철학자들의 거센 도전에 부딪힌다. 가상적인 사유실험이 현실 개혁의 토대가 되기에는 너무 추상적이라는 생각 때문이었다. 원초적 입장에서 모든 인간들은 자유롭고 평등한 사람들로 상정된다. 롤스는 이런 조건하에서만 공리주의 정의원칙에 대항할 수 있는 정의원칙을 도출할 수 있다고 주장했다.

그런 가상적 상황 속에서 도출한 정의원칙이 현실에서 자유롭지 못하고, 불평등에 시달리고 있는 우리에게는 너무도 현실감이 떨어지는 것이 사실이다. 때문에 이러한 이상적인 인간을 굳이 가정할 이유가 무엇인지에 대해 반문한 철학자들이 많았다. 매킨타이어도 이런 비판 대열에 합류한 철학자 중 한 사람이었다.

이런 비판에도 아랑곳하지 않고 롤스는 이상적인 상황에서 도출된 정의원칙이 현실의 부정의를 헤치고 정의로운 사회로 나아갈 나침반 구실을 할 수 있다고 믿었다. 이 과정에서 롤스가 무엇보다 중요하게 생각한 것은 사회제도의 정의로움이다. 그는 사회체제는 인간의 힘으로 어쩔 수 없는 불변의 질서가 아니라 인간의 힘으로 바꿀 수 있는 가변의 질서라고 보았다. 사회제도는 인간 활동을 규정하는 방식과 사회를 배열하는 방식일 뿐이다. 이 방식과 배열을 바꾸면 얼마든지 그 안의 삶도 달라질 수 있다. 정의는 환경과 인간 활동을 연결시켜주는 방식인 사회제도와 관련된다. 그런 점에서 당시 롤스의 눈에 비친 노예제도는 정의롭지 못한 것이었다. 일부 계층의 사람들에게 사회적 불이익을 감수하도록 강요하는 체제였기 때문이다.

롤스는 모든 사람에게 동등한 가치와 물질을 부여한다고 해도 인간의 생활이 나아진다고 생각하지 않았다. 그런 사회에서는 어떤 생산적인 활동도 일어날 수 없기 때문이다. 모두가 대통령이 될 수는 없다. 모두가 동일한 것을 꿈꾸고 바랄 수도 없다. 오히려 사회 협동이 이루어지고 그 혜택이 커지려면, 개인의 차이를 인정하고 그 차이를 사회활동의 동력으로 삼아야 한다. 단 유일한 단서 조항은 이러한 개인의 차이가 사회의 불평등으로 심화되지 않도록 해야 한다는 것이다. 그런 점에서 롤스는 사회 정의원칙은 이러한 불평등의 심화를 막기 위한 것이어야 한다고 생각했다. 놀랍게도 《정의론》을 둘러싼 거센 논란은 대부분 롤스가 불평등을 용인하고 있다고 해석하는 데서 발생했다.

롤스는 사회의 효율성도 중시했다. 사회의 효율성이 밑거름되어야만 개개인의 노력과 열정이 결실을 맺을 수 있기 때문이다. 따라서 개개인의 능력과 관심의 차이는 부정적인 것이 아니라 오히려 효율적인 배열을 통해 생산적인 사회의 동력이 될 수 있다고 보았다. 롤스가 보기에 현대 사회 이론에서 차지하는 공리주의의 강점은 사회의 생산성을 높일 수 있다는 점이다. 그러나 문제는 사회의 효율성을 높이는 데에만 집중하다 보면 개인의 기본권을 침해하거나 사회적 약자에 무관심할 수 있다는 점이다. 예컨대 집단의 이익을 위해 개인의 희생쯤이야 별거 아니라고 생각할 수 있다. 그러나 이러한 희생을 과연 도덕적으로 정당화할 수 있을까? 롤스는 이 같은 도덕적 요구를 무시하고서는 사회의 생산성이나 효율성이 더 나아갈 수 없다고 생각했다.

우리의 도덕적 요구는 일상생활에서 경험하는 공명정대함에서 시작된다. 무엇보다 사회의 효율성이 빛을 발휘하려면 사회활동 자체가 공명정대한 조건하에서 이루어져야 한다. 롤스는 무엇보다 사회의 효율성을 중요시하면서도 더 나아가 사회의 공명정대함이 충족되어야 한다고 생각했다. 그런 점에서 그는 사회의 효율성은 모두가 도덕적으로 동의할 수 있는 공명정대함 또는 흔히 공정함이라고 부르는 것에 종속되어야 한다고 생각했다. 이 점이 롤스의 정의관과 공리주의가 확연히 다른 점이다.

 롤스의 이론 자체가 항상 찬양받은 것만은 아니었다. 공리주의자는 말할 것도 없고, 다른 진보 진영에서도 롤스 이론에 대해 거센 비판이 이어졌다. 롤스 이론의 비판적 적대자는 다양하고 그 이론적 스펙트럼도 넓다. 이 책에서 이 모두를 다룬다는 것은 현실적으로 불가능하기 때문에, 그중에서도 최근 중요하게 부각되고 있는 매킨타이어를 집중적으로 논의하기로 한다. 매킨타이어의 반박이 중요한 이유는 롤스의 독창적인 업적이라고 생각하는 원초적 입장의 사유실험을 근본적으로 거부하고 있다는 데 있다.

롤스의 비판자, 매킨타이어

매킨타이어는 롤스의 정의원칙이 현실적인 개혁의 동력이 될 수 있다는 데 회의적인 시각을 가졌다. 그 이유 중의 하나는 원초적 입장은 말 그대로 하나의 사유일 뿐, 현실의 고민과 문제를 철저히 반영할 수 없다고 생각했기 때문이다. 과연 현실의 인간들이 원초적 입장에서 가정하고 있듯이 자유롭고 평등한가? 현실의 우리 모습은 너무도 나약한 사람들, 예를 들면 어린아이, 노약자, 장애인, 절대 빈곤자, 그리고 허상을 좇는 사람들 등 너무도 이상과는 거리가 먼 사람들이 아닌가? 왜 이들의 고민과 문제에는 관심을 두지 않고, 존재하지도 않는 이상적인 인간들의 사유와 판단에만 주목해야 하는가?

앞으로 밝혀지겠지만, 매킨타이어는 도덕군자 같은 인간들에 주목해 현실 문제를 풀어가는 것은 개혁에 아무런 도움이 되지 못한다고 생각했다. 기껏해야 그 사회의 도덕적 이상을 재현하는 것일 뿐이라는 것이다. 매킨타이어는 현실 사회의 문제를 풀기 위해서는 무엇보다 실제 인간들의 구체적인 가치가 무엇이고, 그것을 어떻게 바라보고 있는지를 탐구해야 한다고 역설한다. 문제를 문제로 보지 않고 당위성만을 부르짖어서는 탁상공론이 되기 십상이다. 그렇기 때문에 매킨타이어는 우리 인간들이 어떻게 자신의 소중한 가치를 공동체 안에서 구현하며, 다양한 사람들이 품고 있는 가치 속에서 공통의 선을 이룩할 수 있는지 탐구해야 한다고 생각했다. 그러기 위해서는 무엇보다 인간이 자신의 문화와 전통 속에서 자기 정체성을 확보하고, 그 자신들의 가치를 정치적 투쟁 과정에서 어떻게 유지하고 있는지 파악해야 한다고 생각했다.

이론의 비현실성은 늘 거센 비판의 도마에 오른다. 롤스를 바라보는 매킨타이어의 시선도 마찬가지다. 도덕성에 대한 요구는 우리 자신에서부터 출발해야 한다. 이 땅에 살고 있는 평범한 사람들은 도덕을 요구하고 평화롭게 살고자 한다. 그 이유 때문에 부정의에 분노하고 정의를 갈망한다. 도덕성은 정의롭지 못한 상황과 사건을 극복하기 위한 우리 인간들의 몸부림이다. 정의란 이 같은 보통 사람들이 도덕성을 획득해가는 이유이자 과정이다. 정의 구현은 이 보통 사람들이 자신의 생각과 행동을 바꾸어가는 것이다. 그리고 그것은 사람 됨됨이의 변화를 꾀한다. 도덕적 삶에서 중요한 것은 자기 이해에 매몰된 사람들이 타인의 요구에 주목하고, 자신의 이해관계를 절제할 수 있는 도덕적 삶 그 자체다. 이런 맥락에서 매킨타이어는 원초적 입장과 같이 이미 그 도덕적 삶의 완성을 가정하는 것은 잘못된 것이라고 보았다. 매킨타이어는 롤스가 꿈꾸고 있는 인간의 자율성은 한낱 이상일 뿐이며, 현실의 인간을 반영하고 있지 못한 허상일 뿐이라고 일침을 가한다.

사회 정의Social Justice는 사회적 악이나 불평등과의 힘겨운 싸움이다. 이 세상에 만연한 악들을 하루아침에 송두리째 뽑을 수 있을까? 이 물음에 롤스와 매킨타이어의 의견은 일치한다. 단 한 번의 처방으로 그 깊은 병을 치유할 수 없다는 것이다. 물론 이런 회의적인 태도를 불평등과 사회적 악에 대한 소극적인 대처로 보아서는 안 된다. 오히려 사회적 악과 불평등의 존재는 그것이 제거되어야 한다는 당위성을 강화시킨다. 물론 사회 정의의 실현은 힘든 여정이지만, 롤스는 그 방향성만 확보된다면 달라질 수 있다고 보았다. 이를 통해 사회적 악과 불평등도 점차 사라져갈 수 있다는 것이다. 매킨타이어는 이러한 방향성이 그 사회의 문화, 역사 등을 배제한 것이라면, 사회 정의의 실현은 결코 성공할 수 없다고 생각했다.

매킨타이어는 그 사회의 당면 문제와 역사적 유산을 이해하고 극복할 수 있을 때 좀 더 현실적인 대안이 도출될 수 있다고 보았다. 그런 측면에서 정의 구현의 성공적인 전략은 낡은 전통을 부수고 새로운 전통을 세울 수 있는 새로운 가치창출에 달려 있다.

이 같은 전략은 그 사회의 역사적 맥락을 떠나서는 성공할 수 없다. 매킨타이어는 시종일관 이 점을 부각하려 했고, 롤스에 대한 비판도 이를 바탕으로 하고 있다. 그는 서구 근대성도 이런 전략의 일환에서 파악해야 한다고 주장했다.

물론 올바른 원칙은 올바른 행동의 근간이 될 것이다. 마찬가지로 올바른 정의원칙의 수립은 바람직한 제도 수립의 근간이 될 것이다. 그렇다면 이러한 원칙은 과연 어떻게 수립될 수 있는가? 우리의 역사적 경험들과 무관할 수 있는가? 매킨타이어의 문제 의식은 인간의 삶에 대한 강한 의구심에서 시작된다.

우리 주위를 살펴보자. 우리 모두는 무심코 누군가를 부당하게 대우하거나 사소한 악을 행할 수 있다. 또 타인의 부당한 행위들을 보면서 비분강개하기도 한다. 현실적으로 의도하고 불의를 행하는 사람은 그리 많지 않을 것이다. 그런 점에서 정의 실현에 대한 욕구는 우리 자신이 이 땅에서 진실하게 살려는 의지의 표현이자 이 세상을 사는 목표이다. 우리는 종종 나는 누구인가? 나는 어디서 왔으며 어디로 가는가? 하는 물음을 던진다. 이것은 자기 정체성을 찾아가는 데에 필수적인 것이다. 그런데 자기 정체성에 대한 물음은 정의와 떼려야 뗄 수 없는 관계에 있다. 나의 정체성에 대한 물음은 타인들, 그리고 사회 속의 자기 자신을 문제 삼고 있기 때문이다. 그것은 인간 사회가 자신의 정체성을 찾는 필요조건임을 말해준다. 따라서 정의의 궁극적인 완성은 자신의 정체성의 완성과 결코 무관할 수 없다. 사회제도의 정의로움은 개인이 피부로 느끼는 공평함, 공정성 등과 떨어질 수 없고, 오직 개인의 신념 속에서 완성된다. 이것이 롤스의 비판자들이 방점을 찍는 부분이다.

그런 면에서 보면 우리 여행의 종착지는 결국 우리들 자신이다. 더 정확하게 말하면 책을 읽는 독자 자신이 사회에 대해 느끼는 선입견과 그에 대한 비판적 사유가 곧 정의의 대상이 된다. 생각하는 인간은 결코 악할 수 없다는 이치와 같다. 자신을 타인의 관점에서 바라보려고 시도하기 때문이다. 또한 그것은 자기

반성의 힘을 키운다. 일상에 갇힌 사람들은 자신의 이해관계만을 생각한다. 타인도 자신의 이해관계에서만 바라보게 된다. 타자들은 오직 자신의 수단일 뿐이다.

  우리의 여행은 그 일상을 벗어나는 것이다. 또한 남을 만나러 가는 것이다. 내가 미처 알지 못했던 남을 만나는 것이다. 나와 다른 남이 있다는 것, 결국 그 남이 나와 같다는 것. 그것은 이 세상에서만 느낄 수 있는 행복일 것이다. 책 속에서 만나는 낯섦도 그와 같은 것이 아닐까?

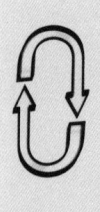

Chapter 2

만남
MEETING

John Rawls

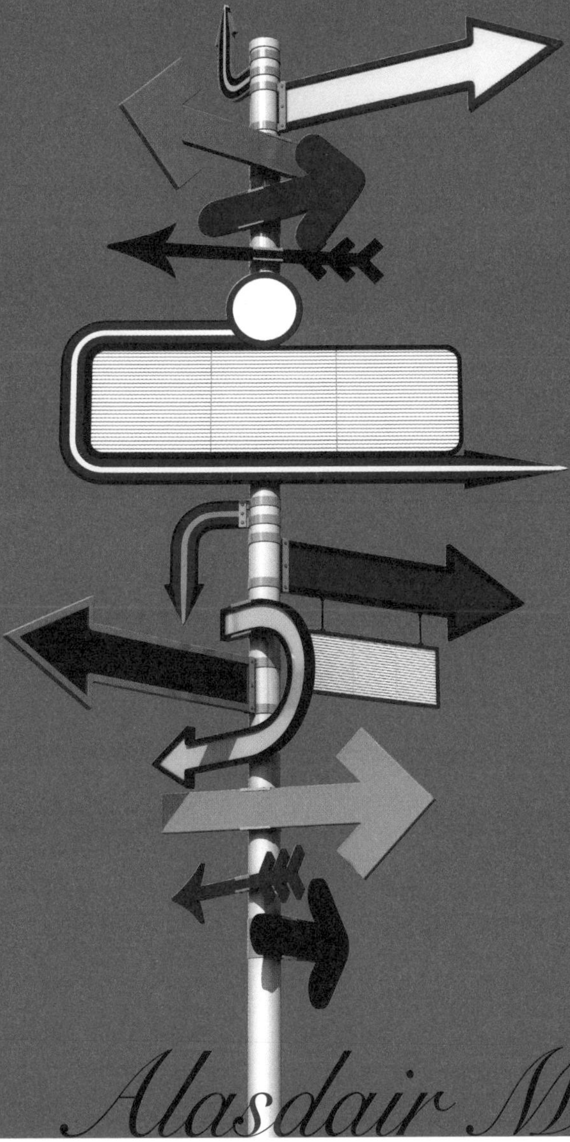

Alasdair MacIntyre

만남 1

정의가 없다면 어떻게 될까

다툼 없는 사회를 꿈꾸다

한쪽으로 치우치지 않는 것은 좋은 일이다. 싫은 소리도 들을 일 없고, 남에게 해를 입힐 필요도 없다. '누이 좋고 매부 좋다'라는 옛말처럼 두루 좋은 게 좋다. 그러나 한쪽으로 치우치지 않고 공평하게 선다는 건, 말처럼 그리 쉬운 일이 아니다. 감정을 지닌 사람이라면 자칫 자신도 모르게 어떤 입장을 지지하곤 한다. 내 일이 아니어도 간섭의 유혹을 버리긴 어렵다. 길거리에서 싸우고 있는 사람을 보면, 왜 싸우는지 또는 누가 이길지 괜한 참견을 하고 싶은 것이 사람의 마음이다.

내 일이든 남의 일이든 인간만사는 싸움의 연속이다. 사소한 다툼에서 국제적인 전쟁에 이르기까지 다툼이 그칠 날이 없다. 사건과 갈등으로 점철되는 인간사, 그것은 부인하기 어려운 사실이다.

우리는 다툼 없는 사회를 꿈꾼다. 당사자들이 싸움을 멈추면 쉽게 해결되겠지만, 그렇지 않을 경우 다툼을 멈추게 해야 한다. 이때 중요한 것이 어느 편에도 서지 않는 공정한 제3자의 관점을 갖는 것이다. 다툼이나 분쟁이 생기면 흔히 재판에 호소한다. 판사는 제3자의 입장에서 사건의 자초지종을 확인하고, 당사자들의 의견을 들은 후, 제3의 중립적인 입장에서 판결하려고 한다. 법정과 일련의 재판 절차를 정의체제라고 부르는 이유도 여기 있다. 중요한 점은 이해 당사자들이 자신의 이해관계를 직접 풀지 않고, 제3의 제도적 관점을 통한 해결을 모색하고 있다는 것이다.

이런 맥락에서 보면 '정의'란 말은 애초부터 사회제도의 성립과 밀접하게 관련이 있다. 사회제도는 사회 성원 모두에게 혜택이 돌아가도록 해야 한다. 그 사회의 일부에게만 유리하게 작동해서도 안 되고, 어느 쪽을 편들어서도 안 된다. 따라서 성원의 이익에 중립적일 수 있는 관점이 중요하다. 공평함이나 형평의 문제가 제기되는 것도 바로 이 점 때문이다.

공평함과 형평으로서 정의란 우리의 머릿속에서만 작동하는 이상일 수 있다. 사실 모든 사회제도가 공평한 것은 아니다. 우리 역사를 돌이켜보면, 일그러진 사회제도가 더 많았고, 기득권을 가진 사람들은 호혜를 베풀기보다 눈앞에 놓인 자신의 이익에 광분했다. 따라서 사회체제로서 정의는 일부 집단의 이익을 대변했다는 비판을 피할 수 없다. 물론 이 비판이 새로운 것은 아니다. 이미 플라톤$^{Platon,\ BC\ 429\sim347}$의 《대화》편 중 〈국가·정체〉에서 트라시마코스$^{Thrasymachus,\ BC\ 459\sim400}$도 정의를 '강자의 힘'이라고 말하고 있다. 그에게 정의란 '강자의 이익'일 뿐이다. 이 같은 현실론이 사실 대세다. 힘이 없으면 당할 수밖에 없다는 인식이 팽배한 것도 이 때문이다. 그렇다면 과연 이 같은 상태가 정의일까?

우선 강한 부정의 소리가 느껴진다. 우리 눈에 정의롭지 못한 것이 정의일 수 없다. 철학자의 과업은 이처럼 정의를 위해 만들어진 제도가 오히려 정의를 가로막는 역설을 해소하는 것, 다시 말해 보통 사람들이 생각하는 정의와 철저하게 일치하는 사회제도의 원칙을 찾아내는 것이다.

철학자의 생각과 보통 사람들의 직감적인 생각에는 원래 차이가 없다. 그러나 사회 관습에 물든 보통 사람들의 생각은 철학자의 생각과 다르다. 철학자는 이 같은 평범한 생각을 묻고 의심하는 간섭꾼이다. 소크라테스가 그 대표적 인물이다. 그는 사회 관습에 따르지 않았고, 그 때문에 독약을 마셨다. 어찌 보면 매우 하찮은 일상사와 같아 보인다. 이 사건이 철학사에서 왜 중요할까?

소크라테스의 생각과 행동은 철학적이다. 사회 관습을 넘어 사회 정의 자체에 대해 심각한 물음을 제기하고 있기 때문이다. 그의 죽음은 그 당시 그리스 사회의 정의로움을 묻는다. 때문에 그의 죽음은 정의롭지 못한 사회의 관습이 얼마나 위험한가를 여실히 드러내는 하나의 역사적 사건이다. 플라톤의 철학은 그의 스승 소크라테스의 죽음으로부터 얻어낸 힘든 깨우침이었다. 2,000년이 지난 지금, 그의 철학은 오늘 우리들에게 어떤 의미로 다가서는 것일까?

우리가 정의를 갈망하는 이유

우리는 먹고 입고 즐기는 것을 좋아한다. 어제 먹은 음식을 또 먹기보다는 새로운 음식을 원한다. 옷도 마찬가지다. 남이 입어 좋아 보이면 따라 입고, 유행에 민감하다. 또 고통보다는 즐거움을 원한다. 물론 자신의 고통을 감수하면서도 타인에게 선을 베푸는 극소수의 사람도 있긴 하지만, 대부분의 사람들은 얼굴을 찡그리기보다는 소탈하게 웃기를 바란다.

그 소망과는 다르게 우리들의 삶은 그리 행복하지 않다. 항상 누군가와 경쟁을 해야 하고, 내가 품은 기대와 욕망은 멈출 줄을 모른다. 이보다 더 중요한 사실이 있다. 젊은 시절엔 혼자 힘으로 모든 것을 다 이룩할 수 있을 듯싶어도 실상 혼자 힘으로 이룩할 수 있는 건 별로 없다. 젊음도 한때일 뿐이다. 나이가 들면 다시 힘없는 사람이 될 수밖에 없는 것이 인간이다. 우리들은 서로 협동을 모색해왔다. 우리가 사회성이라 부르는 것이 바로 이것이다.

인간의 사회성은 항상 갈등을 낳는다. 친하게 지내는 친구와도 조금만 마음에 안 들면 싸우고 싫은 소리를 한다. 가정에서도 마찬가지다. 부모님은 늘 공부만 하라고 압박하지만, 이유 없이 다른 것을 하고 싶을 때가 있다. 이렇듯 자신이 하고 싶은 것, 원하는 것을 모두 이룰 수는 없는 것이 세상이다. 하지만 우리는 이런 갈등에서 정의를 생각하지는 않는다. 이것들은 엄밀히 말해 갈등이라고 할 수 없다. 단지 나와 의견이 다를 뿐이다.

그렇다면 어떤 갈등이 '정의'를 갈망하도록 만들까? 인간의 삶에 정의가 요구되는 근본적인 이유는 무엇일까? 철학자들은 이렇게 정의가 인간의 삶에 필요한 상황을 '정의의 여건' 또는 '상황'이라 불렀다. 정의의 상황은 크게 두 가지로 설명할 수 있다.

첫째는 이 세상에는 모든 사람들을 만족시킬 만큼 풍부한 재화와 자원이 없다는 사실에 기인한다. 쉬운 예로 '석유'를 들 수 있다. 최근 들어 유가가 연일 사상 최고치를 기록하자 승용차 요일제와 같이 에너지를 절약하자는 운동이 벌어지고 있다. 그러나 만일 석유가 인류 모두에게 공평하게 주어졌다면 어떠했을까? 미국이 이라크를 침공할 이유도 상대적으로 적었을 것이고, 유류파동을 겪을 이유도 없었을지 모른다. 우리가 먹고도 남을 음식이 있다면 먹을 것을 두고 다투지도 않을 것이고, 더 좋은 음식을 찾지도 않을 것이다. 또 자신이 입고 싶은 옷을 마음껏 입을 수 있다면 유행에 민감해질 필요도 없다. 모두가 만족한다면 어떤 새로운 것을 찾을 필요도 없고, 갈등이 생길 수 있는 상황도 애초부터 존재하지 않을 것이다. 그래서 철학자들은 정의란 신의 나라에서는 찾아볼 수 없는 오직 인간만의 문제라고 생각했다.

하지만 우리의 삶에서 정의가 필요한 건 꼭 사용할 재화나 자원이 부족해서만은 아니다. 더 근본적인 이유는 따로 있다. 다른 생물체와 다르게 인간은 그들 나름의 삶을 살고자 하고, 자신만이 누릴 수 있는 삶을 영위하고자 한다. 뛰어난 요리사가 되길 꿈꾸는 사람이 있는가 하면, 훌륭한 소설가가 되고 싶어 하는 사람도 있다. 각자 자신이 처한 상황에서 소중한 삶의 목표를 완성하려고 한다. 따라서 개인마다 삶의 목표와 계획은 다를 수밖에 없고, 그것은 어떤 객관적인 잣대로 그 우열을 가릴 수 없다. 개개인이 가지고 있는 삶의 가치는 모두 나름대로 '합리적이다.' 즉, 각각의 개인들은 모두 상이한 자기 나름대로의 합리성을 지니고 있고, 바로 그 때문에 인격적으로 존엄한 대우를 받아야 한다. 그런데 이러한 합리성의 차이가 인간의 삶에서 근원적인 갈등을 가져오기도 한다. 자신의 합리성에 묻혀 다른 사람의 삶의 방식을 받아들이지 못할 때 인간들은 갈등한다.

사실 우리가 살고 있는 민주주의 사회는 이러한 삶의 갈등을 인정하고 그 갈등을 절차적으로 해소하는 정치체제다. 그러므로 민주주의 사회는 개인의 합리성의 차이를 무엇보다 중요하게 받아들여야 하는 사회다. 민주주의 사회에서 상대방의 생각이 나와 다를 수 있음을 인정하는 관용정신이 중요한 것도 그 같은 합리성을 무력으로 제압해서는 안 되기 때문이다. 그렇다고 해서 민주주의 사회가 무질서를 뜻하지는 않는다. 개인이 각기 다른 삶의 방식과 목표를 지니고 있긴 하지만, 여전히 공동체 속에서 자신의 목표와 계획을 성취하고자 하는 사회이기 때문이다. 따라서 금방 떠오르는 중대한 문제는 이것이다. 나의 삶의 방식을 타인에게 강요하지 않고 서로 조화롭게 살 수 있는 방법은 무엇인가? 좀 더 구체적으로, 나와 타인이 조화로운 삶의 공동체를 구성하기 위해 필요한 최소한의 원칙, 즉 정의원칙은 무엇인가? 이에 대답하기 전에 정의가 인간에게 필요한 이유를 먼저 살펴보자.

정의는
없어도 될까?

정의가 과연 필요한 것일까? 도대체 무엇 때문에 정의롭게 살라고 하는 것일까? 이렇게 묻는 데는 이유가 있다. 정의라고 말하면 낯섦, 다시 말해 뭔지 모르는 이질감이 먼저 느껴진다. 전통적인 삶의 방식과는 거리가 먼 것처럼 생각된다. '정情'이라고 하면 끈끈함, 포근함이 먼저 떠오르지만, '정의'라는 단어는 느낌부터 차갑고 인정이 없어 보인다. 내 것과 네 것을 구분하여 따지며 '우리'를 강조하는 전통적인 삶과는 다소 거리가 있다고 생각한다.

삶의 방식과 다르다고 해서 정의가 필요없는 것은 아니다. 현대사회 속에서 인간관계가 성립하는 곳이면 어디든지 정의가 개입된다. 혼자서 힘으로 모든 일을 해내면서 홀로 살 수 있다면 정의는 필요없을지도 모른다. 그러나 타인과 어떤 관계도 맺지 않고 살아가는 것은 불가능하다. 인간은 태어나면서부터 좋든 싫든 타인과 관계를 맺을 수밖에 없다. 부모, 형제, 친척, 이웃, 친구, 민족, 국민, 세계시민 등의 다양한 관계 속에서 인간은 서로의 이해관계를 충족하면서 공동의 세상을 꿈꾼다. 이런 상황에서 정의는 빼놓을 수 없다.

인간관계에는 경제적 관계, 사회적 관계, 도덕적 관계 등 여러 형태가 있다. 각각의 경우 독특한 특징을 담고 있다. 가령 이익을 얻기 위해 타인과 교류하는 것은 경제적 관계로, 시장에서 물건을 사고파는 것이 그 대표적인 예다. 경제적 관계가 인간 활동의 근본임을 부인할 사람은 없을 것이다. 자신에게 필요한 것을 얻어내는 효과적 방법이기 때문이다. 그렇다고 모든 사회적 관계가 경제적인 관계로 환원될 수 있는 것은 아니다. 사회적 관계의 대표적인 예인 부모와 자식, 형제자매 관계를 생각해보자. 이 관계에는 돈으로 환산될 수 없는 독특한 무엇인가가 있다. 헌신과 사랑이 중요하다. 스승과 제자, 친구와 같은 사회적 관계도 마찬가지다. 존경과 우정은 돈으로 살 수 없다. 사회적 관계는 즐거움과 유용성을 떠나 어떤 특정의 좋은 것을 공유한다. 도덕적 관계는 서로의 동등함을 존중하는 관계로, 인격적 관계라고도 한다. 평등에 관한 모든 논의는 바로 인격적 관계를 근본으로 삼고 있다.

인간관계에서 최우선은 경제적 관계다. 먹고살기 위해, 그리고 자신의 욕구를 충족시키기 위해 타인과 교류하는 경제적 관계는 현대사회에서 필수적인 부분이다. 이 같은 경제적 관계 속에서 인간의 지치지 않는 욕구는 더 많은 욕망으로 이어지게 마련이고, 남보다 더 많이 가지려는 욕망을 충족시키려다 보면 다른 누군가의 손해를 가져오기도 한다. 다시 말해 경제적 관계는 제로섬 관계이다. 경제적 관계를 앞세우다 보면 인간은 물건처럼 취급되기도 한다. 그러나 인간은 인격체이지 물건이 아니다. 인간은 누구나 인격적인 대우를 받고 싶어 한다. 예를 들어 친구나 동료 사이에도 금전적 이해관계가 개입되면서 의가 상하는 경우를 종종 볼 수 있다. 근본적인 원인은 자기 이익을 위해 타인을 이용하며 인격적으로 존중하지 않았기 때문이다. 도덕적 관계는 인격적인 관계이기 때문에 서로를 인격적으로 대우할 것을 요구한다. 도덕적 관계는 불평등한 상황에서 평등한 관계를 요구한다. 인격적인 대우는 소통하는 것이지, 주고받는 것이 아니다.

여러모로 보아 인간관계에서 인격의 평등한 측면보다 얼굴, 성격, 재능의 차이와 같은 불평등한 측면이 더 드러나게 마련이다. 인간 내면에는 이기적인 욕망이 앞서고 상대방을 이용하려 든다. 권력을 차지하기 위해 온갖 권모술수를 부리기도 한다. 이 모든 것이 인간관계의 불평등을 부채질한다. 이런 상황에서 사회적 불평등이 고착화된다. 이런 면만을 보면 인간관계에서 '정글의 법칙'이 지배하는 것처럼 보인다. 하지만 이런 상황에서도 평등한 인격적 관계를 꿈꾸는 것이 인간 고유의 특성이다. 자기 이익만을 앞세우는 세상에서도 타인의 삶을 배려하고 존중할 줄 아는 사람이 반드시 존재하며, 우리는 이런 사람들의 태도를 높게 산다. 자신의 이익보다는 인격적인 관계를 우선시하기 때문이다.

물론 인간의 실제 관계를 무시할 수 없다. 이상은 이상이고, 현실에서는 자기 이해관계를 벗어나기 힘들다. 자기 삶을 그 어떤 것보다 중심에 두고, 자기를 위해 경제적 관계를 수립하며, 그 관계 안에서 인격적인 관계를 모색한다. 친구 관계를 예로 들어보자. 두 사람이 발표를 위해 준비모임을 가진다. 이들은 성공적인 발표를 위해 서로 의견을 교환할 것이다. 그 다음 이야기를 나누고 밥을 같이 먹으면서 서로를 이해한다. 호감이 가면 영화도 보고, 그러다가 친구가 되자고 할 것이다. 이런 단계를 거쳐 인격적인 관계로 발전한다. 그러다가 다툼이 잦아지면 끝내 절교를 선언하기도 한다. 어떤 사람들은 일주일도 못 가 관계를 끝내기도 하고, 어떤 사람들은 몇십 년 동안 관계를 유지하기도 한다. 중요한 사실은 인격적인 관계를 유지하려면 서로에게 이득이 될 수 있어야 한다는 점이다. 서로의 차이를 상호 이익이 되도록 극복하지 못하면 그 차이는 커지고 결국 관계는 깨지고 만다.

이처럼 현실적인 인간관계에서 발생하는 긴장과 마찰 속에 정의의 문제가 대두된다. 서로 간에 신의가 깨지고, 자신의 손해가 커 보일 때 그 관계는 원상복귀를 선언한다. 그래서 정의는 평등과 같은 뜻으로 이해되곤 한다. 정의란 일종의 평등 상태를 회복하는 것이다. 앞서 들었던 예를 더 살펴보자. 친구가 빌려준 돈을 돌려주지 않는다고 가정해보자. 어떻게 해야 할지 한 번쯤은 깊게 생각해볼 것이다. 사정이 있겠지 하고 마냥 기다려야 할까? 아니면 빌려준 돈을 돌려달라고 고소라도 해야 할까? 전자의 경우는 친구라는 인격적 관계를 중시하는 행동인 반면, 후자의 경우는 경제적 관계를 우선시하는 행동이다. 물론 어느 쪽이 먼저여야 한다는 규칙은 없다. 경제적인 관계를 부정적으로만 볼 필요는 없다. 어떤 상황이든 사연이 있게 마련이다. 사회생활이란 본디 경제적인 관계를 앞세우기 때문에 본의 아니게 실수가 일어날 수 있다. 정의를 세우는 것은 원상의 상태, 친구관계로 돌아가는 것이다. 금전적인 관계 때문에 멀어진 친구 사이에도 인격적인 존중을 요구하는 것이다. 그런 까닭에 정의는 평등을 전제한다.

정의는 평등을 전제하지만, 평등과 같지 않다. 정의는 평등관계에서 가정되지 않는 상호 호혜관계를 전제한다. 평등은 각자의 인격을 존중하는 것이다. 하지만 정의는 인격을 존중한 상태에서 서로에게 이득이 될 수 있는 관계를 모색한다. 따라서 정의의 진짜 목표는 잘사는 사회, 사회 성원 모두를 인정하는 하나의 협동체제를 만드는 것이다.

한 마을에 농부와 의사가 있다고 하자. 평등의 관점에서 볼때 농부는 농부로, 의사는 의사로 인정받기를 원한다. 하지만 정의의 관점은 이 관계를 넘어선다. 서로 의지하면서 살 수 있는 사회를 꿈꾼다. 농부는 땀 흘려 농사지은 농작물을 제공하고, 의사는 농부의 건강을 책임지면서 협동체제로 발전할 수 있다. 의사 둘만의 결합은 경제적인 관계를 형성하지 못한다. 같은 업종이 많아지면 자칫 경쟁이 과열되어 협동체제를 붕괴시킬 수 있다. 협동관계보다 경쟁관계가 앞서면 갈등은 표면화되고, 이를 제대로 조정하지 못하면 참다운 공동체를 형성하지 못한다. (물론 갈등이 항상 공동체를 해친다고 말할 수 없다. 갈등은 새로운 삶을 추구하는 하나의 방식이기도 하다. 때문에 갈등의 조정은 폭력이 배제된 방식이어야 한다. 민주주의는 이런 소망에 근거를 두고 있다.) 인간 사회는 서로가 도움을 주고받는 관계에서 참다운 공동체가 나온다. 평등과 정의가 갈라지는 지점은 정확히 이런 협동공동체의 성립 여부와 관련된다. 평등은 인격적 관계의 원상복원으로 만족할 수 있다. 하지만 정의는 인격적 관계를 조화로운 협동체제로 만들어내는 것이다. 모두가 힘을 합쳐 자기 자신뿐만 아니라 사회 전체에도 이롭게 하는 것이 바로 '정의'다.

이렇게 볼 때 어떤 사회든지 정의는 요구된다. 정의가 필요 없다는 사람에게 이렇게 말할 수 있다. "혼자 이 세상을 살 수 있습니까? 혼자 힘으로 모든 것을 할 수 있습니까? 혼자 힘으로만 살았다면 인류의 문명과 문화는 발전할 수 없었을 것입니다. 사람들 안에서 자기 본분을 찾으려면, 그러면서도 사회 전체가 생산적이 되려면 평등만을 찾아서는 안 됩니다. 자기 몫을 찾으면서도 모두가 행복해질 수 있는 방법을 찾아야 합니다. 그게 정의입니다." 우리가 살펴보려고 하는 롤스의 생각도 같다. 정의의 역할은 평등의 이상을 실현시키면서도, 인간의 다양한 삶을 하나의 공동체로 묶어내는 것이다. 정의는 다양성, 이질성을 인정한다. 그러나 다양성, 이질성이 차별이 되어서는 안 된다. 불평등으로 고착되기 때문이다. 이질성과 다양성은 공동체의 생산성을 높이는 데 기여한다. 이 같은 기여 때문에 공동체의 평등은 매우 복잡하다. 각자의 기여를 고려한 상태, 각자가 동등해지는 방식을 찾는다. 말하자면 이 같은 차이와 인격적인 동등함은 정의의 토양이라 할 수 있다. 그 토양에서 정의로운 사회제도라는 결실이 맺힌다. 정의로운 제도가 작동하는 생산적인 사회에서는 사회 성원 각자는 행복하다. 각자가 행복하기 때문에 사회 전체도 행복하다. 정의는 협동체제에 참여하는 모든 사람에게 이로운 것이다. 이런 생각은 고대 그리스 민주주의 사회에서 전해온 것으로, 우리가 살펴볼 롤스의 논의에서도 중요한 전제이다.

정의와 법은 같은가?

다음 물음이 자연스럽게 생길 것이다. 공동체 전체가 행복하려면 어떤 조건을 갖춰야 할까? 이 말을 이해하려면 인간에게 협동이 필요한 이유와 그에 따르는 이익을 살펴봐야 한다. 이에 대한 설명은 앞서 논의했던 정의의 여건과 상당 부분 중첩되는데, 여기서는 다른 측면에서 협동이 필요한 이유를 살펴보자. 영국 철학자 흄$^{\text{David Hume,}}$

1711~1776은 정의가 필요한 이유를 두 가지로 나열한다. 첫 번째 이유는 자원이 부족하다는 사실에 있다. 자원이란 항상 부족한 듯하지만, 협력해 쓰면 여유있게 사용할 수 있다는 것이다. 석유의 예를 생각해보자. 우리나라는 석유가 한 방울도 나지 않는다. 우리나라의 입장에서는 석유를 사용할 수 없다. 하지만 사우디아라비아에서는 석유가 넘쳐난다. 그들은 석유를 마음껏 쓰고도 남는다. 하지만 다른 나라가 석유를 사용하지 않는다면 사우디아라비아의 석유는 아무런 경제적 가치를 낳지 못한다. 다른 나라에서 석유를 구매할 때 사우디아라비아도 다른 나라로부터 필요한 것을 구매할 수 있다. 우리나라는 석유를 사 와 정유나 석유화학 제품과 같은 여러 가지 가공품으로 만들어 판매한다. 따라서 석유 자원은 전체 인류의 관점에서 보면 부족하지만, 적절하게 사용하면 서로에게 이득이 될 수 있다. 그런 면에서 보면 전 인류의 협동체제는 가장 높은 생산성을 발휘하기 위한 조건이 되는 셈이다.

정의가 필요한 두 번째 이유는 인간의 생각이 다르다는 점이다. 얼핏 생각의 차이는 갈등으로 이어진다고 생각하기 쉽다. 생각의 차이 때문에 옥신각신 싸우는 경우가 많기 때문이다. 하지만 모두가 똑같은 생각을 한다고 가정해보자. 이 경우 인류의 발전을 기대할 수 없다. 생각을 교환할 필요도 없다. 생각의 교환이 없다면 환경의 차이도 별 역할을 하지 못한다. 거대한 폭포를 보고 모두 똑같은 생각을 한다면 예술은 존재하지 않는다. 때문에 생각의 차이는 곧 인류 문화의 자생력이라 할 수 있다. 각자의 경험은 각 문화의 밑바탕이며, 더 나아가 인류 문화의 뿌리가 된다. 민주주의도 정확히 이런 생각의 차이에 기반한다. 주권자로서 모든 사람들은 자신의 경험과 생각을 사회에 반영한다. 그 경험과 생각이 사회발전에 이바지한다고 생각하기 때문이다.

거꾸로 보면 협동해야 할 이유는 인간 갈등 때문이기도 하다. 자원이 부족하기 때문에 더 많이 갖기 위해 싸우고, 생각의 차이가 있기에 아웅다웅하며 자기가 옳다고 다른 사람을 윽박지른다. 이런 경우 갈등을 조정할 필요가 있다. 그러나 갈등의 조정은 한쪽으로 치우쳐서는 안 된다. 3자의 관점에서 공평무사하게 갈등을 조정해야 한다. 이 지점에서 '정의'를 말할 때 자연스럽게 법이 개입한다. 법의 근본은 공평무사한 관점의 충족이며, 그렇기 때문에 모든 사람에게 동의를 얻을 수 있다. 사회체제를 통제하는 법은 매우 복잡하다. 사회 협동을 통한 생산적인 공동체는 사회 성원의 기여를 전제로 하기 때문에 사회체제의 갈등은 여러 이슈와 문제가 개입할 수밖에 없다. 인격적인 대우를 전제로 하면서 각 상황에서 사회 성원의 기여를 평가해야 한다. 법은 이런 장치로 널리 활용되었으며, 그런 까닭에 법과 정의는 같은 의미로 여겨져왔다. 그러나 법과 정의는 반드시 같은 뜻이 아니다. 상황에 따라 달라지는 다양한 정의를 담아낼 수 없기 때문이다.

여기서 주목해야 할 사실이 있다. 생산적인 공동체는 그 공동체의 기능이 잘 발휘되어야 한다는 점이다. 공동체의 기능이 제대로 발휘되려면 그 기능을 담당하고 있는 사람들이 각자 본분을 다해야 한다. 그렇지 않을 경우 공동체의 전체 기능은 마비되고 말 것이다. 그리스인들은 각 기능의 최적 상태를 탁월성이라고 불렀다. 탁월성의 조화가 생산적인 공동체의 조건이 된다. (여기서 기능에 종사할 사람이 반드시 결정되어 있다고 상정할 필요는 없다. 공동체의 기능은 결정되어 있어도 누가 그 기능을 수행할지는 아직 결정된 바 없기 때문이다.) 이런 관점에서 볼 때 정의는 사회 성원의 다양한 재능을 한데 묶어 사회의 생산성을 달성하고 사회 성원 모두가 행복해질 수 있게 하는 것이다. 이것이 바로 어떤 사회에서든 정의를 빼놓을 수 없는 이유다.

공정한 정의원칙을 찾아서

정의로운 사회는 어떤 사회일까? 무엇보다 그 사회를 운용하는 규칙이 공정해야 할 것이다. 그렇지 못하면 사회제도는 항상 힘 있는 자들의 입맛대로 운용될 수 있다. 그러므로 힘 있는 자가 멋대로 행동할 수 없도록 하는 규칙이나 원칙이 필요하다. 더불어 사회제도에 영향을 받는 모든 사람들도 그 원칙이나 규칙에 따라 행동해야 할 것이다.

하나의 제도와 관습을 평가할 때 중요한 것은 그 원칙과 규칙의 공정성이다. 그러나 어떤 원칙이나 규칙의 공정성을 찾을 때 더더욱 상황을 어렵게 만드는 건 그 규칙에 분배원칙이 포함되어 있기 때문이다. 모두가 동의할 수 있는 분배원칙이 처음부터 있는 것은 아니다. 분배의 문제는 우연적인 상황에 강하게 영향을 받는다. 가령 한 학과에서 장학금을 배분하는 방식을 생각해보자. 다소 작위적이지만 핵심만은 분명하다. 학과 총인원 100명 중에서 열두 명에게 장학금을 수여한다고 하자. 이때 교수들과 학생들이 모두 동의할 수 있는 공정한 분배 방식은 무엇일까? 이 물음에 대답하기 위해선 다음과 같이 논의를 순차적으로 전개해볼 수 있을 것이다.

먼저 떠오르는 분배 방식은 각 학년별로 공평하게 분배하는 것이다. 절대점수만으로 장학금을 수여하면 교과목의 차이, 난이도 등을 간과할 수 있다. 학년 간의 격차를 임의적으로 평가하는 건 우리의 일상생활의 믿음과 상당부분 배치된다. 마땅한 준거기준을 찾을 수 없다면, 최선의 방법은 공평하게 4등분으로 나누는 것이다. 그래서 각 학년마다 세 명의 학생에게 장학금을 배분하면 불평을 최소화할 수 있을 것이다.

그렇다면 학년마다 세 명씩 할당된 장학금은 또 어떤 기준으로 배분하는 것이 좋을까? 세 명이 받을 장학금 액수가 다를 경우, 그 기준은 더욱 공평해야 할 것이다. 우선 떠오르는 기준이 성적순이다. 절대점수로 이미 환산되어 있기 때문에, 성적순으로 장학금을 수여하면 주관적인 편견을 배제할 수 있다. 그러나 이것은 장학금 수혜자의 상황을 전혀 고려하지 않는 방식으로, 경제적으로 어려운 학생들에게 도움을 주고자 하는 장학금의 근본 취지를 무시한다는 비판을 받을 수 있다.

장학금을 수여하는 또 한 가지 방식은 가정 형편을 고려해서 장학금 혜택이 가장 절실한 사람에게 배분하는 것이다. 이 기준은 장학금이 가장 필요한 사람에게 수여할 수 있는 장점을 지니긴 하지만, 다소 주관적인 요소가 개입될 수 있다. 그래서 많은 경우 후자의 방식보다 전자의 방식을 선호한다. 후자의 방식에는 주관적인 요소가 개입할 수 있고, 따라서 공평성을 잃어버릴 수 있다고 생각하기 때문이다.

절대점수를 기준으로 하는 방식에도 동점자가 생길 경우, 또 다른 원칙이 필요하다. 가령 다섯 명의 동점자가 있을 경우를 생각해보자. 어떤 기준으로 장학금을 나누어야 불평이 없을까? 교수진은 고민 끝에 다음과 같은 우선순위를 제시했다.

① 동점자의 경우 총 이수학점이 높은 사람에게 우선권을 준다.
② 총 이수학점도 같은 경우 전공학점 이수가 높은 사람에게 우선권을 준다.
③ 그래도 같은 경우 연장자에게 우선권을 준다.

위에서 말한 내용은 분명 적어도 세 명의 학생에게 장학금 혜택을 줄 수 있는 실질적인 기준이 된다. 그러나 여기서 정작 문제가 되는 것은 이 기준의 공정성 여부다. ①과 ②를 받아들인다 하자. 그러나 연장자를 꼭 우대해야 할 이유가 있는가? 이 같은 반론을 제기하면서 아예 위의 기준은 모두 불공정한 것이라고 송두리째 거부할 수도 있을 것이다. 그럴 경우 교수진들은 왜 이런 기준을 마련했는지 설명해야 한다. 설득할 수 있다면 별문제 없겠지만, 그렇지 못할 경우 여전히 갈등의 씨앗은 남아 있다.

하찮아 보이지만 장학금 선정 기준의 경우에도 이렇듯 많은 갈등의 소지가 남아 있다. 하물며 한 나라를 지탱하고 있는 사회제도들은 어떻겠는가? 사회의 성원 모두가 동의할 수 있는 분배 방식을 찾기란 여간 어려운 일이 아니다. 특히 각각의 이해관계가 첨예하게 대립할 경우, 모두가 동의할 수 있는 공정한 원칙을 찾기란 그야말로 하늘에서 별 따기다. 우리의 삶은 드라마처럼 항상 해피엔딩이 될 수는 없다. 서로의 이익을 위해 끊임없이 충돌하기 마련이다. 다소 비극적이지만 이것이 우리 삶에서 목격되는 현실적인 이야기다.

다른 사람과의 충돌은 흔히 자신의 것을 찾는 데 필연적으로 나타난다. 자신의 것을 찾다 보면 남들과 갈등하는 건 어쩌면 당연하다. 동생에게 준 장난감이 갑자기 갖고 싶을 때가 있을 것이고, 갖고 놀다 보면 동생과 장난감을 두고 싸울 수도 있다. 세상에서 일어나는 다툼은 필경 아직 확정되지 않은 자신의 것에 대한 갈망과도 깊은 관련이 있다.

'내 것'과 '네 것'의 구분은 그래서 모든 사회생활에 잠재되어 있다. 흔히 말하는 갈등은 이 구분을 확정지으려 할 때 나타난다. 자신의 몫을 확정 짓는 순간에 작동하는 개념이 바로 '정의'이다. 따라서 정의는 '각자에게 해당되는 자신의 몫'을 부여한다는 뜻을 담고 있다. 그러나 자기 몫의 결정은 그리 단순하지 않다. 이 세상을 혼자 힘만으로 살아갈 수 있는 것은 아니기 때문이다. 사람들은 자신의 힘으로 얻을 수 없는 건 다른 사람의 힘을 빌려 얻는다. 따라서 자신의 몫이 자신의 온전한 힘으로 얻은 것이라고 말할 수 없는 것은 당연하다. 하다못해 매일 먹는 밥도 자신의 힘으로 직접 얻은 것이 아니다.

물론 누군가는 돈을 매개로 자신의 힘이 교환되는 것이라고 말할지 모른다. 자본주의 사회에서 이른바 구매력이 자신의 힘을 보여주는 징표인 것처럼 말이다. 설사 그렇다 해도 구매력 또한 다른 사람의 도움을 빌리지 않고 얻을 수 있다고 보기는 힘들다. 그러므로 우리들의 사회생활은 은연중에 협동생활에서 얻어낸 이득을 전제한다. 각자의 삶이 더욱 윤택해지는 방법은 서로의 힘을 조화롭게 활용하는 데 달렸다.

우리의 관심인 '사회 정의'는 각자의 힘을 조화롭게 사용하여 사회의 생산량을 늘리는 동시에, 생산량의 증대로 인한 이득을 모두에게 공평하게 분배하는 데 관여하는 개념이다. 사회 정의는 말 그대로 일상적인 정의 개념을 사회에 적용해본 말이다. 사회 정의의 대상은 우선적으로 사회제도들이다.

그렇다면 사회제도의 정의로움은 어떻게 평가할 수 있을까? 이 물음에 대한 대답의 단서는 모든 사회제도를 총괄하는 어떤 원칙과 관련이 깊다. 학교엔 학칙이 있고, 기업엔 사칙이 있고, 관공서엔 그에 해당하는 규칙이 있듯이 모든 사회제도에는 그 나름의 운용원칙이 있다. 물론 그 운용규칙들은 모든 사람들이 이해할 수 있도록 공시되어야 한다.

하지만 문제는 그렇게 단순하지 않다. 사회의 모든 제도를 총괄할 수 있는 원칙이 있을까? 그렇다면 어떻게 이 원칙을 찾아낼 수 있을까? 앞에서 언급한 장학금 선정 기준의 경우처럼 다소 간단해 보이는 것도 이렇게 복합적인데, 하물며 모두가 동의할 수 있는 사회제도를 총괄하는 원칙을 어떻게 찾을 수 있을까? 찾는다 하더라도 그 원칙을 실현할 수 있을까? 우리들은 서로 더 많은 것을 가지려 하고, 자신의 이익을 극대화하려는 경향이 짙다. 그런 점을 고려하면 과연 '이런 원칙이 도출될 수 있을까'라는 의심을 품을 수 있다. 물론 모든 사람들이 완벽하게 정의롭고 평등한 상태에서 사회적 부를 키울 수 있다면 어떤 정의 문제도 생기지 않을 것이다. 그러나 이런 사회는 말 그대로 꿈속에서나 가능한 성인군자들만의 사회다.

성인군자들만의 사회가 아닌 이기적 욕망에 사로잡힌 보통 사람들의 사회에서는 정의의 문제가 발생할 수밖에 없다. 즉 인간 사회에서 사람들은 서로의 삶을 위해 협동하지만, 서로 피치 못할 갈등을 빚는다. 사회제도는 이러한 잠재적, 현실적 갈등을 중재하고 조정하는 역할을 한다. 또한 사회 정의는 사회협동 과정에서 필연적으로 발생하는 갈등을 조정할 수 있는 분배원칙을 요구한다.

존 롤스, 그는 누구인가

이러한 정의의 문제에 대해 심각하게 고민한 철학자가 바로 존 롤스다. 그는 풍요한 인류 문명 속에 신음하는 사람들에게 관심을 보이고, 그 고통을 사회제도를 통해 극복해보려고 했다.

1921년 미국 볼티모어에서 태어난 롤스의 학생시절은 지극히 평범했다. 사실 롤스는 흔히 말하는 '천재형' 인간은 아니다. 오히려 자신의 관심을 꾸준히 발전시킨 '대기만성형' 인간에 가깝다. 대학시절까지 그의 이력은 별로 특이한 사항이 없다. 다만 제2차 세계대전 후 전쟁의 참혹상과 평화에 대한 관심이 깊어졌다는 사실, 1960년대부터 남부 흑인들의 비참한 삶을 목격하면서 평등 문제에 대한 관심이 심화되었다는 점 정도다.

물론 이 대목은 그의 철학 전반에 깔려 있는 문제의식을 이해하는 데 도움이 된다. 그의 철학적 관심은 무엇보다 그 당시 유

《정의론》을 출간하며 미국 사회에서 큰 주목을 받기 시작한 롤스

행했던 철학적 방법론이나 형이상학적 주제를 넘어 현실을 바꿀 수 있는 보다 실천적인 문제에 있었다. 롤스는 1950년 미국 프린스턴 대학Princeton University에서 철학박사 학위를 받았다. 주제는 그 당시 유행하고 있던 윤리학 방법론이었지만, 내용은 당시 지배적인 문제의식을 벗어나려는 고민이 묻어 있었다. 그는 윤리학이 윤리적 명제를 분석하는 차원을 넘어 현실적인 문제를 푸는 데 보탬이 될 수 있는 방법을 모색하고 있었다.

박사 학위를 받은 롤스는 곧 코넬 대학Cornell University과 MIT 대학Massachusetts Institute of technology을 오가면서, 자신의 문제를 더욱 심화시킨다. 이때의 특징은 개인의 윤리적 판단이나 선택을 사회적 선택이나 판단으로 삼으려는 시도가 엿보인다는 점이다. 1958년에 시작된 이 작업은 거의 10년 뒤 그의 저서 《정의론》에서 '공정으로서의 정의' 개념으로 발전했고, 이것을 정의 개념의 토대로 삼고자 했다. 그의 철학은 대중의 인기를 얻고 선동하는 방식은 아니었다. 그는 꾸준한 사색을 통해 이론적 난점을 해결하는 방식을 선호했다. 1960년 롤스는 코넬 대학에서 하버드 대학 철학과로 자리를 옮긴 후 그 자리를 지켰다. 하버드 대학은 그의 정의 이론을 응집력 있게 다듬는 데 최적의 장소였다. 이 시기의 강의 원고를 보면 그가 얼마나 많은 사색과 고민을 했는지 여실히 느낄 수 있다. 여러 번의 첨삭을 통해, 새로 쓰는 과정을 반복하면서 마침내 완성된 《정의론》은 1971년 세상에 발표되었다. 이 책은 세계 26개 언어로 번역되어, 전 세계적으로 큰 반향을 일으켰다. 그 당시 《정의론》의 첫 반향은 미국 지성사회 전반에서 메아리쳤다. 미국의 사회 풍토와 지적 기반을 강하게 거부하고 있었기 때문이다.

먼저 논란의 핵심이 된 것은 윤리학의 임무 자체였다. 그 당시까지만 해도 도덕이란 한갓 언어 유희의 대상이었다. 인간의 가치를 다루는 윤리와 도덕은 현실과는 철저하게 무관한 것이었고, 단지 언어 분석의 대상일 뿐이었다. 또한 윤리, 도덕적인 가치란 인간의 감정을 나타내는 언어적 표현으로 폄하되고 있는 실정이었다. 따라서 윤리학의 임무는 인간 감정을 표현하는 도덕적 문장을 낱낱이 파헤치는 것이었다. 그러나 롤스는 이 같은 전통적인 정의주의 emotivism의 생각을 바꾸어놓았다. 윤리나 도덕은 단순히 인간의 감정을 표현하는 데 그치는 것이 아니며 도덕적인 개념은 인간의 실천적인 문제를 푸는 데 매우 유용한 사회제도의 기반이 될 수 있다는 것이 그의 생각이었다. '정의'를 도덕적 개념이자 사회 문제를 이해하는 데 필수적인 개념으로 파악한 것도 이런 그의 생각과 맞닿아 있다.

또 다른 반향은 롤스의 정의론이

▪▪ 정의주의

정의주의(情意主義)는 윤리적 명제를 분석한 20세기 윤리학 사조다. 정의주의자들은 윤리와 도덕을 인간의 감정을 표현하는 문장으로 바라보고, 그 구체적인 의미는 없다고 주장했다. 롤스는 정의주의를 도덕과 윤리가 지니는 실천적 함의를 제대로 파악하지 못한 이론이라고 비판했다. 가령 '정의가 단순히 인간의 감정을 표현한 말인가?', '왜 우리는 정의를 위해 목숨을 바치고, 정의 구현을 갈구하는가?' 등에 대한 실천적 함의를 파헤치려는 태도를 정의주의 학설에서 찾을 수 없다는 것이다.

개혁적인 사회이론이 될 수 있는가라는 문제의식에서 시작되었다. 특히 공리주의에 대한 대안을 마련할 수 있으리라는 기대감도 크게 작용했다. 현대 사회의 가장 지배적인 사회이론이라 할 수 있는 공리주의는 '정의로움'을 그 사회가 생산하는 선善의 양에 따라 판단할 수 있다고 보고 효용원칙에 의거하여 사회의 생산량을 늘리는 데 열중한다. 그러나 롤스는 이 같은 공리주의 사회이론이 근본적으로 희생원칙을 포함할 수 있다고 보면서 강한 의구심과 회의를 나타냈다. 다시 말해 공리주의 원칙이 사회의 생산량을 늘리는 데 기여한다는 점은 인정하지만, 증가된 생산을 정의롭게 분배하기에는 부적절하다고 판단했다. 그가 제시하고자 하는 정의원칙은 바로 공리주의 사회원칙에 대한 대안이 될 수 있는, 분배원칙이 포함된 원칙이었다.

《정의론》은 사실 출간 당시 미국과 영국을 중심으로 한 분석철학˙ 전통의 철학에만 반향을 미쳤을 뿐, 유럽에서는 이렇다 할 주목을 받지 못했다. 그런 반응에는 그만한 이유가 있었다. 무엇보다 롤스 자신이 분석철학적 전통에서 철학을 배우고, 그 문제 설정을 따르고 있다는 점이 중요하게 작용했다. 그런 점에서 그의 철학에는 유럽 철학의 사회변혁 운동의 기수를 담당한 마르크스 철학에 대한 직접적인 인용이나 반론이 없었다. 따라서 유럽 지식인들은 롤스 철학을 분석철

∷ 분석철학
20세기 영국과 미국을 중심으로 일어난 철학운동으로, 철학의 임무를 개념의 명료화에 두고 있는 철학 사조를 말한다. 특히 현대 과학의 영향을 받아 과학적 사고를 철학이 본받아야 할 전형으로 바라보았다. 때문에 분석철학자들은 철학의 관심사를 언어의 유의미성, 과학과의 관계, 인식의 문제에 주로 집중했다.

학의 변용으로 간주했고, 그의 철학에 깔려 있는 자유주의 성향을 지극히 미국적인 아카데미즘의 대변으로 매도해왔다.

그러나 롤스 철학의 지속성은 놀라웠다. 그 이유는 아마도 그의 문제의식의 편향성이나 이데올로기에 있는 것이 아니라, 정의 문제가 인간의 삶과 유리될 수 없다는 점을 밝힌 것에 있다고 할 수 있다. 그의 철학은 현대 철학이 소홀하게 다루었던 사회적 악을 다시 생각하게 해주었고, 철학이 단순히 세계의 해석이 아니라, 실천을 통해 세계를 변혁시키는 학문이라는 실천철학의 모토를 다시 되새겨주었다.

롤스 철학의 또 다른 의의는 그의 철학이 논란의 핵이라는 데 있다. 《정의론》 출간 이후 미국 철학계는 거센 논쟁의 회오리에 휩싸인다. 흔히 자유주의-공동체주의 논쟁으로 알려진 이 논쟁은 롤스가 제시한 정의 이론에 대한 찬반 논쟁과 같은 것이다. 이 책에서 앞으로 다루게 될 매킨타이어와의 대화도 이 논쟁에 기반하고 있다.

1993년 롤스는 오랜 침묵을 깨고 《정치적 자유주의Political Liberalism》란 책을 출간했다. 사실 이 책은 침묵 속에서 나온 책은 아니다. 《정의론》 출간 이후 그는 꾸준히 논쟁에 참석했고, 그 논쟁을 통해 얻어낸 일종의 여과물을 이 책에 담은 것이다. 그러

:: 자유주의-공동체주의 논쟁

20세기 후반 미국을 중심으로 일어난 정치 철학 논쟁을 말한다. 특히 롤스의 《정의론》에 나타나는 자유주의 전통의 해석을 둘러싸고 일어난 논쟁인데, 그 핵심 논쟁은 사회 문제 해결의 주체가 누구인가에 초점이 맞추어져 있다. 자유주의자들은 개인의 선택을 강조하는 반면, 공동체주의자들은 그 선택에 있어서 공동체의 매개를 강조한다. 공동체주의자들은 개인의 인격 형성과 가치 구현이 공동체 안에서만 이루어진다고 강조해왔다. 이 책에서 논의할 롤스와 매킨타이어는 이 논쟁의 핵심 인물들이다.

나 정작 롤스 자신은 이 책이 공동체주의자들과의 논쟁에 대한 화답이 아니라고 주장한다. 그는 오히려 이 책을 《정의론》에서 완결하지 못한 부분을 충족시키는 완결편으로 정의했다. 이유야 어쨌든 이 책은 롤스 자신의 이론이 구체적으로 사회에 적용될 때 파생될 문제들을 다루고 있다. 그는 《정치적 자유주의》의 출간 이후에도 여러 권의 책을 출간했다. 그러다가 2000년 심장마비로 쓰러진 후 모든 공식적인 활동을 할 수 없었고, 2002년 11월 24일 타계했다.

롤스의 철학은 사회변혁을 위한 이론적 기반을 모색한다. 그의 철학적 이상은 유토피아적인 성격이 짙다. 그러나 유토피아라고는 할 수 없다. 이 땅에서 실현 가능한 이론을 찾으려고 시도했기 때문이다. 따라서 그의 철학은 형이상학적인 논쟁보다 '정의'라는 실천적 개념에 주목한다. 특히 개개인의 행동을 규제하는 덕德보다 각 개인의 삶에 막대한 영향을 미칠 사회제도와 관련된 정의 개념을 모색한다. 이것은 모두 실질적으로 유용한 실천철학을 모색하는 과정에서 이루어졌다고 할 수 있다.

개인의 자유와 희생

롤스는 민주주의 사회와 사회 정의와의 연관관계를 누구 못지않게 긍정했다. 민주주의 사회란 각자의 인격과 개성을 존중하는 가운데 능률적이고 생산적인 사회관계를 모색하는 체제다. 당연해 보이는 말이지만, 자세히 살펴보면 모순투성이다. 능률적인 생산체제가 되기 위해선 어느 정도 개인의 희생이 필요하며, 개인의 개성을 존중하려면 생산적인 사회체제를 포기해야 한다는 것이 일반적인 통념이기 때문이다.

이 같은 모순을 피하는 흔한 방식은 두 뿔 중에서 어느 한쪽을 택하는 것이다. 가장 널리 채택되는 방식이 공리주의 방식이다. 예를 들어 지금도 개인의 희생을 감수하면서 사회 전체의 생산량을 늘리는 쪽을 선택하는 국가들이 많다. 흔히 우리는 '최대 다수의 최대 행복'으로 요약되는 공리주의적 사회선택을 선호한다. 큰 떡이 있으면 각자에게 돌아갈 몫도 커질 것이라고 기대하는 것이다. 반면에 양이 적으면 돌아갈 몫도 적을 것이고, 모두가 가난해질 수밖에 없다고 생각한다.

이 같은 생각은 도덕적으로 허용할 수 없는 전제를 포함하고 있다. 사회가 원활하게 작동하기 위해 개인의 희생을 요구하는 것이다. 이 희생은 우리가 생각하는 정의와는 다소 거리가 있다. 가령 한 독재자가 무고한 국민들의 희생을 담보로 비약적인 국가 발전을 이루었다고 하자. 국가 발전을 이룩했으니 이 정도 희생은 감수해야 할까? 아니면 개인의 희생을 어떤 식으로 보상해야 할까? 분명하고 단호한 대답을 하기 어렵다. 그러나 국민의 희생을 강요하는 사회가 과연 정의로운 사회일 수 있는가라는 의문은 가시지 않는다.

물론 국가 발전을 위해서 어느 정도 소수의 희생은 어쩔 수 없다고 말할 수 있다. 모두가 자기 주장만 앞세우다 보면 어떤 일도 이루어질 수 없다. 현대 사회의 딜레마가 바로 여기에 있다. 사회 재화를 키우기 위해서는 국민 모두의 협동이 필요할 것이고, 사회협동은 어느 정도 개인의 희생을 묵인할 수밖에 없는 것이 현실이다. 이런 현실을 감안하더라도 여전히 어려운 문제가 남는다. 도대체 개인의 희생을 어디까지 허용해야 하는가? 국민 모두가 동의할 수 있는 허용치가 과연 있는가?

사회협동의 결과가 일부 사람에게 집중되는 것 또한 큰 문제다. 사회협동을 위해 일시적으로 소수가 희생을 감수하더라도 그 결과가 소수에게 돌아가지 않는다면 그 희생은 고착화될 수 있다. 이 같은 고착된 희생은 수많은 불평등을 양산한다. 그 불평등에서 벗어나기 위해서 공정한 분배정책이 필요하다. 희생자들이 사회의 주권자로 돌아갈 수 있도록 해야 한다. 현대 민주주의는 이런 형태의 사회 불평등을 해소하는 데 주력한다. 현대 민주주의 사회의 딜레마는 이 같은 두 가지 요구를 충족시킬 수 있는 방법을 찾는 데 있다.

롤스의 고민도 바로 현대 민주주의 사회체제의 딜레마와 맞닿아 있다. 롤스의 해결책은 공리주의 정의관의 도덕적 결점을 보완하는 것이다. 그는 사회선택이론의 입장에서 공리주의를 강하게 긍정하면서도, 공리주의 사유의 도덕적인 약점을 보완해야 한다고 생각했다.

한 사회의 부가 증가한다고 그 사회가 자동적으로 정의로운 사회가 되는 것은 아니다. 부의 증가는 오히려 그 사회를 불평등하게 만들곤 한다. 물론 롤스의 논증은 이 같은 경험을 반박하는 데 목적을 두고 있지 않다. 오히려 그의 논증은 공리주의 정의관의 문제를 제기하고 이에 대한 대안을 찾는 데 초점이 맞추어져 있다.

그렇다면 롤스가 생각한 공리주의의 이론적인 약점은 무엇일까? 그것은 부의 증가가 그 사회의 정의로움으로 나아갈 수 없다는 것이다. 왜 부의 증가가 곧 그 사회의 정의로움으로 나갈 수 없을까? 사회적 부가 커지면 국민들에게 돌아갈 몫도 그만큼 커지는 것은 아닌가? 롤스는 공리주의 분배원칙에서 그 대답을 찾고 있다. 한 사회가 열심히 노력한 끝에 사회의 생산량을 상당 부분 늘렸다고 가정해보자. 늘어난 사회 재화를 동등하게 갖는다면 아무 문제가 생기지 않을 것이다. 그러나 현실적으로 모두가 같은 몫을 갖기란 불가능하다. 따라서 여기에서 중요한 건 사회 재화를 공평하게 분배했다고 여길 수 있는 어떤 원칙인데, 공리주의의 경우 어떤 실질적 원칙도 없다.

이렇게 볼 때 공리주의는 일단 사회 재화를 키우는 데는 일익을 담당했지만, 그로부터 발생한 사회 재화의 정의로운 분배에는 상대적으로 무관심했다. 이것이 바로 롤스가 공리주의를 공격하는 요지다.

정의원칙은 상상에서만 가능하다

롤스는 사회협동 과정에서 나타나는 불평등이 무엇보다 먼저 해소되어야 한다는 점을 중시했다. 현실에 만연한 불평등을 치유하지 않고는 어떤 정의 이론도 퇴색할 수밖에 없기 때문이다. 공리주의 정의 이론의 문제점은 소수의 희생을 잠재적으로 강요하면서 사회의 부를 키워나가는 것이고, 이는 결국 불평등을 심화시킬 수 있다는 점이다. 롤스는 이 같은 불평등을 막을 수 있는 정의원칙이 필요하다고 생각했다.

문제는 단순하다. 어떻게 불평등을 해소할 정의원칙을 찾아내는가이다. 정의원칙은 하늘에서 떨어질 수도, 땅에서 솟아오를 수도 없다. 오직 인간들의 약속을 통해서만 가능해 보인다. 하지만 인간의 약속도 자의적이다. 상황에 따라 약속을 파기하곤 한다. 따라서 자의적인 변덕에 좌우되지 않도록 해야 한다. 이런 자의성을 벗어나기 위해 롤스는 도덕에 관한 직관적인 믿음에 호소한다.

정의에 관한 우리의 직관적인 믿음은 무엇인가?

먼저 생각해볼 수 있는 것은 어떤 원칙이든지 보편성을 인정받아야 한다는 점이다. 보편적이기 위해서는 자기의 선입견이나 이해관계로부터 벗어나야 한다. 또한 모든 사람들이 받아들일 수 있어야 한다. 흔히 이성적으로 말할 때 쓰는 '도덕적으로 받아들일 만한'이라는 의미다. 따라서 사회제도의 정의로운 원칙은 무엇보다 도덕적으로 받아들일 수 있는 것이어야 한다.

둘째, 사회의 정의원칙은 사회 성원들의 선택과 깊은 연관이 있다는 점이다. 도덕적으로 승인할 수 있는 정의원칙은 우리의 도덕적 평가와 밀접한 연관이 있다. 다만 이때 중요한 것은 도덕적 선택이 이루어질 수 있는 공정한 상황이다. 굳이 공정한 상황이라고 말하는 이유는 공정하지 못한 상황에서는 이미 도덕적인 선택의 기회가 박탈되어 있기 때문이다. 도덕적 평가를 위해서는 공정한 상황 못지않게 공정한 절차의 수립이 중요하다. 공정한 상황에서도 절차가 공정하지 못하면, 얼마든지 잘못된 평가를 내릴 수 있다. 따라서 정의원칙의 도덕적 선택은 원칙적으로 공정한 상황과 공정한 절차를 요구한다.

하지만 공정한 절차를 만족시킬 수 있는 공정한 상황은 현실적으로 존재하지 않는다. 현실에서 도덕적 요구에 딱 맞는 공정한 절차를 찾기란 하늘의 별 따기처럼 어렵다. 모든 도덕적 요건을 충족시킬 수 있는 공정한 상황의 가능성을 찾고자 했던 롤스도 이 같은 공정한 상황이 현실에서는 주어질 수 없다는 것을 알고 있었다. 현실은 항상 자신의 이해관계에 치우칠 수밖에 없기 때문이다. 그렇다면 공정한 상황이란 어떻게 가능할 수 있을까? 롤스가 생각한 탈출구는 바로 사유실험, 즉 사유 속에서 도덕적 요건을 충족시킬 수 있는 가상의 상황을 상정해보는 것이다.

가상의 상황은 도덕적 요건을 만족하는 상황이다. 하지만 그 상황은 말처럼 그렇게 분명하지 않다. 이 책을 읽는 동안 생각한다. 하지만 이 같은 상황이 도덕적 요건을 만족하지 못한다. 도덕적인 요건을 충족하려면 생각을 한층 극단으로 이끌어가야 한다. 가상의 상황이 중요한 이유는 지금 당장의 현실 이해에서 벗어나게 해준다는 점 때문이다. 먼 장래의 자기 자신까지 생각할 줄 알며, 내 자신뿐만이 아니라 다른 사람도 나와 같이 먼 미래까지 생각한다. 그리고 서로 다툼이 일어나지 않는 방식이 무엇인지, 더 나아가 사회발전을 위해 우리가 해야 할 바가 무엇인지 이 상황에서 곰곰이 따져볼 수 있다.

이렇게 보면 롤스가 생각하고 있는 것은 평범한 사람의 이해관계에서 벗어나는 법이다. 우리와 같이 평범한 사람은 현실의 이익을 위해 숙고한다. 때문에 공공에게 이익이 되는 부분에 대해서는 별 관심을 갖지 않는다. 롤스의 가상 상황은 이런 자기 이해를 벗어나게 해준다. 가상 상황은 사회가 왜 필요하고, 사회가 어떻게 유지되어야 하는가를 머릿속에서 따져보는 것이다. 이 같은 생각을 철학자들은 도덕적 사유라고 부른다. 도덕적 사유는 사회 발전을 위해 개인의 최선의 선택과 다른 사람의 선택, 더 나아가 사회의 선택이 어떻게 이루어져야 하는지 따져보는 것을 뜻한다.

철학자들은 이 같은 사회발전을 위한 도덕적 사유를 '사회계약'이라는 은유로 표현하고 있다. 사회계약 상황에서는 개인이 사회를 형성하는 이유, 충족해야 할 조건에 대한 해답을 찾을 수 있다. 가장 먼저 이루어질 사회계약의 상황, 그것을 '최초의 상황'이라고 부른다. 여기서 최초라는 말은 어떤 불공평한 것도 개입하지 않는다는 뜻이다. 롤스는 자신의 원초적 입장을 철학자들이 말한 사회계약 상황, 특히 최초의 계약 상황과 같은 것으로 보았다.

계약 상황이 실제 상황이 아니라는 건 두말할 필요도 없다. 사유 안에서 이루어지는 계약이기 때문이다. 그렇기 때문에 영국의 철학자 데이비드 흄•은 '최초의 상황'과 같은 가상적인 계약이 현실 문제를 해소하는 데 전혀 도움이 되지 않는다고 불평했다. 그는 사회계약을 통해 국가를 성립하고 합리적인 법을 창출하려는 노력이 부질없는 것이며, 이 같은 생각으로 법의 실질적인 효력인 강제성을 정당화하는 것은 위험천만한 생각이라고 주장했다.

이미 롤스는 이 같은 비판을 잘 알고 있었다. 그럼에도 불구하고 롤스가 사회계약 개념을 주장한 이유는 무엇일까? 또 비현

사회계약을 비판한 흄

■■ 데이비드 흄

영국의 철학자이자 역사가. 그의 인식론은 존 로크에서 비롯된 '내재적 인식비판'의 입장과 뉴턴의 자연학에서 실험과 관찰의 방법을 응용했다. 인간 본성 및 그 근본법칙과 그것에 의존하는 여러 학문의 근거를 해명하는 일이었다. 홉스의 '자연상태'의 가정(假定)과 '계약설'을 비판하고, 만인에게 공통된 '이익'의 감정에서 법의 근거를 구하는 공리주의적 방향을 제시한다.

실적임에도 그러한 사유가 중요하다고 보는 이유는 무엇일까?

이 질문에 답하기 위해 사회계약 상황의 비현실성을 다시 한 번 생각해보자. 사회계약 상황은 이중적인 의미로 비현실적이다. 단지 생각 속에서 이루어지는 사유실험이기 때문에 관념적인 요소가 짙다. 그것은 말 그대로 가상적인 계약이지 어떤 현실적인 제약을 뜻하지는 않는다. 그러나 그 역도 성립하고 있음에 주목할 필요가 있다. 현실적인 계약은 지나치게 자신의 이익에 집착하기 때문에 그 같은 현실 영합적인 계약이 공정할 리 만무하다. 따라서 이러한 현실적인 이해관계에서 벗어나 공정한 상황과 절차에 따라 계약이 이루어지도록 해야 한다. 이 공정한 상황과 공정한 절차를 보장할 수 있는 최소한의 조건이 중요하다. 롤스는 이 같은 역설적인 구조에서 긍정적인 면을 차용하고 있다. 즉

■ 최초계약과 사회계약

사회계약은 일상생활에서 쉽게 접하는 다른 계약과는 조금 다르다. 그 근본적인 차이는 사회계약이 한 국가를 형성하는 계약인 반면, 일반계약은 국가 형성과 직접적으로 관련이 없다는 것이다. 때문에 국가 형성과 관련된 사회계약을 '인간이 국가를 형성하는 최초의 지점'이라는 의미에서 최초계약이라고 부른다. 그런 점에서 최초계약은 오로지 가설에서만 가능하다.

사회계약은 자신의 이해관계에서 벗어나 사유할 수 있음을 뜻하는 것이다.

　최초의 계약 상황은 가설적이다. 가설적이어도 중요한 까닭은 상황과 절차의 공정성을 담보하고 있기 때문이다. 이 상황 속에서 현실적인 이해 당사자는 자신의 이해를 벗어던지고 가장 기본적인 사회생활에 필요한 원칙을 선택한다. 즉, 사회의 온갖 이익으로부터 벗어나 편견 없이 심사숙고할 수 있는 상황이다. 이 같은 생각의 위력은 대단하다. 현실적인 이해에서 벗어나 정의로운 원칙을 찾을 수 있게 해주기 때문이다. 공정한 조건 아래서만 사회생활에서 꼭 필요한 권리와 의무, 전체 성원들에게 사회협동을 통해 발생한 이득을 골고루 분배할 원칙을 찾게 해준다. 다시 말해 사회계약은 바람직한 사회, 즉 정의로운 사회에 필요한 사회 원칙, 지금 우리가 살고 있는 사회를 비교, 평가할 수 있는 어떤 원칙을 도출할 수 있는 장치다. 우리는 이 장치를 통해 이상적인 원칙을 찾고, 그 원칙에 기반하여 현실의 제도를 바꾸어갈 수 있다. 롤스의 야심은 이처럼 현실을 가늠할 수 있는 잣대가 될 정의원칙을 찾는 것이다.

왜 계약이 '사회적'이어야 하는가?

롤스의 정의 이론에서 사회계약 개념은 매우 중요하다. 그럼에도 여전히 '사회적'이란 수식어를 붙일 필요가 있는지 궁금하다. 굳이 계약을 사회적인 것이라고 주장하는 이유는 무엇일까? 그것은 분명 정의원칙이 개인의 행동이나 판단보다는 제도의 정의로움을 평가하는 것과 관련이 있다고 생각하기 때문이다. 그런 점에서 사회계약은 우리가 일상생활에서 자주 사용하는 여타의 '계약'과는 다른 의미를 지니고 있다. 롤스 논의의 출발점을 이해하려면 일반 계약과의 차이점을 통해 사회계약의 독특성을 추론해볼 필요가 있다. 일별해보면 대략 세 가지 대목에서 차이가 난다.

첫째, 사회계약은 말 그대로 한 사회를 조직화하고 유기적으로 편성하는 것을 그 목표로 삼는다. 사회계약은 사회의 이상적인 질서를 확립하고, 정당성을 부여하기 위한 것이다. 그러므로 최초의 계약 상황에서는 제도의 정의로움을 판단할 정의원칙이 자연스럽게 요구된다. 그 원칙을 통해서만 일반적인 사회제도들이 하나의 질서 정연한 유기체로 구성될 수 있기 때문이다. 이런 점에서 사회계약은 물건이나 집을 사기 위한 계약이나, 노사가 합의문으로 작성한 계약과는 근본적으로 다르다. 일상에서의 계약은 당사자들의 이해관계를 명시하기 위해 특정의 대상, 장소, 구체적인 내용을 언급하기 마련이다. 그러나 사회계약은 어떤 구체적인 내용상의 규정을 포함하지 않는다. 일반적인 계약이 구체적인 자기 이익을 충족시켜가는 일종의 '현실적' 보조 장치라 한다면, 사회계약은 이러한 자기이해나 가치를 떠날 때만 가능한 일종의 '도덕적' 보조 장치다. 최초의 계약 상황에서 중요한 건 개개인들의 구체적인 이해관계나 가치들이 아니다. 사회계약 상황에서 요구되는 건 그 당사자들의 도덕적 능력을 최대한 발휘할 수 있는 상황과 절차다. 그 속에서만 당사자들의 숙고와 충분한 생각을 받아들일 수 있는 어떤 원칙들을 찾아갈 수 있기 때문이다. 굳이 '도덕적'이란 형용사를 붙인 이유도 모든 당사자들이 충분히 숙고해야 하고, 동시에 모든 사람들이 받아들일 수 있어야 하기 때문이다. 그래야만 그 원칙에 의거한 법이나 법률의 집행이 수용자들에게 타당성을 인정받을 수 있다.

둘째, 사회계약에 의해 성립된 국가나 사회는 구체적인 선이나 특정 가치를 갖고 있지 않다. 이미 여러 차례 강조했듯이, 사회계약에 의해 성립된 사회나 국가는 정의로운 원칙 이외에 본래적 선이나 가치들을 포함하지 않는다. 그 이유는 단순하다. 한 사회나 국가가 어떤 특정 가치나 선을 보호해야 한다면, 모든 개개인의 선과 가치로부터 벗어난 사회계약 상황을 굳이 강요할 하등의 이유가 없을 것이다. 그럴 경우 그 사회는 그들의 가치나 선을 최대한 충족시키는 방향으로 나아갈 것이 불 보듯 뻔하기 때문이다. 그러므로 사회계약은 국가나 사회가 추구해야 할 특정한 선이나 가치를 배제할 때만 가능하다. 오히려 정의원칙은 개개인들의 삶의 가치와 선을 넘어서, 그 가치와 선이 최대한 조화롭게 작동할 수 있도록 만드는 사회협동체의 원칙이다. 이 원칙의 도출은 사회계약 상황 같은 특수 상황을 요구한다. 물론 정의원칙을 반드시 강제적인 의무의 집합으로만 생각해서는 안 된다. 한 사회가 사회협동체로 작동하기 위해선 구체적인 개개인의 이익이 서로 잘 맞아떨어져야 하기 때문에, 정의원칙의 목표는 근본적으로 개인의 가치와 정확히 일치할 수 있는 가능성을 완전히 배제하지는 않는다.

마지막으로, 사회계약은 아무런 내용물 없는 빈 항아리가 아니다. 최소한 사회관계의 정의로움을 평가할 추상적인 수준의 분배원칙이 포함되어 있어야 한다. 분명히 한 나라가 추구해야만 하는 구체적인 가치는 없다. 그러나 그 나라의 성원들은 자유롭고 평등한 상태에서 자신들의 이익을 극대화하려고 할 것이다. 그 구체적인 이익이 무엇인지 모르지만, 적어도 사회제도가 존립하는 이유는 성원들의 사회생활을 최대한 보장하고 그들의 이익을 극대화하는 것이다. 따라서 사회제도의 존립은 사회 성원 모두에게 이익이 돌아가게 하되, 사회의 공정성을 훼손하지 않으면서 인류발전에 이바지할 수 있도록 그 방향을 잡는 데 달려 있다. 비록 개인들은 자신의 이해관계에만 집착해 최대의 이익을 찾아내려고 하겠지만, 사회제도와 원칙들은 특정 개인이나 집단에게 사회 재화가 편중되는 현상을 방지하는 것을 그 임무로 삼는다. 이것이 바로 분배과정이다.

사회의 개개인들은 협력을 통해 자신들의 이해관계를 충족시키지만 자신의 성과에 대해서는 상이한 요구를 주장할 것이다. 따라서 사회 성원들은 사회제도의 입장에서 보면 협력자인 동시에 갈등의 당사자들이다. 사회제도의 정의로움의 실질적인 의미는 바로 갈등 해소 여부에 달려 있다. 사회계약 상황에서 도출될 정의원칙에는 반드시 사회협력자들의 갈등 상황을 정의롭게 해소할 원칙이 포함된다. 물론 사회협동 과정에서 갈등이 항상 나쁘다고 생각할 필요는 없다. 사회갈등은 우선적으로 사회 성원 당사자들의 가치의 대립이다. 그런 점에서 사회갈등은 사람들의 관심사의 차이나 삶의 목표의 차이에서 나타난다. 동시에 여기에 각 개인들의 존재 이유가 있다. 사회갈등은 그 조정 여부에 따라 사회발전의 긍정적인 요소로 작동한다. 정의원칙의 역할은 사회갈등을 반목과 증오의 연속이 아닌, 사회발전의 계기로 삼는 데 있다. 반목과 증오가 사회 협동체를 깨뜨리는 반면, 정의의 수립과 구현은 사회협동체를 유지하면서 점차적으로 인류가 바람직한 사회로 나아갈 수 있는 기회를 부여한다.

이때 국가의 재분배 과정이 중요하다. 재분배 과정은 근본적으로 사회갈등을 제거하기 위한 것이다. 국가의 재분배 기능은 문화 속에서 나타나는 사회 성원들의 구체적인 사회생활에는 간섭하지 않는다. 또 사회 성원들의 특별한 자질과 능력에 대해서도 관심을 두지 않는다. 국가의 역할은 국민 모두의 자질과 능력, 재능과 체력의 차이가 사회협동을 통해 더 많은 사회적 이득을 산출하도록 돕는 것이다. 그러나 이러한 차이의 인정은 사회 성원 간의 심한 불평등을 초래할 수 있다. 불평등은 곧 불의不義를 의미한다. 가진 자와 갖지 못한 자 간의 양극화 현상을 심화시키기 때문이다. 불평등이나 양극화 해소라는 점에서 국가의 재분배 기능은 더욱 절실히 요구된다. 물론 이 재분배 기능은 철저히 정의원칙에 의존하는 방향으로 나아가야 할 것이다. 그렇지 않으면 사회의 방향성을 상실할 것이고, 장기적으로 정의롭지 못한 사회로 접어들 수 있다. 따라서 사회계약 상황에서 계약 당사자들이 합의해야 할 것은 불평등을 심화시키지 않으면서 생산적인 사회활동을 할 수 있는 방법을 찾아내는 것이다. 이 과정에서 분배의 정의로움을 정당화할 수 있는 정의원칙을 모색하는 것이 중요하다.

만남 2

왜 원초적 입장인가

꼭 원초적 입장이어야 하는 이유

사회계약 상황에서 도출되는 정의원칙은 과연 어떤 것일까? 우리의 궁금증을 더하는 물음이다. 물론 롤스도 가장 신중하게 생각했던 물음이었다. 롤스는 이미 우리가 정의원칙들을 어렴풋이 알고 있다고 생각했다. 다만 우리들의 믿음 속에서 그 정의원칙들을 찾아내려면, 적절한 절차와 온당한 해석이 필요하다. 사실 우리 사회에도 여러 종류의 정의관이 있다. 공리주의 정의관은 사회의 생산량을 최대한 늘리는 것이 정의라고 생각한다. 반면에 환경의 가치를 최대한 보존하는 것이 가장 정의롭다는 생태주의 정의관도 있고, 양적·질적 평등주의를 구현하려는 진보주의 정의관도 있다. 물론 인간의 존엄성을 훼손하지 않으면서, 사회발전을 도모하는 롤스의 정의관도 있다.

이 많은 정의관들에서 어떤 것이 더 정의롭다고 판단할 수 있을까? 그리고 그 근거들은 무엇일까?

롤스는 수많은 정의관을 대조, 평가할 수 있는 어떤 상황이 필요하다고 생각했는데, 그것이 바로 '원초적 입장'이다. 원초적 입장은 롤스를 일약 세계적인 철학자로 발돋움하게 한 유명한 사유실험 이론이다. 원초적 입장이 왜 사유실험인지에 대해서는 이미 앞에서 말한 바 있다. 따라서 이 장에서는 다음 구체적인

두 가지 물음을 중심으로 이야기해보도록 하자. '원초적 입장은 도대체 어떤 상황을 말하는가?', '원초적 입장이 중요한 까닭은 무엇일까?'

이 질문을 언급하지 않고는 원초적 입장을 이해하기 힘들고 원초적 입장에 대한 이해 없이는 롤스의 독특한 측면에 대해 전혀 감을 잡을 수 없다.

원초적 입장은 무엇이고, 어떻게 성립할까?

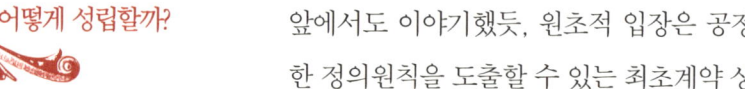

앞에서도 이야기했듯, 원초적 입장은 공정한 정의원칙을 도출할 수 있는 최초계약 상황, 즉 공정한 상황을 말한다. 여기까지만 생각하면 롤스의 생각은 그리 색다를 것 없는 평범한 것이다. 공정한 상황에서 공정한 원칙이 나올 수 있다는 건 너무 당연하기 때문이다. 그는 이 당연한 일상적 믿음을 우리가 동의할 수 있는 정의원칙을 도출하는 데 활용하고 있다.

■ 원초적 입장이란?

원초적 입장은 자유롭고 평등한 개인이 공정한 조건에서 정의원칙을 선택하는 상황이다. 원초적 입장의 특징은 크게 두 가지로 정리할 수 있다. 첫째, 현실에서 실제로 선택하는 상황이 아니라, 사유를 통해 가상적으로 심사숙고하여 정의원칙을 선택하는 상황이다. 둘째, 이러한 선택은 아무것도 없는 데서 새로운 것을 창출하는 것이 아니라, 이미 존재하는 정의관들에서 그 도덕적 우열을 따져보는 데서 선택이 이루어진다.

이미 말한 대로, 우리의 현실에서 이 같은 공정한 상황을 찾기란 하늘의 별 따기다. 인간들 모두가 자비심 많은 이타적 인간이라면 모를까? 그러나 모든 인간이 이타적이길 기대하는 것은 무리다. 그래서 롤스의 해답은 현실적인 상황을 떠나 한층 도덕적 요건을 엄격하게 적용할 수 있는 상황으로 이해하는 것이다. 현실의 이해관계를 벗어날 수 있는 공정한 상황에서라면 좀 더 객관적인 판단과 선택을 할 수 있다고 생각했기 때문이다. 이 상황에서 개개인의 판단과 선택은 모두 도덕적이다. 바로 이 점에서 모두에게 동일한 사회적 선택이 내려진다.

공정한 상황 속에서 공정한 절차의 수행은 우리가 원하는 사회 정의의 원칙을 도출하게 한다. 이 같은 상황에서 나타나는 정의관을 '공정으로서의 정의'라고 부른다. 롤스가 원초적 입장에서 염두에 둔 것은 바로 공정으로서의 정의관이다. 공정으로서의 정의는 편협한 개인의 이해나 역사적 우연성을 한꺼번에 떨쳐버릴 수 있게 하고, 그 선택을 도덕적이게 한다. 또한 개인의 도덕적 선택을 밑바탕으로 사회 재화의 재분배 방식에 대한 사회적 선택에 대해서 동의를 이끌어낸다. 그런 점에서 원초적 입장은 개인의 도덕적 선택을 사회적 선택으로 확장할 수 있는 '꿩 먹고 알 먹는' 식의 이중구조를 지닌다.

이 같은 이중구조에서 선택은 사실 매우 복잡하다. 어떻게 개인의 선택이 사회적 선택이 될 수 있으며, 동시에 도덕적 요건을 충족하는 선택이 될 수 있는지 밝히기란 쉽지 않다. 그러나 이 점이 롤스 논의의 큰 특징이므로, 좀 더 세밀하게 그의 논의를 좇아가볼 필요가 있다. 우선 어떻게 도덕적 요건을 충족시키는

지부터 살펴보자.

원초적 입장에서는 관련 당사자들이 모두 평등하다고 가정한다. 또한 관련 당사자들 모두는 애초부터 모두가 자유롭고, 자신의 삶을 개척해가는 자율적인 인간이다. 더욱이 이들 사이에는 어떤 비밀도 없이 모든 것이 공개적으로 알려져 있다. 모든 사람이 동일한 조건하에서 모든 것을 공개한 다음, 모두가 자유롭게 심사숙고해 선택할 수 있는 기회를 부여하자는 것이 바로 사회계약 상황의 근본설정이다. 이런 점에서 원초적 입장은 처음부터 사회적 선택을 위한 자리인 것이다. 그래도 여전히 해결되지 않는 의문이 있다. 설령 모든 사람이 자유롭고 평등한 상태에 놓여 있다 해도 어떻게 모든 사람에게 모든 것이 공개되어 있다고 할 수 있을까? 우리의 생활을 미루어보면 개인들은 자신만의 비밀을 간직하고 있다. 자신의 속내를 드러내지 않으면 모든 것이 공개되었다고 할 수 없으며, 따라서 그 상태에서의 선택이 옳다고 할 수 없다.

거꾸로 말하면, 원초적 입장의 당사자들에게 자유와 평등을 보장한다고 해서 꼭 선택이 공정하다고 할 수는 없다. 모든 것이 다 공개되었음을 보여주지 않으면 더욱 그렇다. 개인의 모든 비밀을 위해선 무엇보다 원초적 입장의 당사자들이 동등한 조건에서 개방되어 있음을 보여주어야 한다. 원초적 입장이 이 같은 요구를 충족하고 있음을 보여주기 위해 롤스는 추가적인 장치를 덧붙인다. 이 장치가 '무지의 베일'이다. 무지의 베일은 계약 상황에 참여한 당사자들이 자신의 이해관계를 던져버리고 모두에게 동일한 정보 제공과 기회를 부여하는 하나의 장치다.

**어느 쪽 편에도
서지 않는 상태**

'무지의 베일' 아래에서 원초적 입장의 당사자들은 자신의 이해관계에서 벗어나 자신의 도덕적 숙고 능력에 따라 판단하고 선택한다. 여기서 '무지無知'라는 말은 말 그대로 '자신의 이해관계를 알 수 없음'을 뜻한다. 따라서 '무지의 베일' 아래 놓인 당사자들은 사회에서의 자신의 직위, 신분, 계층을 비롯해서 자신만의 자산, 능력, 재능, 체력도 알지 못한다. 또 그가 염세주의자인지, 낙관주의자인지, 내성적인지, 외향적인지, 하물며 혈액형이 무엇인지 모르고, 어떤 역사적 전통에 속하는지, 어떤 도덕적·정치적·종교적 생각을 갖고 있는지도 모른다. 예컨대 그들의 개인적인 정보에 대해서는 기억상실증에 걸렸다고 가정한다.

'무지의 베일'이 개인의 정보를 차단하고 있는 상태이긴 하지만, 모든 정보가 지워져버린 완전 백지 상태라고 생각해서는 안 된다. 완전 백지 상태에서 모두가 동일한 결과를 가져온다면, 그것은 선택이라고 볼 수 없다. 원초적 입장의 당사자들은 사실 개인정보를 배제하고 있지만, 일반적인 수준의 정보는 이미 알고 있는 사람들이다. 그들도 이 정보를 토대로 선택한다. 여기서 일반적인 수준의 정보란 사회에 관한 일반적인 사실, 인간 심리학의 개괄적인 이해, 인간의 정치성, 경제 원리의 필요성 등 정의 원칙을 선택하는 데 필요한 일반적인 사실을 말한다.

개인정보를 차단하는 '무지의 베일' 효과는 사실 이중적이다. 먼저, '무지의 베일'은 계약 당사자들의 선택과정에서 개입될 수 있는 자신의 이해와 우연적인 운 같은 것을 배제하는 데 도움이 된다. 지금의 사회적 지위나 재산 같은 사회 기득권 등은 고려 대상이 되지 않는다. 공정한 선택을 방해하기 때문이다. 사회적 지위나 기득권의 반영은 이미 불완전한 사회적 선택을 의미한다. 따라서 사회 기득권과 개인들의 행운을 철저히 배제하는 것이 사회 정의 원칙을 도출하는 데 너무도 중요한 요건이고, '무지의 베일'은 이 같은 요건을 충족시킨다.

동시에 '무지의 베일'은 계약 당사자의 선택을 도덕적으로 강화하는 효과를 지닌다. 원초적 입장에서의 당사자들의 선택은 오로지 개인과 사회에 대한 일반적인 수준의 사실에 기대어 이루어지기 때문이다. 따라서 '무지의 베일' 아래에서의 선택은 다양한 사회적 선택 가운데 최선의 조건에서 이루어진다. 이때 중요한 기준이 사회적 선택의 공정성이다. 그래서 무지의 베일 아래서의 사회적 선택은 왜 그 선택이 공정한가를 보여준다.

다시 말해 '무지의 베일'은 원초적 입장의 공정성을 최종적으로 확보하는 계기다. 원초적 입장이 자유롭고 평등한 개인들이 사회에 관한 어떤 선택을 하는 상황이라면, '무지의 베일'은 공정한 선택임을 보증하는 장치이다. '무지의 베일' 아래서 선택의 공정성은 무엇보다 당사자들의 선택이 어느 편에도 기울지 않음을 보여준다. 어느 쪽으로도 치우치지 않는 상태를 '불편부당함 •impartiality'이라 한다. 원초적 입장의 당사자들이 불편부당

:: 불편부당함

어느 편에도 기울이지 않는다는 뜻으로 도덕적 선택의 요건이다. 원초적 입장에서 불편부당함은 선택과정에서 모든 이해관계를 배제한다는 뜻으로 이해할 수 있다. 이 같은 선택의 불편부당함은 선택 당사자의 사전 지식을 배제하는 '무지의 베일'을 통해 이루어진다.

하다고 생각할 수 있는 근거는 그들의 선택이 당사자의 이해관계에서 철저히 분리되어 이루어질 수 있다는 데에 있다. 선택이 불편부당하다는 것은 그 선택이 도덕적 요건을 달성할 수 있다는 뜻이다. 그러므로 공정성의 통과 관문은 도덕적 요건이다. 공정한 상황과 공정한 선택이 무엇보다 중요하다.

명심해야 할 점은 상황의 공정성이 내용의 공정성까지 담보할 수 있다는 것이다. 롤스가 생각했던 방식대로 따라가보자. 모든 사람이 유사한 능력과 유사한 상황에 처해 있기 때문에 모두가 공정한 위치에 있다고 할 수 있다. 개인들은 서로에 대해 전혀 아는 바가 없다. 바로 그 상태에서 비교 가능한 두 가지 상이한 정의관이 있다고 해보자. 그때 어떤 선택이 내려지겠는가? 그 상황에서 제시되는 논변과 근거를 기준으로 선택이 내려질 것이 분명하다. 따라서 그 내용의 공정성은 절차의 공정성에 전적으로 의존한다. 좀 더 논리를 전개시켜보자. 이 상황에서 만장일치의 선택이 이루어질 수 있을까? 가능성은 반반이다. 그러나 롤스는 이 상황에서 만장일치가 나오리라고 생각했다. 물론 이 같은 가능성은 두 가지 선택지 중 어느 쪽이 도덕적으로 우월한지를 따져볼 때 나타난다. 이 선택이 단순히 개인의 취향과 선호도가 아닌 도덕적 평가에 따라 이루어진다면, 도덕적인 숙고 능력을 지닌 당사자의 입장에서 만장일치의 결과가 나올 수 있다고 생각했다.

민주주의 사회에 걸맞은 정의원칙이 만장일치의 결과에 바탕을 둔다면 더할 나위 없이 좋은 일이다. 사회변혁의 방향성을 상실한 사회에서 원초적 입장의 역할은 현실 부정의의 타파와 개혁의 돛을 올리는 구실을 한다. 이런 방향타마저 없다면 우리는 어떻게 지금의 사회를 평가하고 앞으로 나아갈 것인가? 롤스가 보기에는 방향성 없는 사회개혁은 의미가 없다. 때문에 롤스 정의론의 장점은 이 같은 방향성이고, 그의 전략적 성공 여부는 그의 생각을 철저히 추적할 때 분명해질 것이다. 따라서 그의 논의를 더욱 철저히 분석해볼 필요가 있다.

원초적 입장의 계약 단서 조항들

모든 계약서는 그 계약의 특징을 담아내는 단서조항이 있다. 예를 들어 임대차 계약서를 보면 계약 기간은 언제이고, 계약금과 중도금은 얼마인지, 그리고 그 외 구체적인 조건들을 기입하게 된다. 마찬가지로 원초적 입장의 계약 상황도 그 나름의 단서조항들이 있다. 이 단서조항들은 원초적 입장의 특징들을 잘 드러낸다. 그런 점에서 원초적 입장이라는 사회계약이 제시할 단서조항을 좀 더 자세히 들여다보는 것은 중요하다. 원초적 입장이 왜 중요하고, 어떤 정의원칙을 도출할 수 있는지 여실히 드러낼 수 있다. 그리고 그 내용 등을 꼼꼼히 살펴보고 우선순위를 생각해보는 것도 원초적 입장을 이해하는 데 도움이 된다. 단서조항은 크게 네 항목으로 나눌 수 있다.

(1) 1항목 : 원초적 입장의 당사자들에 대한 조항

원초적 입장의 당사자들은 물론 개인들이다. 그들은 길거리에서 흔히 만날 수 있는 평범한 보통 사람들이며 자기 자신이 좋아하는 것이 있고, 특정 종교와 가치를 믿는다. 그들만의 삶의 계획이 있고, 그 계획에 따라 착실하게 삶을 살아간다. 더 단순하게 말하면 원초적 입장의 당사자들은 자기 자신의 특정 이익에만 집착하는 편협한 이기주의자도 아니고, 그렇다고 늘 자비를 베푸는 이타주의자도 아니다. 비록 당장 이익을 가져오지 못하지만, 앞으로 자신에게 도움이 된다고 생각하면 현실의 고통을 참을 줄도 알고, 먼 장래를 위해 자기 자신의 뜻을 바꿀 줄도 아는 그런 사람들이다. 이런 점에서 원초적 입장의 당사자들은 적어도 자기의 이익을 중장기적으로 계산할 줄 알면서, 도덕적인 가치판단도 내릴 줄 아는 사람이다.

또 한편으로 그들은 정보의 제약을 받는 사람들이다. 정보를 제한하는 이유는 현실에 얽매여 신중하지 못한 판단을 내릴 가능성이 있기 때문이다. '무지의 베일'은 바로 이런 정보 제한의 한 방식이다. 현실에서 자기 자신과 관련된 모든 지식들은 그들의 기억 속에서 삭제되고 사회생활에 필요한 정보만을 기억시켜 심사숙고하도록 유도한다. 얼핏 단순해 보이는 이 장치는 놀라운 결과를 가져온다. 원초적 입장의 당사자들은 특정한 자기 이익을 위해 판단하지 않는다. 그 같은 이익을 벗어나서 사람이면 마땅히 관심 둘 것에만 주목하고 다른 어떤 것에도 관심을 두지 않는다. 더욱이 그 당사자들은 다른 사람의 관심사에 대해 이렇다 할 주목도 하지 않는다. 원초적 입장의 당사자들은 '서로 무관심한 mutually disinterested' 상태에 있다.

서로에게 무관심하다는 말은 얼핏 매우 차갑고 냉정한 인간이라는 이미지를 연상시킨다. 그러나 이것이 타인에 대한 애정 결핍을 말하는 것은 아니다. 이 말은 오히려 원초적 입장의 당사자들이 어떤 시기심도 갖지 않는다는 뜻으로 받아들여야 한다. 시기심은 남이 잘되는 꼴을 보지 못하는 심리적 상태다. '사촌이 땅을 사면 배가 아프다'는 속담은 이런 심리상태를 잘 드러내는 말이다. 우리는 주위에서 이런 유형의 인간을 쉽게 찾을 수 있다. 하지만 원초적 입장의 당사자들은 시기심이 없는 사람들이다.

　시기심의 작동은 정의뿐만 아니라 사회생활 자체를 거부하는 행위다. 서로에게 보탬이 되는 사회협동을 부정하는 것이고, 이는 정의의 상황과 맞지 않는다. 시기심은 사회협동의 방해 차원을 넘어 궁극적으로 사회생활 자체를 거부하게 할 수 있다. 따라서 원초적 입장은 개인에 관한 모든 정보를 차단해야 할 뿐만 아니라 시기심도 발동하지 않도록 해야 한다. 정의의 목표는 원활하고 활발한 사회협동을 이룩하는 것이다. 그러나 시기심이 사회생활 자체를 거부하는 것이라면 마땅히 원초적 입장에서 받아들일 수 없다. 그렇기 때문에 개인의 정보를 차단하는 무지의 베일과 시기심이 배제된 '상호 무관심한 상황'은 마치 현실에서 이타주의가 작동하는 상황과 유사하다. 그러나 롤스의 생각에는 적절한 정보 제한이 이루어지는 원초적 입장은 이타주의가 작동하는 도덕적 사고 공간이다.

　(2) 2항목 : 원초적 입장의 당사자들은 아무것도 모르는 바보인가?
　'무지의 베일'에 놓인 당사자들이 아무것도 모른다고 생각할 수 있다. 개인 정보가 모조리 삭제되어 아무런 사고도 할 수 없는 상태라고 여길 수도 있다. 그러나 이런 백지상태에서 무슨 결론이 나오겠는가? 백지상태에서 작동하는 사고는 무의미하고, 그것을 토대로 어떤 선택을 한다는 것은 어불성설처럼 보인다.

원초적 입장의 당사자들은 물론 백지상태에 있다는 것이 아니다. 이들은 이미 사회에 관한 일반적인 사실을 잘 알고 있다. 원초적 입장은 정의원칙을 합의하기 위한 절차이기 때문에, 그 당사자들은 사회협력의 필요성이나 정의가 요구되는 이유들에 대해서도 알고 있다. 사회에 관한 이런 일반적인 사항을 모르고서는 정의원칙에 합의할 수 없기 때문이다. 그래서 원초적 입장의 당사자들은 사회가 '생산적·효율적 공정한 체계'이어야 함을 알고 있다.

생산적이지 못한 사회는 빈곤에 시달리는 사회다. 나누어 먹을 떡이 없다면, 공정한 분배원칙을 말하는 것조차 무의미하다. 사회 성원 모두에게 보탬이 될 수 있을 만큼 생산적이어야 한다. 물론 그 생산물은 사회 성원에게 골고루 나눌 수 있어야 한다. 그리고 모든 성원에게 이득이 될 수 있으려면 사회체제는 효율적이면서 공정하게 운용되어야 한다. 방만한 운용이 성공한 사례는 극히 드물다. 효율적인 사회 운용을 위해서는 성원들의 능력과 자질의 차이를 적재적소에 기용하는 사회 분업의 조정이 필요하다. 사회활동은 여기에 그치지 않는다. 효율적인 조정을 통해 얻어낸 생산을 사회 성원에 골고루 배분하는 것도 필요하다. 생산의 산물을 공정하게 배분하지 못한 사회는 사회 성원들의 지지를 받지 못할 것이고, 사회 자체도 유지될 수 없을 것이다. 사회의 안정적인 성장이 유지되려면 무엇보다 그 사회체계가 공정하게 자리 잡혀야 한다.

 이 같은 사회의 기본 사실에 대해 원초적 입장의 당사자들은 충분히 숙지하고 있을 것이다. 그래야만 정의를 사회의 기본 골격을 유지하는 버팀목으로 삼을 수 있기 때문이다. 당사자들이 정의원칙을 철저하게 준수하는 것도, 정의로운 사회를 후손에게 물려주고 싶은 욕망도 다 이와 관련이 있다. 생산적이고 효율적인 사회는 분명 사회 성원들에게 많은 것을 보장해준다. 그러나 많은 것을 보장해줘도 일부의 사람만이 향유할 수 있다면 그 사회는 장래를 보장할 수 없다. 한 사회의 장래를 보장해주는 것은 그 사회가 바람직한 방향으로 가고 있다는 성원들의 믿음이다. 이 믿음이 '정의감 sense of justice'이며, 정의감의 발현은 사회가 나아가야 할 바람직한 방향을 결정하고 정의로운 행동을 할 수 있도록 한다.

(3) 3항목: 계약 당사자들이 알고 있는 것은 무엇인가?

 '무지의 베일'에 가려진 원초적 입장의 당사자들이 말 그대로 아무것도 모르는 암흑 상태에 있다고 가정할 필요는 없다. 원초적 입장의 당사자들이 덮어쓴 베일이 가리고 있는 것은 현실 이익에 대한 집착과 개인들의 편견이지 마땅히 추구해야 할 합리성 자체가 아니다. 다시 말하면 원초적 입장의 당사자들은 무지의 베일이 드리워져도 자기 자신에 대한 관심을 증진시킨다. 다만 증진시킬 관심의 내용을 모를 뿐이다. 원초적 입장의 당사자들은 상대방의 관심사에 대해 주의를 기울이지 않을 뿐 자신의 관심사는 최대한 충족시키려고 할 것이다.

중요한 것은 그 당사자의 관심사가 현실의 구체적인 가치와는 무관하다는 사실이다. 무지의 베일이 현실적 가치들을 이미 배제하고 있기 때문이다. 그렇다고 볼 때 원초적 입장의 당사자들은 적어도 사람이면 마땅히 추구해야 할 것을 분명히 알고 있다. 다시 말해 각 당사자 모두가 추구하고자 하는 근본적인 가치들을 미리 전제하고 있는 것이다. 이 가치들은 인간이 사회생활을 영위하기 위해 필요한 것들이고, 이런 점에서 이 가치들은 당사자 모두가 용인할 수 있는 것들이다. 사실 롤스는 원초적 입장의 사유실험이 어떤 의미 있는 결과를 산출하기 위해서는 우선 사회적으로 용인될 수 있는 가치들이 있어야 한다고 생각했다. 그것이 바로 '사회의 기본가치$^{primary\ social\ goods}$'이다. 사회의 기본가치란 '사람들이 그 이상의 어떤 것도 원하지 않고 누구나 다 원하는' 것으로, '사회생활을 위해 반드시 필요한 것'이다.

사회의 기본가치 항목에는 인간들의 자유, 부, 재산, 자존감 등이 있다. 자유는 마땅히 사회의 기본가치 항목으로 들어가야 한다. 인간이 정치, 사회생활을 하기 위해선 모든 사회 성원들에게 최소한도의 자유가 보장되어야 하기 때문이다. 부와 재산이 기본가치의 항목에 포함된 것도 사회생활에서 경제 활동의 필요성을 인정한 까닭이다. 그러나 자존감이 기본 항목으로 채택된 것은 다소 의외다. 자존감을 정의하는 것도 만만치 않을뿐더러, 왜 자존감이 중요한지 의구심이 들기까지 한다. 그러나 자존감은 사회생활의 주춧돌이다. 사회생활은 근본적으로 사회 성원의 개성과 그 개성을 존중하는 것을 전제로 한다. 사실 자기 자신의 충만하고 온전한 삶을 설계하지 않는 사람이 어디 있으며, 그런 삶을 지지하지 않는 사회가 어디 있겠는가? 개인보다 우월한 사회는 존재하지 않는다. 사회는 개인의 삶을 풍요하고 온전하게 하기 위한 것일 뿐이다. 우리가 부와 재산을 추구하는 것도, 또 능력의 자유를 향유하는 것도 이 같은 전제를 훼손하지 않는 범위 안에서만 가능하다. 이 점은 현대 사회처럼 강한 개인주의 전통의 토대가 된다.

(4) 4항목: 당사자들은 무엇을 선택할 것인가?

원초적 입장의 당사자들은 어떤 정의원칙을 선택할 수 있는 상황에 놓여 있다. 그저 할 일 없이 모인 사교집단이 아니다. 말하자면 원초적 입장의 당사자들은 자신들의 삶이 영위할 '사회의 기본구조'를 결정할 중대한 임무를 띠고 모인 것이다. 원초적 입장에 모인 사람들은 이미 다양한 정의관이 있다는 것을 알고 있다.

가령 원초적 입장의 당사자들은 그 자리에 모여 이전에는 전혀 없었던 회칙이나 원칙을 만들지 않는다. 오히려 그 사회에 작동하고 있는 여러 정의관들을 모아놓고, 그 원칙들의 차이들을 선별해 도덕적으로 어느 쪽이 우세한지 가리려고 한다. 이 같은 우열의 판정은 모두가 동일한 조건과 기준에서 이루어져야 한다. 따라서 모든 사람이 동의할 수 있는 우열 판정이 원초적 입장의 가장 큰 숙제다.

그렇다면 서로 경쟁하고 있는 정의관들을 어떻게 비교할 수 있을까?

우선 당장 떠오르는 것이 현재 작동하는 정의관들의 우세를 가늠해보는 것이다. 롤스도 마찬가지였다. 실제 생활에서는 너무도 무비판적으로 받아들여지는 정의관을 한번 비교해보고 싶었을 것이다. 물론 그것은 단순한 호기심만의 문제는 아니다. 실제 생활에서 뭔가 부당하다고 생각했지만, 마땅히 논박할 근거를 찾지 못한 경우가 있을 수도 있다. 그 예가 바로 공리주의 정의관이다.

공리주의 정의관은 여전히 별 비판 없이 받아들여지고 있다. 공리주의 정의 실현의 방식은 우선적으로 사회의 생산량을 최대한 키우는 것이며 더 나아가 이 같은 목표는 사회의 효율적인 운용을 통해 달성할 수 있다고 본다. 여기까지는 좋다. 사실 생산량을 키우는 데 반대할 사람이 어디 있겠는가? 문제는 다음과 같은 극한 상황이다. 사회가 좀 더 많은 생산을 위해 소수의 사람을 희생시킨다면 어떨까? 이 과정이 반복적으로 지속되어도 여전히 그 사회는 발전을 이룩할 수 있을까?

소수의 권리와 사회의 발전, 둘 중 어떤 것을 우위에 둘 것인가의 문제는 현실 생활에서도 많은 논란을 일으키는 주제다. 때문에 여러 시사 토론 프로그램에서 단골로 등장하는 메뉴이기도 하다. 실제로 우리 사회의 주요 논객들이 국가발전의 기치로 사회의 생산량을 늘리는 것이 곧 정의라는 논리를 펴기도 하지만 그 같은 주장을 경험적으로 반박하기란 쉬운 일이 아니다. 이름난 논객들은 자신의 주장을 입증하는 구체적인 자료와 사실들을 제시한다. 그러나 구체적인 자료나 사실의 입증은 단번에 확증할 수 있는 성질의 것이 아니다. 그들 논증은 오랜 기간의 검증을 통해서만 밝힐 수 있는 것이다.

이 논증들을 도덕적인 기준에서 평가하면 어떨까? 그 사회가 바람직한 방향으로 나아간다고 생각할 만한 주장들, 특히 공리주의의 주장들을 도덕적으로 평가하면 어떤 결과가 나올까? 롤스의 가늠자는 바로 이런 도덕적인 기준이다. 여러 차례 강조했듯이, 이 같은 도덕적 기준이 작동하기 위해서는 원초적 입장이라는 도덕적 관점이 필요했고, 그 우열을 상상 속에서 비교해보려 했던 것이다. 그래서 원초적 입장의 당사자들은 공리주의 정의관뿐만 아니라, 롤스의 정의관도 이미 알고 있다. 이 전제하에서만 서로 비교하고 그 우위를 점칠 수 있기 때문이다.

보통 사람의 관점과는 다른 원초적 입장

원초적 입장은 여러 정의관의 비교를 통해 사회의 정의를 구현할 원칙을 가려내는 일종의 사유실험이다. 이런 실험이 필요한 까닭은 이 세상에 너무도 많은 사회적 악과 불평등이 만연하여 개인의 소중한 삶을 파괴하고 진솔한 자기실현을 방해하고 있기 때문이다. 우리의 현실도 별반 다를 게 없다. 이념이 다르다는 이유만으로 한 사람을 수십 년 동안 사회로부터 격리 수용했던 암울한 과거를 벗어난 것이 몇 년 지나지 않았다. 여전히 우리 사회는 생각의 차이를 존중하지 않는다. 이제 학교는 자신의 능력을 신장하는 곳이 되지 못한다. 사설 학원에서 먼저 자신의 기량을 확보한 후 학교에 가서 자랑하고 인정받아야 한다. 능력을 존중하기보다는 여전히 학벌과 학연이 득세하고 있다. 지하철 역사에는 노숙자가 허다하고, 청년실업은 해소될 기미가 보이지 않고 있다. 어렵게 취직해도 평생직장이 아닌 언제 잘릴지 모르는 임시 직장일 뿐이다.

최근 논란이 되고 있는 비정규직 문제가 바로 그것이다.

이 산적한 문제들을 어떻게 해소할 수 있을까? 분명 해소해야 할 사회적 악과 불평등인데, 어떤 기준으로 이 엄청난 문제들을 다루어야 할까? 물론 이 세세한 문제들을 구체적으로 해결하기란 무리다. 이 문제들을 해결하는 방향이 최소한 나아져가고 있다고 믿을 만한 근거라도 제시되면 다행일 뿐이다. 마치 수리해야 할 배가 안전한 정착지에 도달할 수 있는 로드맵이라도 있었으면 하는 심정처럼 말이다.

원초적 입장은 불평등한 사회를 평등한 사회로 이행하기 위해 필요하다. 원초적 입장은 최소한의 도덕적 요구를 충족한다. 현실의 부당함을 가늠하고, 평등사회로 이행하기 위한 방향 정립을 위해 원초적 입장의 당사자들은 정의원칙을 선택한다. 원초적 입장은 현실에서 요구하는 도덕적 관점을 적어도 상상 속에서 충족한다. 이 관점은 현실의 이해관계를 벗어날 수 있다는 점에서 현실의 어떤 개인 또는 집단의 관점보다 우월하다.

이것이 롤스의 핵심 주장이다. 현실에 팽배한 부정의와 불평등을 해소하려는 강한 욕구는 동전의 양면처럼 정의가 필요함을 드러낸다. 롤스도 정의의 문제를 푸는 데 도덕적 관점이 일정 부분 제 역할을 한다는 데 동의한다. 더 나아가 이 관점이 현실의 자기이익이나 가치보다도 우선해야 한다고 생각했다. 그는 스스로 자기 철학의 근본 특징은 어떤 현실적 가치보다도 정의가 우선하는 데 있다고 주저 않고 말한다. 정의가 어떤 가치보다도 우선한다고 생각하게 된 것은 원초적 입장의 성립과 떼려야 뗄 수 없을 만큼 깊이 연관되어 있다.

논의가 진행됨에 따라 확실히 드러나겠지만, 도덕적 관점이 어떤 현실의 가치보다 우선한다는 롤스의 주장은 서구 사상계에 거센 논란의 불씨를 댕겼다. 자세한 논의는 매킨타이어의 비판 속에서 언급할 것이므로, 그 논의를 여기서 다 제시할 수는 없다. 하지만 롤스의 주장이 서구 사상계의 집중적인 화두가 될 수 있었던 이유는 짚어볼 필요가 있다. 매킨타이어도 상상의 도덕적 관점 자체를 송두리째 거부해야 한다고 주장하지는 않는다. 다만 현실의 관점보다 상상의 관점을 우월한 것으로 보는 태도에 문제를 제기한다. 매킨타이어를 비롯한 서구적 사상을 고수하는 학자들은, 현실의 실질적인 이해관계에 집착하는 구체적인 개인보다 도덕적 인간에게 우월한 지위를 부여하는 롤스의 태도에 대해 강한 거부감을 나타내고 있다. 롤스의 입장을 지지하지 않는 사람들은 이러한 도덕적 인간이 과연 현실 속에서 어떻게 적극적인 역할을 수행할 수 있을지 강한 의구심을 드러냈다.

원초적 입장의 당사자들은 우리가 매일 만나는 보통 사람들이지만, 자세히 보면 자신의 이해관계를 의도적으로 떨쳐버리도록 고안된 도덕적인 인간들이다. 물론 이 도덕적 인간들이 어떤 정의관보다 롤스의 정의관을 선호할 이유를 제공할지 모른다. 그러나 구체적인 이해관계가 개입돼도 여전히 그들이 도덕적 관점을 유지할 수 있을까? 도덕적인 인간들은 자신이 선택한 정의원칙을 철저히 준수할 수도 있겠지만, 현실의 인간들은 상황에 따라 자기 멋대로 행동하지 않는가? 현실의 인간들은 가끔 너무도 불합리해 보이는 행위도 서슴없이 저지르지 않는가? 여전히 꼬리에 꼬리를 무는 물음들이다.

만남 3

내 것이 네 것보다 더 공정해!

내 정의원칙이 더 나은 이유 — 롤스의 정의원칙

논의 점검 차원에서 롤스의 주장을 다시 한 번 더듬어보자. 롤스는 정의로운 원칙의 도출을 위해서 무엇보다 공정한 상황과 절차의 필요성을 강조했다. 정의롭지 못한 상황에서 정의로운 원칙이 나올 리 만무하고, 또 공정한 상황이라고 하더라도 공정하지 못한 절차를 거친다면 선택된 원칙이 정의롭다고 할 이유도 없기 때문이다. 거듭 강조하지만, 이런 점에서 롤스의 '무지의 베일'이 드리워진 원초적 입장은 정의로운 원칙을 위한 최소한의 안전장치라고 볼 수 있다. 이 장치에는 복잡다단한 현실의 이해타산에서 벗어나 온갖 종류의 개인과 집단의 편견으로부터 해방될 수 있는 장점이 있다. 그뿐만이 아니다. 이 장치는 정의원칙을 선택해야 하는 입장에서 좀 더 긍정적인 의미를 지닌다. 무지의 베일 안에서 원초적 입장의 당사자들이 처한 상황의 공정성을 의미할 뿐만 아

니라, 한층 구체적인 원칙의 도출을 위한 절차상의 공정성까지 담보한다. 이 경우 원초적 입장의 선택은 곧 '정의로운' 선택이다. 롤스는 이렇게 도출되는 정의관을 '공정으로서의 정의'라고 일컫고 원초적 입장에서는 이 정의관이 '선호'될 것이라고 주장했다.

이제 문제는 더욱 좁혀진다. 공정으로서의 정의는 무엇이고, 이 정의관이 왜 원초적 입장에서 다른 입장보다 선호되는가? 여기서 선호라는 말을 강조하고 있음을 주목할 필요가 있다. 원초적 입장의 선택이 진정한 선택이기 위해서는 정의원칙이 아무것도 없는 상황에서 창출되는 것으로 보아서는 안 된다. 정의원칙의 선택은 마치 모래사장에서 모래로 멋진 성을 쌓는 것이 아니다. 그 선택은 그 사회에서 이미 지배적인 정의관을 롤스의 정의관과 비교·평가함으로써 이루어진다. 따라서 선택에 있어서 주안점은 자의적이고 창조적인 활동이 아니라, 비교·평가하는 인간의 도덕적 숙고 능력에 있다. 원초적 입장이란 사실상 인간의 이러한 도덕적 능력이 최대한 발휘되는 일종의 사유실험의 공간인 것이다.

원초적 입장이 유독 많은 논쟁을 불러일으킨 것은 롤스의 정의관이 현대 사회의 지배적 이념인 공리주의 정의관을 체계적으로 반박하려고 시도했기 때문이다. 롤스의 기본생각은 모든 것을 같은 조건에서 판단한다면, 공정으로서 정의관이 공리

:: **공정으로서의 정의**
일상생활에서 의미하는 '공정성'을 정의의 척도로 사용한다는 뜻으로, 롤스의 경우 원초적 입장이 이를 대변한다. 선택 조건이 우선 공정해야 하고, 그 선택 조건의 공정성이 결과까지 공정성을 담보할 수 있다고 생각하기 때문이다.

주의 정의관보다 도덕적인 비교우위를 점할 수 있다는 것이다.

현대 사회를 지배하는 공리주의 정의관과 롤스의 정의관을 비교하기 전에 롤스의 정의관을 먼저 살펴보자. 다른 사람의 것을 내 것과 비교하려면 먼저 내 것이 정확히 무엇인지 알 필요가 있다.

사실 롤스가 자신의 생각을 전개하는 방식도 유사하다. 롤스는 먼저 자신의 정의관을 개략적으로 제시하고, 원초적 입장의 사유 실험을 통해 이를 정당화하는 방식을 택하고 있다. 롤스의 정의관은 적어도 다음 두 가지 근본원칙에 기초한다.

① 모두와 조화롭게 살 수 있는 평등권과 자유권이 구비된 최상의 체제에서 동등한 자격을 갖는다.
② 사회·경제적 불평등은 다음 두 가지 조건을 충족하는 범위 내에서 받아들여진다. 첫째는 모두에게 직무와 직위가 열려 있는 공정한 기회 균등의 조건하에서만 사회·경제적 불평등을 제한해야 한다는 것이고, 둘째는 그 사회의 최소 수혜자에게 혜택이 가장 높은 쪽으로 사회·경제적 불평등을 조정해야 한다는 것이다.

흔히 ①의 원칙은 제1정의원칙으로 '자유우선원칙', ②의 원칙은 제2정의원칙으로 '평등제한원칙'이라고 일컬어진다. 제2정의원칙은 다시 두 가지 세부원칙으로 나누어지는데, 그 첫째 조건은 사회 성원에게 공정한 기회 균등을 보장하기 위한 원칙이고, 둘째 조건은 기존사회에 존재하는 불평등을 해소하기 위한 원칙이다. 흔히 후자를 '차등원칙'이라 부른다.

제1정의원칙은 광범위하고 근본적이다. 이것은 한 국가를 이루는 여러 정체와 체제들을 포괄하고 조정하기 위한 근본원칙으로, 법·사회·경제·정치제도를 모두 포괄한다. 이것이 롤스 정의관의 큰 특징이다. 제1정의원칙은 정치적 자유를 규정·규제하는 원칙이다. 정치적 자유는 인간의 사회생활에서 우선적으로 요구된다. 여기서 말하는 정치적 자유에는 인신의 자유, 양심의 자유, 집회의 자유 등이 포함된다. 중요한 것은 한 개인이 주권을 지닌 시민으로 동등하게 대우받는 것이다. 정치적 자유를 박탈당한다면 '주권자'가 아니다. 그러나 이 자유는 자신의 신체와 마음을 자신이 원하는 대로 처분할 수 있다는 의미의 자유가 아니라, 한 시민으로서 자격을 얻을 수 있는 자유다. 따라서 온당한 주권자는 먼저 동등한 정치적 자유를 서로 인정해야 한다.

제2정의원칙은 정의로운 체제 내에서 원활한 사회·경제활동이 이루어지도록 하기 위한 원칙이다. 제1정의원칙과 달리 제2정의원칙은 사회에 대한 일반적인 전제들을 대부분 받아들인다. 예컨대 사회란 평등한 개인들의 모임이지만, 모두에게 동일한 자질과 역할이 부여되었다고는 말할 수 없다. 모두가 동일한 자질과 역할을 가지고 있다면 협동생활을 할 하등의 이유가 없다. 사회에서 각 개인의 능력과 역할은 다르다. 개개인의 능력과 역할을 어떻게 조정하느냐에 따라 사회에 이익이 될 수도, 해악이 될 수도 있다. 따라서 제2정의원칙은 인간의 능력과 역할을 조정하려는 원칙이며, 사회의 불평등을 최소화하고 사회협동을 극대화하려는 원칙이다.

제2정의원칙에서 무엇보다 강조해야 할 부분은 사회의 불평등

을 최소화할 수 있는 관점과 그 방안이다. 사회 불평등을 완전히 제거할 수 없다고 한다면 그 불평등은 사회에 보탬이 되는 방향으로 나아가도록 해야 한다. 이런 점에서 볼 때 롤스의 직관적인 생각은 단순하다. 사회협동에서 생긴 이득을 그 사회의 가장 불행한 사람들에게 혜택이 돌아가도록 해 사회 성원 모두가 좀 더 안정된 삶을 누릴 기회를 갖도록 하는 것이다. 사실 롤스는 이 방향만이 인류의 정의를 실현할 수 있을 것으로 믿었다. 앞으로 살펴보겠지만, 바로 이 직관적인 생각이 공리주의자의 생각과 대치된다. 공리주의자들은 사회의 이득이 극대화되는 지점을 찾는 것을 무엇보다 중요시했기 때문에 사회적 약자들과 이득을 나누는 분배 방식에 대해서는 관심을 기울이지 않았다.

누가 옳을까? 롤스는 이 문제에 대해 심각하게 고민한 것 같다. 일상생활에서 공리주의적 사고가 너무도 잘 작동하고 있기 때문이다. 그러나 사회에는 사회적 혜택으로부터 배제된 사람들이 너무도 많다. 이 같은 모순을 해결할 수 있는 방법이 없을까? '사회적 약자를 도와야 한다'는 직관적인 견해를 도덕적으로 정당화할 수는 없을까? 이에 대한 긍정적인 대답이 '원초적 입장'이라는 사유실험이다. 현실에서는 여러 이해관계 때문에 도저히 그 우위를 따질 수 없지만, 현실의 이해관계를 떠나 동등한 조건하에서 그 비교우위를 가려볼 수 있다는 것이다.

롤스의 자유주의와 정의

롤스의 시도의 배후에는 자유주의 경향이 존재한다. 사실 그가 일약 세계적인 철학자로서 두각을 나타낸 것도 경제적 효율보다 정치적 자유를 강조한 데서 비롯되었다. 이 같은 자유주의 경향은 정의원칙의 순위를 정하는 데에도 나타난다. 앞의 정의원칙들은 무작위로 배열된 것이 아니다. 나름대로 우선순위가 정해져 있다. 물론 이 같은 우선순위는 어떤 논리적 의미의 순위를 말하는 것은 아니다.

여기서 말하는 우선순위는 사전편찬에서 볼 수 있는 순서와 같다. 국어사전을 펴보라. 국어사전은 '가'에서 '나'로 이어지고, 다시 '가'열은 자음과 모음의 순서에 따라 배열되어 있다. 이러한 배열의 순서는 한글의 특성상 나타나는 순서다. 정의원칙도 마찬가지다. 정의원칙의 우선순위는 어떤 본질적인 순서를 드러내는 것이 아니라, 정의의 논의에서 제기되는 순차성을 보여주기 위한 것이다.

롤스의 정의원칙은 '앞뒤' 우선순위가 결정적인 역할을 한다. 마치 '가'가 '나'보다 먼저 배치되듯, 제1정의원칙이 제2정의원칙보다 우선한다. 사전에서 '나'열이 '너'열보다 먼저 나타나듯이, '공정한 기회 균등의 원칙'이 '차등원칙'보다 먼저 충족되어야 한다.

이런 순서를 염두에 두고 볼 때 롤스의 정의관에서 가장 중요한 과제는 정치적 자유를 확보하는 것이다. 그의 철학에서 자유주의를 강조하는 요소가 부쩍 눈에 띄는 이유도 이 때문이다. 제1정의원칙이 확보되지 않는 한 제2정의원칙은 사실상 무의미하다. 제1정의원칙을 위배한 상태에서 제2정의원칙을 과연 달성할 수 있을지도 의문이지만, 설사 달성된다 해도 그 의미는 퇴색될 수밖에 없다. 그러므로 사회의 이득을 위해 개인의 희생을 강요하는 어떤 시도도 거부해야 한다는 것이 롤스의 자유주의적 사고라고 할 수 있다.

그의 시도가 단순히 개인의 자유만을 옹호하는 것은 아니다. 이러한 해석은 다소 편협하다. 개인의 정치적 자유를 확보해야 하는 근본적인 이유를 분명하게 드러내지 못하기 때문이다. 개개인의 정치적 자유는 단순히 하고 싶은 대로 하려는 의지의 자유만이 아니다. 오히려 사회협력 과정에서 훼손하지 말아야 할 일종의 기본권으로 이해해야 한다. 그런 점에서 어떤 사회적 이해관계도 이 같은 기본권을 훼손할 수 없다. 오히려 인간다운 생활을 영위하기 위해 반드시 요구되는 근본요소라 할 수 있다.

이같이 자유를 옹호하기 위해서는 근본적으로 사회협동에서 발생하는 이득을 골고루 누려야 한다. 그 까닭에 자유의 옹호는 반드시 다른 사람과 공존할 수 있는 정의로운 방식으로 이루어져야 한다. 여기서 자유주의와 정의 문제의 동거가 시작된다. 정의는 정치적 자유를 훼손하지 않으면서 사회협력을 조화롭게 이룰 수 있도록 하는 것이다. 개개인의 자유의 향유는 인간다운 삶의 영위를 위한 조건이긴 하지만, 우리가 왜 더불어 살아야 하는지, 어떤 방향으로 나아가야 하는지에 대해서는 말해주지 않는다. 공동의 삶이 단순히 경제적 효용만을 위한 것은 더더욱 아니다. 공동의 삶은 효율적인 것 못지않게 안정적이고 모두가 동의할 수 있는 방향으로 나아가야 한다. 정의 개념이 이 같은 방향성을 제시하고 있으며 이를 통해 그 사회는 효율성을 넘어 좀 더 평등한 사회로의 진입을 시도한다는 것이다. 이런 점에서 롤스의 '원초적 입장'은 서로 다른 정의관을 비교·검토하기 위해 필요한 절차이다.

공리주의와 대결하다

원초적 입장에서는 롤스의 정의관과 공리주의 정의관은 여러 경로로 비교된다. 물론 원초적 입장에서 비교되는 것이 오직 공리주의 정의관만은 아니다. 마찬가지로 직관주의 정의관도 비교 대상이다. 그러나 유독 공리주의 정의관과 특별하게 대비하고 있는 데는 그 나름의 이유가 있다. 공리주의가 현대 사회의 윤리·도덕적 기반이기 때문이다.

여기에서 잊지 말아야 할 사항이 있다. 롤스의 시도가 공리주의 사유 전반을 송두리째 거부하는 것은 아니라는 점이다. 롤스의 공격 대상은 사회 이론으로서 공리주의이지 윤리 이론으로서 공리주의는 아니다. 쉽게 말해보자. 한 사람이 공리적 이유로 윤리적 판단을 했다고 해도 도덕적으로 비난할 근거는 없다. 그 사람의 도덕적 사유의 자율성을 훼손할 수 있기 때문이다. 그러나 그 판단이 사회적 판단의 정초라면 상황은 전혀 다르다. 사회적 판단은 한 개인의 동의가 아닌 사회 성원 모두의 동의를 구해

▪ 직관주의 정의관

정의원칙은 별도의 도덕적 고려 장치 없이도 알 수 있다고 주장하는 사람들의 정의관이 직관주의 정의관이다. 이들은 대부분 정의원칙이 이미 존재하고 있다고 믿는다. 그래서 직관주의자들은 왜 롤스의 원초적 입장 같은 사유실험이 필요한지 묻는다. 원초적 입장의 사유실험은 매우 특이한 방식으로 우리의 도덕 사유를 절차적으로 해석하고 있기 때문이다. 정의원칙이 이미 객관적으로 존재하고 직관적으로 알 수 있는 한 이 절차적 장치는 무의미하기 때문이다.

야 하기 때문이다. 윤리 이론으로서 공리주의는 어쩌면 사회생활에서 너무도 잘 작동되고 있는 이론인지 모른다. 그러나 공리주의를 사회에 관한 이론으로 바라보고 그 타당성을 따져보면 상황은 달라진다. 사회이론으로서 공리주의는 사회 성원들의 전폭적인 지지를 얻어낼 수 있을까? 롤스의 원초적 입장은 동일한 조건에서 지지근거를 찾아보는 것이다. 그렇기 때문에 롤스는 원초적 입장에서 자신의 정의원칙과 공리주의 정의원칙을 대비시켜 어떤 정의원칙이 좀 더 객관적 동의를 얻어낼 수 있는지 따져보려고 했다.

공리주의가 우리 생활에서 너무 쉽게 적용되는 윤리적 견해라는 사실에 대해 반박할 사람은 거의 없어 보인다. 각 개인들은 자신들이 생각하기에 가장 중요한 가치들을 최대한 실현하는 쪽으로 윤리적 선택을 하기 때문이다. 위대한 작품을 꿈꾸는 사람이라면 작가의 길을 선호할 것이고, 많은 돈을 벌고 싶은 사람이라면 최고경영자의 길을 우선적 선택의 조건으로 삼을 것이다. 이러한 선택과 결단에 문제될 것은 없다. 그런 점에서 가치의 실현과 그 선택은 인간다운 조건의 일부다.

지극히 합리적으로 보이는 한 개인의 윤리적 선택이 문제될 수 있는 지점은 사회적 선택 지점이다. 이 문제는 크게 두 가지 방향에서 잘 드러난다. 우선 떠오르는 극단적인 예가 자신의 가치를 키우기 위해 타인의 가치를 훼손하는 경우다. 예를 들어, 강도 행위를 생각해보자. 이 행위는 자신의 이익을 위해 남의 이익을 훼손한다. 그 선택은 도덕적으로 비난을 받는다. 또한 법적 처벌의 근거는 한 개인의 행위가 범한 타인의 가치에 대한 훼손이다. 물론 이 경우가 지나치게 극단적인 것은 사실이고, 강도가 자신의 행위를 인생에서 추구할 만한 가치가 있다고 생각할지도 매우 의구심이 든다. 그럼에도 불구하고 중요한 것은 그 사회 성원들이 충분히 납득할 만한 이유 없이 타인을 희생시키는 것은 철저히 배제해야 한다는 것이다. 따라서 공리주의 정의관에 우선적으로 제기해야 할 물음은 이것이다.

> 공리주의 정의관은 사회의 이익을 창출하기 위해 타인의 희생을 전제로 하는 것은 아닌가? 그렇다면 그 희생을 어떤 식으로 정당화하고 있는가?

의구심을 품을 수 있는 두 번째 영역은 바로 사회의 분배에 관한 부분이다. 각각의 사회 성원은 사회에 해악을 끼치기 위해 사회생활을 영위하지 않는다. 가능한 한 최대의 사회적 부를 창출하는 범위 내에서 사회생활이 이루어지도록 애쓰고 있다. 사회가 유용한 것도, 사회가 상호 이익의 기제로 작동하는 것도 이러한 상호협동의 전제가 통하고 있기 때문이다. 문제는 '내 것'과 '네 것'을 구분하는 근거가 불명확하고, 우리들의 사회생활이 자기 것에 대한 끝없는 쟁탈전이 되고 있다는 데 있다.

롤스가 제시한 방향성

철학자들은 이 문제의 해결을 위해 노력했다. 해결의 실마리는 '내 것'과 '네 것'을 구분하고 그에 합당한 근거를 찾아보는 것이었다. 예를 들어 플라톤은 사회 성원들 각자의 몫이 조화를 이루는 것을 무엇보다 중요한 사회적 덕목이라고 생각했고, 그 최상의 덕목을 정의라고 지칭했다. 기본 생각은 우리의 유교 사회에서 흔히 듣는 자기 역할 수행론이다. 농부는 농부의 역할을, 작가는 작가의 역할을, 대통령은 대통령의 역할을 충실히 수행하면 모든 게 술술 풀린다는 것이다.

물론 개인의 역할 수행론은 사회생활의 안정을 위해 중요하다. 그러나 이 시도 자체는 비현실적이고 비민주적이라는 이유로 자주 비난을 받아왔다. 비현실적이라는 지적은 완전한 자기 역할을 전제하는 사회가 과연 있을 수 있는가라는 의문을 던진다. 이 같은 사회에서 갈등이란 전혀 존재할 수 없을 것이고, 따라서 '생산적인' 갈등을 다룰 수 있는 방법은 없다. 갈등은 오로지 사회 안정을 깨뜨리는 해악일 뿐이다. 갈등은 그 방향성을 장담할 수 없고, 해소 여부에 따라 이전과는 전혀 다른 방향으로 진행될 수 있다. 마치 인간들의 역사와 같다. 그 진행 과정이 역사 주체들의 행위에 따라 좌우되기 때문이다.

비민주적이란 지적도 비슷한 맥락에서 제기된다. 이미 부여된 자기 역할을 착실히 수행하며 사회 안정에는 기여할 수 있을지 몰라도 사회를 위한 생산적인 갈등과 이를 통해 사회 발전이 이루어질 수 있는 어떤 제도적 장치도 없다. 때문에 여기서 가정하는 사회 안정은 다소 권위주의적이거나 폭력적인 전제정치 상태와 별반 다를 게 없다. 예컨대 내 것과 네 것이 분명하지 않은 상태에서 어떻게 자기 자신의 것을 확보할 수 있을 것이며,

이미 존재하는 부당하고 정의롭지 못한 제도와 관습을 타파할 수 있는 마땅한 대안이나 해결의 실마리를 찾을 수 있겠는가?

롤스가 추정한 사회는 폭력적일 수도, 비민주적으로 운영될 수도 없다. 비민주적이고 폭력적인 방법으로 사회 안정을 이루는 것은 내 것과 네 것을 임의적으로 확정할 때만 가능하다. 롤스가 생각한 사회는 내 것과 네 것이 확정되어 있는 사회가 아니다. 때문에 항상 사회갈등이 생기고, 그 갈등으로 인해 사회는 바람직한 방향으로, 또는 바람직하지 못한 방향으로 나아가게 된다. 예를 들어 나는 지금은 바이올린 연주자가 되고 싶어 하지만, 세월이 지나면 다른 꿈을 꿀 수도 있고, 다른 능력을 발견해 지금과는 전혀 다른 일을 할 수도 있다. 폭력적이고 비민주적인 사회의 문제점은 이미 사회에서의 자기 역할을 확정하고 그 역할을 수행할 때에만 사회질서가 유지될 수 있다는 점이다.

롤스의 출발점은 철저히 현대 사회가 당면한 현안들이다. 더욱이 그 해결 방법은 사회의 부당한 관행과 정의롭지 못한 제도를 철폐함으로써 그 사회에 살고 있는 개인들이 진정으로 사회 협동을 이룩하면서 자신의 것을 찾아가도록 제도적 뒷받침을 하자는 것이다. 따라서 그에게 중요한 것은 그 사회가 바람직한 방향, 즉 정의로운 사회로 나아가는 길을 비춰줄 수 있는 일종의 횃불이다. 물론 구체적인 제도와 관행의 문제점을 드러내기엔 이 횃불이 역부족일 수 있다. 그러나 롤스는 방향성의 제시만으로도 사회에 대한 희망을 품을 수 있는 계기를 마련할 수 있다고 생각했다. 폭력적인 사회를 혐오하는 것도, 그 절차의 비민주적인 측면을 부정하는 것도, 정의와 다소 거리감이 있다고 생각했기 때문이다. 그런 점에서 롤스의 해결책은 유토피아적인 색채가 강하다. 그는 정의원칙을 구현하는 방향으로 진행하다 보면 결국 유토피아가 실현될 수 있다고 보았다. 바로 그 때문에 그는 자신의 이론을 실현 가능한 것이라 생각했다. 이 가능성은 처음부터 지금 우리 사회의 근간인 윤리학적 사유를 근본적으로 비교하고 비판할 수 있는 실험 공간에 달려 있다.

효율성 vs. 공정한 분배

현대 사회는 과거 어떤 사회보다도 사회체제의 효율성을 최우선 과제로 상정한다. 물론 자본주의 체제 자체가 생산 지향적이기도 하지만, 효율성이 미치는 사회적 파장을 과소평가할 수 없다. 생산 활동의 위축은 곧 사회의 정체로 이어지고 사회의 정체는 다시 사회 구성의 기반을 흔들게 된다. 이 때문에 사회는 효율성의 이름으로 성장지상주의를 지향하기 마련이다.

성장지상주의도 그 나름의 정의관을 갖고 있다. 최근 들어 많은 기업에서 채택하고 있는 성과주의, 능력주의가 바로 그것이다. 개인의 능력과 성과에 따라 성장의 '떡고물'을 나누어주면 된다고 생각한다. 이에 따르면 성장의 이득이 커질수록 개인에게 돌아갈 분배의 몫이 커진다. 그러나 문제는 과연 각각의 개인들에게 정당한 몫이 골고루 돌아갈 수 있는가이다. 성장 위주의 사회에서 제기되는 근본 문제는 바로 이러한 분배의 정의로움이다. 개인의 능력 차가 심한 사회일수록 양극화 내지 심한 불평등이 나타나며 이는 곧 사회협동체제를 뒤흔드는 결과를 초래할 수 있다. 따라서 개인의 능력과 역할은 사회협동을 존속할 수 있는 선에서 용인해야 한다.

여기에 딜레마가 있다. 사회협동을 위해서는 성원들의 평등을 훼손해서는 안 되고, 생산적인 사회를 위해서는 각 개인의 능력차를 존중해야 한다. 롤스는 이 같은 딜레마에서 탈출구를 찾으려고 했다. 이런 점에서 가장 눈길을 끄는 대목이 우리가 일상생활에서 가장 정의롭다고 생각하는 평등관을 포기한다는 점이다. 일상적인 평등관에 따르면 인간인 이상 우리 모두는 똑같다. 이에 토대를 둔 평등관이 절대적 평등이다. 절대적 평등은 능력도, 욕망도 모두 같다고 본다. 하지만 롤스는 이런 절대적인 평등이 이 땅에서 실현될 수 있다고 생각하지 않았다. 절대적인 평등은 비현실적인 동시에 사회 자체의 성립을 가로막는다. 그래서 모두가 같은 생각, 같은 행동을 하는 것은 이론적으론 매력적일 수 있어도 실제적으론 아무것도 하지 않는 것과 같다.

그렇다고 평등주의 이념 자체를 포기한 것은 아니다. 롤스의 방식은 비현실적인 절대적 평등을 거부하고 개인의 능력 차를 인정하면서도 사회적 공동 자산의 동등한 분배를 통해 평등성을 확보하려고 했다. 그는 이런 점에서 철저한 '평등주의자'이다. 그는 '공정한 기회 균등의 원칙'과 '차등원칙'을 제창했고, 이 같은 원칙을 고수함으로써 불평등한 현실사회가 평등사회로 나아갈 수 있는 길을 찾았기 때문이다.

평등사회의 실현을 위해 공정한 조건 아래에서 사회생산의 증가를 부정적으로 보지는 않았다. 사회 성원 각각은 제각기 자신의 몫을 키우고자 노력할 것이고, 사회 생산의 증가는 각 개인의 몫을 키울 기회를 제공할 것이다. 그런 면에서 바라보면 사회 생산의 증가는 정의사회를 구현할 수 있는 필요조건이다. 그렇다면 생산의 증가가 곧 정의사회를 구현할 수 있는 충분조건이 될 수 있을까? 롤스는 이 물음에 대한 긍정적인 대답을 찾으려고 노력했다. 하지만 이에 대한 명확한 답변은 쉽지 않다. 사회 생산의 증가가 곧바로 사회 성원들의 몫을 키우는 것은 아니다. 사실 사회 생산의 증가분이 관련 성원 모두에게 골고루 분배되는 경우는 극히 드물다. 최근 사회적으로 논란이 되고 있는 소득과 재산의 '양극화' 현상을 보면 쉽게 이해할 수 있다. 사회 생산이 증가해도 여전히 가진 자와 그렇지 못한 자의 격차가 점점 벌어지고 있다.

중요한 것은 이 같은 양극화 현상은 사회 불평등을 심화시키고, 종국에는 사회협동체제를 뒤흔들 수 있다는 것이다. 부의 쏠림현상은 결국 사회협동으로 이루어진 생산의 증가분을 골고루 분배하지 못한 데서 나오며, 갖지 못한 사람들이 사회협동에 참여할 어떤 명분도 제공하지 못한다. 양극화 현상이 전 인류적 관심이 된 것도 사회적 불평등이 평화로운 인류사회 구축에 하등 도움이 되지 않기 때문이다. 물론 어느 사회든 사회적 불평등은 있기 마련이지만, 이를 해소하지 않으면 궁극적으로 그 사회는 쇠락의 길을 걷게 된다. 그런 점에서 각 정치 정당들은 구체적인 정책의 수립과 집행으로 사회적 불평등을 해소해야 한다.

사회적 불평등을 해소하는 롤스의 원칙과 방법은 공리주의 정의관과 대립된다. 공리주의자들은 우선적으로 사회의 생산량을 키우는 필요조건을 강조한다. 더 나아가 다수에게 혜택이 돌아갈 수 있는 사회생산량의 증가를 위해서라면 소수의 희생도 감수할 수 있어야 한다고 주장한다. 그래서 공리주의의 관점에서 정의란 한 체제의 효율성을 극대화할 수 있는 어떤 가치를 가리키는 말이다.

비교할수록 분명히 알 수 있어요

논의가 여기까지 왔으면 다음과 같은 질문은 피할 수 없어 보인다. 롤스는 도대체 무슨 근거로 공리주의 정의관보다 자신의 정의관이 우월하다고 판단했을까? 이 물음의 구체적 답변이 사회 정의관을 시험해볼 수 있는 판단 근거라 할 수 있다. 따라서 그 세세한 내용까진 논구할 수 없더라도 일반적인 수준에서나마 그 답변과 근거를 추적해볼 만하다.

롤스의 제1정의원칙은 얼핏 봐도 그 의미가 분명하다. 정치적 자유의 보장은 민주주의 체제라면 어느 누구도 거역할 수 없다. 의미가 자명하다고 해서 그 근거도 분명한 건 아니다. 그래서 정치적 자유원칙을 제1원칙으로 삼아야 할 근본 이유에 대해서는 좀 더 논의해보아야 한다. 사실 그에 대한 의견은 분분하고 논쟁적이다. 그렇다면 그 가능한 이유를 공리주의 정의관의 전제와 연결하여 찾아보자.

공리주의 정의관은 '다수에게 혜택이 돌아갈 수 있는 사회적 부의 생산을 위해 소수의 희생도 감수할 수 있다'고 생각한다. 사회에 대한 희생정신은 우리 사회 일각에서도 심심치 않게 제기되는 문제다. 예컨대 어려운 시기를 겪은 세대들과 전쟁 참전 용사들은 사회질서를 능멸하는 어떤 행동도 용납할 수 없다고 말한다. 한 개인의 이익이나 관점보다 사회질서를 유지하는 것이 먼저이고, 이런 점에서 소수의 희생은 어쩔 수 없는 선택이라고 말한다. 그러나 여기서 말하는 소수의 희생은 범법 행위를 저지른 사람들의 인권적인 차원에서의 논의가 아니다. 범법 행위와 인권과의 관계는 사실 복잡 미묘하다. 제1정의원칙은 이 같은 관계를 다루어야 하지만, 그 논의 범위는 사회협력 차원에 국한되어 있다. 가령 우리 사회 일각에서 새롭게 인식되고 있는 '양심적 병역거부'를 생각해보자.

 과거 양심적 병역거부는 특정 종파의 종교적 이념과 밀접하게 연관되어 있었다. 따라서 병역거부를 인정하는 것은 곧 소수의 권리를 특권화할 수 있다는 위험성 때문에 매우 엄격하게 법을 적용해왔다. 최근 들어 병역거부의 입장은 단순한 종교적 교리나 신념 때문만이 아니라, 사회 통념에 대한 강한 반발로 이해되고 있다. 무엇보다 평화를 갈구하는 정신이 우선시되었고, 그 과정에서 개인의 양심이 부각되었다. 병역거부 논의가 뜨거운 논쟁이 된 데에는 사회협력과 궁극적인 사회발전을 위해 어떤 가치가 우선되어야 하는가에 대한 근본적인 문제가 깔려 있다(이 문제에 대한 구체적인 논의는 뒤의 〈이슈〉 부분에서 자세하게 살펴보기로 하자). 강조되어야 할 점은 소수의 권리 옹호와 다수의 이익이라는 대립은 뜨거운 논쟁을 피할 수 없다는 것과 그 논의의 한계가 분명하게 이루어져야 한다는 것이다.

소수의 권익 보호라는 제1정의원칙은 사회적 부의 확장을 노리는 현대 자본주의 사회의 모순을 극복하려는 시도이다. 여러 차례 말했지만 사회적 부의 증대는 어떤 사회든 지상명령으로 여기고 있다. 그렇지만 사회적 부의 증대가 소수의 희생을 담보로 이루어지는 것이라면 어떻게 해야 할까? 우리 귀에 익숙한 피자의 비유법으로 설명해보자. 작은 피자를 시키면 각자의 몫이 작아지지만, 큰 피자를 주문하면 그 몫이 상대적으로 커진다. 큰 피자를 보면 그에 상응하여 자기 몫이 커질 것이라고 생각한다. 주문한 피자를 사람 수로 나누는 것이 일반적이라고 생각하기 때문이다. 여기까지는 너무도 쉽게 생각할 수 있다. 피자의 크기가 커지면 자신에게 돌아올 몫이 커질 것이라는 일상적 믿음에선 그렇다. 그러나 이 믿음은 공정한 분배를 전제로 한 것이고, 이 공정한 분배는 어떻게 피자의 크기가 커졌는가에 대한 구체적인 논의를 필요로 한다.

조금만 더 생각해보자. 큰 피자를 주문했다고 해도 나에게 돌아올 몫이 반드시 커질 수 있을까? 어떻게 그것을 장담할 수 있을까? 피자를 나누는 분배과정이 공정하다고 어떻게 장담할 수 있을까? 피자야 지켜보고 따질 수나 있다고 치자. 그렇다면 전혀 눈에 보이지 않는 분배의 공정은 어떻게 확인할 수 있을까? 이에 대한 만족스러운 대답이 나오지 않는다면 사회 생산량의 증가가 곧 그 사회의 정의를 보장한다고 할 수 없다. 즉, 공정한 분배 방식이 아직 명확하게 드러나지 않는다면 무작정 사회적 부를 키우는 것이 최선의 선택이라고 장담할 수는 없다. 힘없는 사람들이 항상 사회의 희생양이 될 수도 있고, 현실의 권세와 사회적 지위를 이용하여 더 많은 재산을 불리려고 하는 사람들도 부지기수이기 때문이다. 따라서 각 개인의 정치적 자유를 경제 관계의 효율성이나 협상의 대상으로 삼지 않도록 그 근거를 확고하게 정초하는 것이 무엇보다 중요하다.

자유주의 정치사상의 특징은 사회의 어떤 이익보다 개인의 자유를 강조하는 데 있다. 개인의 자유 침해는 그 자체로 거부되어야 한다. 더 나아가 장기적으로 볼 때 그것은 결코 사회의 이득이 될 수 없다. 이런 점 때문에 자유주의는 서구 근대에서 강한 권위주의 정권에 대항하는 사회변혁의 중심에 설 수 있었다. 특히 서구 자유주의 운동의 핵심에 사상과 출판의 자유와 같은 정치적 자유가 강조되기도 했다. 개인의 정치적 자유는 단순히 개인의 '의지의 자유'에 머물지 않고 항상 타인의 자유와 밀접하게 결합되어 있기 때문이다. 예컨대 사상과 출판의 자유는 집회의 자유와 떼려야 뗄 수 없는 관계에 있다. 마치 절대군주나 독재정권하에서처럼 사람들이 자신의 생각을 자유롭게 말하지 못한다고 가정해보자. 그것은 생각하는 것조차 두려운 일이다. 결국 어느 누구도 말하지 않는다면 공론으로 이끌 수 없을 것이며, 따라서 사회변혁의 기회도 그만큼 상실된다. 더 나아가 생각을 자유롭게 말하는 것은 생각을 교환할 수 있는 집회의 자유와 불가분의 관계를 가질 수밖에 없다. 생각을 교환할 수 없다면 벌써 생각할 수 있는 자유와 그 생각을 교환할 수 있는 자유를 저버리는 꼴이 되기 때문이다. 출판의 자유도 마찬가지다. 출판의 자유는 바로 생각하는 자유와 그 생각을 교환할 수 있는 자유를 보여주는 대표적인 사례다. 따라서 사회적, 정치적 이유로 집회를 금지하거나 출판을 억압하는 것은 바로 이러한 정치적 자유를 부정하는 꼴이 된다. 이렇듯 개인의 자유가 정치적 자유와 밀접하게 연계되어 있다는 것은 사실 서구 자유주의 사상이 찾아낸 가장 중요한 인류의 업적인지도 모른다.

롤스의 정의관은 서구 유럽의 지적 유산을 전적으로 옹호하는 사상이다. 그의 정의관에서 일차적으로 확보해야 할 것은 자유주의자들이 강조한 정치적 자유다. 정의원칙 간의 서열관계는 이를 전적으로 반영한다. 그의 정의관에 따르면 정치적 자유를 보장하는 제1정의원칙이 확보되지 않는 한, 제2정의원칙의 준수는 의미를 지니지 못한다. 그러므로 제1정의원칙이 정의의 근본원칙이라는 데는 의심의 여지가 없어 보이고, 바로 그런 점에서 개인의 정치적 자유는 어떤 공동체의 실질적인 가치와 타협하거나 경제체제의 효율성과 맞바꾸는 홍정의 대상이 될 수 없음을 분명히 밝히고 있다 하겠다. 바로 이런 점들이 롤스의 정의관이 자유주의 입장을 공고히 하기 위한 것처럼 보이게 하고 있다.

공리주의 vs. 자유우선원칙

롤스의 정의관은 단순히 신성불가침적인 개인의 자유를 옹호하는 근대 자유주의 사상의 재탕이 아니다. 롤스 정의관의 특색은 자유와 평등 문제를 결부시키고 있다는 데 있다. 개인 선택의 자유를 옹호하는 것은 오직 '자유'를 강조할 뿐 평등과 불가분의 관계에 있는 '정의' 문제의 독특성을 보지 못한다. 자유만을 강조해서는 왜 우리가 사회생활을 해야 하는지, 어떻게 사회생활이 성원 모두에게 이득이 될 수 있으며, 그 조건이 무엇인지를 밝히지는 못한다. 다른 말로 바꾸면 자유의 강조는 사회제도의 정의로움을 평가할 정의 원칙의 필요성을 해명하지 못한다. 우리 인간은 왜 경제 활동만이 아닌 문화 활동을 해야 하는지, 왜 경제적 효용성 못지않게 문화적 창의성도 요구되는지 명확하게 대답할 수 없다. 따라서 롤스의 정의관은 단순히 개인의 자유를 옹호하는 자유주의 정치철학의 대변을 넘어 사회생활의 필요성과 사회질서의 안정성을 동시에 요구하고 있다고 할 수 있다. 때문에 진정한 정의의 문제는 성원들의 동등한 대우와 사회협력을 위한 불평등의 용인에서 비롯된다.

공리주의의 실질적인 문제는 사실 사회가 수많은 개인들로 이루어져 있으며, 전혀 다른 개성과 삶에 대한 믿음이 있다는 점을 잠시 잊고 있다는 데 있다. 개인의 개성이 다른 만큼 그 생각의 차이도 크다. 이 같은 차이는 민주주의 사회의 특성이라고 할 수 있는 다원성의 핵심이며 동시에 그것은 사회생활의 공통전제다. 그러나 공리주의자들은 이 같은 생각의 차이보다는 모두에게 통용될 수 있는 공평하고 불편부당한 개인의 판단이 더욱 중요하다고 생각했다. 이 생각에는 물론 근대 과학적 사유의 전형이 깊게 자리 잡고 있다. 우리의 이성을 통해 자연법칙을 알아낼 수 있듯이, 사회와 인간관계에 관한 법칙도 이성을 통해 알아낼 수 있다는 낙관주의가 깊게 뿌리박혀 있다.

이와 같은 사유는 각 개인들이 상이한 개성을 지니고 있으며, 따라서 그 개성의 차이가 사회협력 과정에도 영향을 미칠 수 있다는 점을 보지 못한다. 모든 사람을 동일하게 대우하는 것은 분명 이상적이다. 그러나 이상적인 사회는 사실 어떤 생산적인 활동도 없다. 모두가 같은 능력, 같은 생각을 갖고 있다면 어떤 결과가 나올지 상상해보라. 아무것도 나아지는 것이 없다. 바로 그 점 때문에 롤스는 사회협력을 위해 어느 정도의 불평등이 용인되어야 한다고 주장한다. 다만 이런 불평등을 용인할 수 있는 제한선이 필요하다. 그것은 제1정의원칙을 충족시키면서도, 각 개인의 능력을 충분히 발휘할 수 있는 기회를 공정하게 부여해야 한다는 점을 강조한다. 기회가 공정하게 부여되지 않는 경쟁에서 그 자신만의 고유한 능력과 힘을 발휘할 수 없는 것과 마찬가지다.

최근 '교육개혁'을 놓고 우리 사회 일각에서 일고 있는 논란도 이런 맥락에서 고려해볼 수 있다. 교육개혁의 방향과 좌표는 단순히 교육의 실효성 문제에서만 파악할 것이 아니라, 정의의 관점에서도 논의되어야 한다. 모든 사람들은 자신과 자녀들의 생활수준과 사회적 지위를 향상시키려고 한다. 또 그럴 기회를 갖고자 한다. 그런 점에서 자녀들에게 더 좋은 교육 기회를 부여해 그들의 자질을 최대한 발휘하도록 하려는 부모들의 욕망은 충분히 이해할 수 있다.

좀 더 나은 사회적 지위와 생활수준을 평가하는 기준은 무엇인가? 좀 더 나은 생활수준과 지위를 획득하기 위해 공정한 기회를 가진다는 것은 무엇을 의미하는가? 기회를 부여한다는 것은 미래의 불확실한 삶을 한층 안정된 삶으로 바꿀 수 있어야 함은 물론 새로운 지위와 높은 생활수준을 유지할 수 있는 실질적인 혜택도 줄 수 있어야 한다. 바로 이 점이 사회로부터 혜택을 받지 못하는 자들에게 관심을 기울여야 하는 이유다. 경제적인 이유나 신체상의 장애 때문에 사회적 혜택을 받지 못하는 사람들에게 더 많은 기회가 주어져야 한다고 생각하는 것도 이와 깊은 연관이 있다. 가령 농어촌 자녀에게 특별전형을 통해 교육의 기회를 부여한다든가, 미국 교육정책에서 소수민족의 자녀들에게 '소수자 우대 정책$^{Affirmative\ action}$'을 시행하고 있는 것도 같은 맥락이다. 이 같은 조치들은 분명 특권을 부여하는 것이므로 평등의 원칙에 위배되는 것이라 말할 수도 있다. 때문에 정치·사회적 논란을 다소 일으키고 있는 것은 사실이지만, 그 기본 바탕에는 과거 정책에서 소외되었던 소수자들을 다시 사회 협력자로 되돌리려는 정의감을 그대로 드러내고 있다. 최근 우리 사회에서 거센 논란이 되고 있는 '비정규직 문제'도 단순히 사회 문제로만 인식하지 말고 정의의 관점에서 논의해볼 만하다. 구체적인 논의에 대해서는 이 책의 후반부에서 좀 더 상세히 다룰 것이다.

공리주의 vs. 기회균등의 원칙

개인의 정치적 자유를 확보하고 공정한 기회균등이 이루어진다고 해도 여전히 해결하기 힘든 어려운 문제가 남아 있다. 그것은 현재의 불확실한 상황 속에서 어떤 결정이 가장 정의로운지 판단하는 문제다. 누군가는 반문할 것이다. 그냥 선택하면 되지 굳이 정의로운 선택을 문제 삼는 이유가 무엇이냐고. 물론 개인의 입장에서 그 선택이 굳이 정의로운지 물을 필요는 없다. 불확실한 미래에 대해서 개인들은 각자의 삶을 개척해나가기 위해 많은 선택을 한다. 그러나 그 선택은 개인의 책임 범위 내에서 이루어질 뿐 그것이 정의로운지 물을 하등의 이유가 없다. 국가의 선택도 마찬가지다. 한 국가의 미래를 결정할 중대 선택은 대통령이 책임지면 그뿐이라고 말할 수도 있다. 사실 이러한 개인과 국가의 유비는 너무도 쉽게 작동한다. 그래서 마치 대의제를 선택권의 위임으로 생각하곤 한다.

그러나 문제는 그렇게 단순하지 않다. 한 개인의 선택이 그 개인에게 중요하듯, 한 국가의 선택에는 너무도 많은 사람들의 미래가 달려 있다. 쉬운 예를 들어보자. 일본에 나라를 팔아먹는 행위는 한 나라의 국체를 흔드는 엄청난 것이었고, 한 나라의 사회 성원들의 삶의 방식을 바꾼 엄청난 선택이었다. 그 선택은 잘못되고 정의롭지 못한 선택이었다. 이 같은 평가는 결과를 보고 이루어진 것이다. 중요한 것은 모든 선택이 그 방향성이나 결과가 확실하지 않은 상황에서 이루어진다는 점이다. 그 때문에 선택 자체가 중요한 것이 아니라, 불확실한 상황에서의 선택의 바람직함이 중요하다. 사실 국회에서 국가의 중대 사안에 대해 정당 간의 열띤 공방이 펼쳐지는 것도, 시사 프로그램에서 토론자들이 거센 논쟁을 일으키는 것도 미래의 선택에 대한 불확실성 때문이다.

불확실한 상황에서 정의로운 선택은 너무도 중대한 일이다. 그러나 그 중대함만큼 선택의 정의로움을 평가할 마땅한 기준이 없다. 사실 우리 입장에서 보면 미래의 선택은 항상 자신의 이해관계에 철저히 얽매일 수밖에 없는 것은 어쩌면 당연한 현실이다. 현실의 이해관계를 다 고려하다 보면 선택의 정의로움을 과연 평가할 수 있을지 의구심마저 든다. 이 의구심을 해소하는 방법은 완전히 동일한 조건 속에서 그 원칙들을 비교하고, 우리의 숙고 능력을 통해 그 우열관계를 따져보는 것이다.

그렇다면 원칙들의 차이는 무엇이고, 왜 롤스의 차등원칙이 도덕적으로 낫다고 생각할까? 먼저 불확실한 상황에서 구심점이 될 원칙들의 차이부터 살펴보자. 공리주의자들은 불확실한 상황에서도 평균 효용률이 높아질 수 있는 선택을 하는 반면, 롤스는 그 사회의 최소 수혜자에게 돌아갈 혜택이 가장 높아질 최소극대화 원리 the maximin principle 를 받아들인다. 이해를 쉽게 하기 위해 표를 보며 손실의 경우의 수를 생각해보자.

다음 쪽의 표를 보면 공리주의자들은 상황 A에서 가장 큰 손실을 입지만 상황 C에서 가장 높은 점수를 받을 수 있는 '나'를 선택하는 반면, 최소극대화 원리를 택하게 될 롤스의 입장은 상황 C에서 높은 점수를 얻지는 못하지만 가장 적은 점수를 얻는 상황 A에서 손실이 없는 '다'를 선택한다. 이렇게 보면 롤스는 불확실한 상황에서 약간 보수적인 입장을 견지한다. 모험을 감수하면서까지 떨어질 몫을 키우기보다는 다소 적지만 최소 수혜자가 혜택을 받는 안전한 선택을 선호하고 있기 때문이다. 물론

:: 최소극대화 원리

최소극대화 원리는 소수의 몫을 극대화한다는 The maximum minimorum을 뜻하는 말이다. 롤스는 이것을 최소 수혜자에게 최대의 몫이 돌아가야 한다는 의미로 사용했다. 즉 최소극대화 원리를 통해서 '무지의 베일' 안에서 누구나 만족할 수 있는 분배정의가 달성된다는 것이 롤스의 주장이다.

선택 \ 상황	A	B	C
가	-7	8	12
나	-8	7	14
다	5	6	8

이러한 보수적인 입장은 '못 먹어도 고'라는 식의 일확천금을 얻기보다 돌아오는 몫이 다소 적더라도 모두가 조금이라도 혜택을 받는다면 나쁠 게 없다는 식의 안전제일주의에 가깝다고 볼 수 있다.

공리주의 vs. 차등원칙

공리주의와 롤스의 정의원칙, 두 선택에서 어느 쪽이 사회를 위해 더 바람직할까? 왜 롤스의 정의원칙은 공리주의자의 원칙보다 더 정의로운 것일까? 이 물음에 대한 롤스의 답변은 논의의 정곡을 찌를 만큼 핵심적이지만 그의 답변은 기대만큼 명료하지 않다. 의외로 다소 장황하고 복잡한 답변에 대한 이해를 돕기 위해 그의 다음 대답에 초점을 맞추어보자.

첫 번째 대답은 합리적 선택 이론의 입장에서 제시된 답변인데, 흔히 가장 단순한 형태의 대답으로 간주되고 있다. 원초적 입장의 역할은 어떤 정의원칙이 더 나은지를 판단해보는 것이다. 이미 무지의 베일에 가려져 있어 동일한 조건에 놓여 있는 원초적 입장에서 더 낫다고 생각할 수 있는 승패의 열쇠는 어떤 정의 개념이 더 많은 것을 설명할 수 있느냐에 달려 있다. 그런 점에서 롤스의 차등원칙이 공리주의의 효용원칙보다 더 많은 지지를 이끌어낼 수 있다면 더욱 나은 정의원칙이라 할 수 있을 것이다. 특히 미래가 불확실한 상황에서는 더더욱 그렇다. 롤스의 대답은 이렇다. 모든 조건이 동일할 때 사회적 선택은 마땅히 단번에 복권에 당첨되어 벼락부자가 되는 것보다는 조금은 더디지만 사회를 지속적으로 발전시킬 수 있는 방향으로 나아가는 편이 훨씬 더 합리적이라는 것이다. 그렇기 때문에 차등원칙은 합리적 선택의 입장에서도 효용원칙보다 더 나은 선택이 될 수 있다는 것이다. 더 나아가 평균효용원칙도 결국 그 근본에 있어서는 차등원칙에 준하는 입장을 취하게 될 것이라는 것이다.

롤스의 또 다른 설명은 차등원칙을 상호성원칙에 직접 호소한다. 이 논변에 따르면 차등원칙은 사회협동에 한층 많이 기여할 수 있다는 면에서 평균효용원칙보다 우월하다. 평균효용원칙의 목적은 생산의 극대점을 찾는 것이고, 우리가 사회협동을 해야 하는 이유에 대해서는 분명하게 설명할 수 없다. 그래서 차등원칙은 인간 생활의 기본인 상호성원칙을 철저히 따른다. 상호성원칙은 평등성과 호혜성을 훼손하지 않는 범위에서 사회협동을 진작한다. 그런 관점에서 보면 차등원칙은 사회적 약자가 사회협동에 참여할 수 있는 기회를 좀 더 많이 부여한다.

사회적 약자들은 현재 상황의 최대 피해자들이다. 이들이 사회협동에 참여할 수 있는 방안은 무엇일까? 공리주의의 평균효용원칙은 사회적 약자가 사회협동에 참여할 이유를 제공하기보다 사회적 생산을 늘릴 수 있는 방편에 더 주목하고 있을 뿐이다. 그러나 차등원칙은 다르다. 차등원칙은 사회적 약자에게 더 많은 기회를 부여함으로써 그들이 사회협동을 진작하고, 참여할 수 있는 여지를 제공한다. 더 나아가 모두가 상호 호혜할 수 있도록 모든 활동을 장려한다. 상호성원칙에 호소하는 차등원칙은 사회적 연대를 통해 모두가 평화롭게 살 수 있는 방법을 모색하는 것이 낫다는 것이다.

　이 같은 논변들의 공통점은 우리의 일상적 믿음들을 추상화하여 얻은 숙고된 믿음이 어느 정도 신뢰받고 있다는 점이다. 사실 원초적 입장의 정의원칙들은 하늘에서 뚝 떨어진 것도 아니고 갑작스레 만들어진 것도 아니다. 그것은 우리의 일상 믿음을 심사숙고한 결과 얻어낼 수 있었던 믿음과 판단들이다. 원초적 입장은 이런 믿음과 판단을 사회 성원들이 동의할 수 있도록 고안된 도덕적 절차다. 그런 점에서 원초적 입장은 우리의 숙고된 믿음을 도덕적으로 정당화하는 일종의 절차인 셈이다. 물론 이 과정은 지속적으로 반복된다. 원초적 입장에서 얻은 정의원칙을 기점으로 숙고된 판단과 믿음이 완전히 일치할 수 있도록 개혁과 보완을 필요로 하는 과정이다. 이 과정을 '반성적 평형 reflective equilibrium'이라 부른다.

　반성적 평형의 목표는 완전한 정의의 실현이다. 이것은 우리가 믿는 바와 제도의 정의로움이 정확히 일

▦ 반성적 평형
원래 도덕적 믿음이나 판단이 불화를 일으키지 않고 서로 조화로운 상태를 뜻한다. 그러나 롤스는 이 반성적 평형을 원초적 입장에서 얻어낸 정의원칙과 일상적인 믿음과의 조화로운 일치 상태를 뜻하는 말로 사용하고 있다.

치함을 뜻한다. 현실에서 보면 여전히 그것은 이상일 뿐이다. 이 이상에 도달하는 과정 자체도 최종 상태가 아니지만 정의 사회 구현의 필연적인 과정으로, 인간이 생존해 사회를 구성하는 한 부단히 진행되어야 한다. 또한 이 과정은 우리가 경험한 일상적인 믿음들을 비판적으로 숙고하고 추상화할 때 이루어진다. 이 추상화가 제대로 이루어지기 위해서는 기준점이 필요하다. 기준점이 없다면 이 과정은 끝없는 다툼뿐이다. 그런 점에서 현대인의 삶에서 중요한 것은 일상적 믿음을 비판하고 삶의 기준이 되는 준거의 틀을 갖추는 것이다.

롤스는 이러한 준거의 틀을 찾고, 그 준거의 틀에 맞추어 일상생활의 숙고된 믿음에 일치할 수 있는 실질적인 정의원칙을 도출하고자 했다. 일상생활에서 우리는 무엇이 정의로운지 확실히 알지 못한다. 또 어떤 믿음은 버리고 어떤 믿음은 고수해야 할지도 확신이 서지 않는다. 불확실한 현실 속에서 너무도 많은 불평등과 부당함이 판을 친다. 어느 방향으로 나아가는 것이 올바른 것일까? 이 물음에 대한 명확한 대답이 없다. 그래서 정의는 메아리 없는 아우성처럼 울려 퍼질 뿐이다. 갈 길도 모르는 채, 무엇이 옳고 그른지도 모르는 채 앞으로 나아가야 하는가? 무지가 부당한 현실을 자꾸 키우는 것은 아닐까? 혹 우리는 암흑 속에서 영원히 헤매야 하는 것은 아닐까?

원초적 입장이 그토록 중요한 이유는 바로 이런 회의를 벗어날 탈출구를 제시하고 있기 때문이다. 물론 현실의 부정의를 한꺼번에 뿌리 뽑을 수 있다는 기대는 금물이다. 그러나 최소한 정의원칙의 방향대로 나아간다면 현실의 부정을 점차 일소하고,

점진적인 개혁을 추진할 수 있다는 기대감을 품는 것만으로 충분하지 않을까? 혁명을 통해 이 세상의 모든 악과 불평등을 단 한 번에 근절할 수 있다면 그것이야말로 가장 바람직하겠지만, 그것은 단지 희망사항일 뿐이었다는 것은 역사 속에서 배우는 교훈이다. 우리에게 소중한 것은 어두운 현실 속에서도 불을 지필 희망이다. 사회가 좀 더 긍정적인 방향으로 나아갈 수 있는 변혁의 희망을 찾는 것이다. 희망으로 미래를 내디딜 수 있다면 한번 해볼 만하지 않은가?

역설적으로 보이지만 롤스의 철학이 최근 다시 각광을 받고 있는 이유도 이 같은 현대의 부정적인 현실에 대한 실낱 같은 희망 때문이다. 현대는 격동의 시대다. 지구촌 한쪽에서 명분 없는 전쟁으로 수많은 무고한 사람들이 죽어가고, 혁명을 꿈꾸던 시대는 역사의 유물처럼 느껴지고, 사회변혁의 힘도 소실된 지 오래다. 1989년 현실의 사회주의는 무수한 역사적 경험과 의구심, 절망만을 남긴 채 역사 속으로 사라졌다. 그 사건을 두고 역사가들은 혁명의 시대는 끝났다고 말한다. 그러나 혁명의 시대가 그토록 극복하고자 했던 불평등의 세상은 여전히 남아 있다. 아니 불평등은 더욱 가속화되고 있고, 세계화로 인해 전 지구는 과거에는 상상하지 못했던 현안들로 몸부림치고 있다. 역사는 우리가 미처 예상하지 못한 일들로 가득 차고, 사회는 구심점을 잃은 채 방황한다. 그래서일까? 롤스의 철학을 바라보는 시선이 곱살스럽다. 여전히 점진적 개혁을 꿈꿀 수 있어서가 아닐까? 희망의 불씨를 발견할 수 있기 때문은 아닐까?

만남 4

실력주의 사회의 이상과 비판

공정한 기회와 실력 발휘

사람이면 누구나 공정하게 자기 실력을 평가받고 싶어 한다. 신분 때문에 자기 능력을 마음껏 발휘할 수 없는 사회가 정의로울 수 없다. 가령 박지성이 조선시대에 태어났다면 평발의 어려움을 딛고 세계적인 축구선수로 인정받을 수 있었을까? 기량을 마음껏 뽐낼 프리미어리그도 없고, 안방에서 축구를 즐길 관중도 없기 때문이다. 그만큼 인간의 재능은 특정 환경의 지배를 받는다. 무궁무진한 재능을 가진 사람도 때를 잘못 만나면 인정을 받지 못하는 경우가 허다하다. 이렇듯 인간 능력은 환경에 따라 결정되는 경우가 많다.

악습이 팽배하면 자기 재량을 마음껏 발휘하지 못한다. 부모가 잘났다고 반드시 자식이 잘난 건 아니다. 그럼에도 부모 덕에 노력 없이 사회적 부와 지위를 차지한다면 그런 사회를 정의롭다고 할 사람은 없다. 신분이 능력을 보증하지는 않는다. 특정

신분의 자식으로 태어났다고 자식까지 부모의 능력을 물려받았다고 할 수 없다. 이상국가를 꿈꾸었던 플라톤도 사회의 지도자가 반드시 특정 계층에서 배출된다고 생각하지 않았다. 크게 사회적 인정을 받지 못하는 사람의 자식도 얼마든지 똑똑하고 올바를 수 있다. 부와 지위가 대물림되면 그 사회는 정의로울 수 없다. 그런 사회에서 재능 있는 사람의 능력이 제대로 발휘될 리 만무하며, 대부분의 사람들이 자신의 기득권을 지키려고만 할 것이다. 결과적으로 그 사회의 생산성은 떨어질 수밖에 없다.

악습과 세습은 사회 진보를 가로막는 걸림돌로 늘 개혁의 대상이 되어왔다. 서구 근대사회에서 특정인에게만 기회가 부여되는 사회는 부정의하다고 외치며 '기회균등$^{equality\ of\ opportunity}$'을 부르짖은 것도 구제도의 악습에서 벗어나기 위해서였다. 기회는 모든 사람에게 동등하게 주어져야 한다. 진정한 실력이라면 동등한 조건에서 뛰어남을 입증해야 한다. 기회균등의 원칙을 잘 보여주는 예는 달리기 시합일 것이다. 100미터 달리기 시합에서 부정 출발한 사람의 기록은 인정받을 수 없다. 실격 처리가 되어 공식기록으로 인정되지 않는다. 왜 그런가? 이유는 아주 단순하다. 동등한 조건에서 출발하지 않았기 때문에 자기 실력이 아니라는 것이다. 동일한 조건에서 겨루어 더 나은 기록을 수립한 사람이 진정 일인자의 지위를 부여받을 수 있다. 현재 우사인 볼트의 세계기록을 놓고 '세계에서 가장 빠른 사나이'라는 별칭을 붙이는 것도 그의 실력을 인정하고 있기 때문이다. 그의 실력은 동일한 조건하에서 나온 특출한 것이다.

서구 전통에서 기회균등의 원칙을 강조한 사람은 자유주의자들이었다. 그들은 귀족과 성직자의 특권에 대한 대항논리로 내세웠던 것이 바로 기회균등의 원칙이다. 부모 잘 만나서 얻은 권위는 인정할 수 없으니 같은 조건에서 겨루어 실력을 입증하라는 것이 그들의 주장이었다. 말하자면 기회균등은 민주적 권위가 작동하기 위한 조건이다. 이 외침이 당시 신분사회에 경종을 울리기 위한 것임은 말할 필요가 없다. 다시 말해 진보적인 사회로 나아가기 위한 외침이다. 마이클 영의 《실력사회의 부상》은 이런 서구의 관점을 반영하는 책이다. 이 책은 비록 허구이긴 하지만 서구 근대사회의 정치적 이상을 가늠해보는 일종의 잣대로서 기회균등의 문제를 다루고 있다. 이런 정치적 이상에는 자유에 대한 열망이 깔려 있다. 자기 스스로 선택하고 책임지기 때문에 어떤 형태로든 이런 자유를 억압하는 것은 잘못이라는 생각이 지배한다. 자유주의자들이 선택적 자유를 어떤 억압이 없는 상태, 하나의 권리라고 생각했던 것도 그런 맥락이다.

 이런 열망은 비단 서구에만 한정되지 않는다. 어떤 식으로든 세습을 인정하는 사회에서는 기회균등에 대한 열망이 나타난다. 우리 역사를 돌이켜봐도 이런 열망을 쉽게 찾아볼 수 있다. 조선 초기에 과거제도는 출세를 보장하는 길이었다. 또한 장원급제는 입신양명의 지름길이었다. 선비들의 열망은 출세였고, 지금 성공에 대한 열망과 흡사하다. 하지만 왜 고관의 자식에게만 출세의 길이 보장되어야 하는가? 모든 사람에게 기회가 주어져야 하지 않는가? 더욱이 모든 사람에게 열려 있는 출세의 길은 실력으로 평가되어야 한다. 학연이나 지연보다 능력이 먼저여야 한다. 조선시대 과거제의 합리성은 기회균등에 대한 열망과 연계

된다. 장원급제가 곧 출세라는 등식은 이런 기제에서 작동한다. 21세기 민주주의 사회에서 각종 고시들이 성행하는 것은 무엇을 뜻하는가? 시험에 합격만 한다면 모든 게 술술 풀리리라는 생각은 이런 맥락에서 가능하다. 근본적으로 우리 전통사회에서 작동했던 기회균등의 이상을 염두에 둘 때만 가능하다.

또 한편으로 경쟁에 대한 과도한 집착은 기회균등의 폐해로 지적된다. 실력을 입증 받는 순간 사회의 모든 보상체제에서 우월한 지위를 확보받는다고 생각한다. 따라서 경쟁에서 이길 수 있다면 물불을 가리지 않고 하겠다는 심정이 팽배한다. 그러나 실력의 입증과 그 실력에 대한 적절한 보상은 전혀 다른 문제다. 실력을 인정하는 것 자체가 이미 사회적 보상의 한 형태이다. 따라서 실력에 상응하는 과도한 부와 지위를 원하는 것은 또 다른 문제라 할 수 있다. 이미 존 스튜어트 밀과 훔볼트도 뛰어난 자질의 인정과 사회적 지위 및 부의 보장은 다른 문제라고 지적한 바 있다. 밀은 이렇게 말한다.

> 누구든지 시험을 보고 일정 수준에 달하면 과학적 또는 전문 능력에 관한 학위나 여타 공인증을 수여해야 한다. 하지만 그 사람들에게 그런 능력을 인정하는 것 외에 경쟁자들에 비해 그 사회가 특별대우를 해서는 안 된다.
>
> 《자유론》, 5장

밀이 여기서 의미하는 것은 보상의 차이이다. 실력을 인정받기 위해 노력하는 것과 특정의 보상 때문에 노력하는 것은 엄연히 다르다는 것이다. 그런 점에서 동등한 기회 제공과 그 결과의 보상은 따로 떨어뜨려 생각해야 한다.

　잘 알다시피 자유주의자들은 동등한 기회제공과 그 결과에 대한 보상의 연결고리에는 크게 주목하지 않았다. 오히려 동등한 기회를 제공할 때 나타난 결과는 정당하다고 생각한다. 100미터 달리기 비유는 이런 입장을 가장 잘 설명한다. 모두가 같은 출발선에서 나온 결과, 어떤 부정행위도 개입되지 않은 결과가 가장 정당하다. 국민 모두가 김연아 선수의 우승을 자랑스럽게 생각하는 이유도 정당하게 얻어낸 결과로 받아들이기 때문이다. 여기까지 어느 누구도 거부할 수 없다.

　하지만 우승에 대한 보상은 다른 문제다. 가령 다음 두 선수를 생각해보자. A 국가의 선수는 우승을 하면 우승 트로피와 상금 천만 원을 받는다. B 국가의 선수는 우승을 하면 우승 트로피와 상금 천만 원, 그리고 보너스로 10억을 더 받는다고 가정해보자. 이 두 사람의 차이는 무엇인가. 왜 실력은 동일한데 다른 보상을 받는가? 이 물음에 대한 대답은 실력 자체에 있지 않다. 오히려 실력을 보상하는 사회체제와 깊은 연관이 있다. B 국가의 사회체제는 우승자의 실력을 독특한 방식으로 보상하고 있는 것이다. 이런 이유로 동일한 실력을 가진 두 선수에 대해 차등적인 보상이 이루어지고 있다. 그렇다면 이 같은 차이가 부당한가? 대답하기 어려운 질문이다. 하지만 우리의 논의에서 매우 중요한 물음임엔 틀림없다.

100미터 달리기의 비유

자본주의 체제에 살고 있는 우리들의 일상적인 사고에서 생각해보자. 자기 자신의 능력과 재능 및 노력은 마땅히 보상받아야 한다고 생각하는 경향이 강하다. 사회적 성공의 열매는 성공을 이룩한 사람에게 돌아가야 마땅하다고 생각한다. 신자유주의를 경험한 우리들은 경쟁에서 이기는 성공만을 지향한다. 그래서 많은 체육인과 연예인의 성공을 오로지 각자의 노력의 결과라고 말한다. 이런 생각은 앞서 언급했던 자유주의 평등관의 토대이며, 이런 평등관을 지향하는 사회를 실력주의 사회라고 한다. 우리도 이런 사유에 친숙하다. 하지만 이런 체제에 살다보면 수많은 사람들이 길거리로 내몰리고 사회적 약자가 된다. 더욱이 뼈아픈 것은 이런 실패의 원인을 개인 능력의 부족이나 노력 부족 탓으로만 돌린다는 점이다.

'실력주의 사회 meritocratic society'는 개인의 노력을 보상하는 입장을 지지한다. 실력주의 사회의 주요 논거는 실력 자체가 사회의 보상 근거가 되어야 한다는 것이다. 그리고 개인의 재능, 자질, 노력은 사회적 보상의 기준이 된다. 하지만 실력주의 사회에는 복잡한 문제가 깔려 있다. 무작정 동등한 기회를 제공했다고 그 결과에 승복해야 하는가? 결과에 승복하려면 무엇보다 공정한 게임이어야 한다. 앞서 말한 것처럼 경기에 이겼다고 부상 이외의 사회 보상을 마땅히 받아야 할 이유는 없다. 실력의 인정은 탁월한 재능을 인정받는 것일 뿐 사회적 부를 나누어야 할 문제는 아니다. 사회적 부와 지위를 평등하게 나누는 문제는 사실 실력과는 무관할 수 있다. 실력을 인정해서 사회 성원으로서 전혀 다른 지위를 보장해줄 어떤 근거도 없다.

 실력의 보상은 사회 불평등을 심화시키는 원인이다. 늘 그렇듯 더 많이 가진 사람은 더 많은 기회를 누릴 수 있다. 가진 사람은 선택권 또한 늘어난다. 더 좋은 조건에서 자식을 교육을 시킬 수도 있다. 사실 이런 차이는 실력에서 나오는 만큼 반드시 문제라고 할 수는 없다. 하지만 진짜 문제는 부와 명예의 대물림이다. 다음 세대에서는 이전의 상황과 다르게 동등한 조건이 부여되어야 한다. 만일 이전 세대의 부와 명예가 다음 세대의 기회균등의 조건에 영향을 미친다면 공정성을 훼손한 것이다. 선행학습이 사회적으로 문제가 되는 것도 이런 맥락이다. 보상은 결국 사회 불평등을 심화시킨다. 단 한 번의 차이가 아니라, 한 번의 차이가 누적되면서 차이를 불평등의 상태로 만든다. 앞에서 언급한 경기에서 이긴 사람을 생각해보자. 우승을 한 다음 어떤 변화가 일어났을까? TV에도 출연하며 자신을 알릴 기회가 훨씬 더 많아질 것이다. 반면 우승을 하지 못한 사람은 이런 기회를 잡을 수 없다. 다음을 기약하면서 인고의 시간을 보내야 한다. 단순히 실력을 겨루는 것을 넘어 그 결과에 따라 그 두 사람의 삶은 천양지차가 날 수 있다. 분명 처음에는 실력의 '차이'만 있었을 것이다. 하지만 시간이 지나면 자연스럽게 실력의 차이는 넘을 수 없는 간극으로 바뀐다. 실력에 대한 보상이 더해지기 때문이다. 이런 차이가 다음 세대로, 그다음 세대로 이어지면 결국 불평등은 고착화된다.

 여기서 우리가 알아야 할 중요한 사실이 있다. 엄밀하게 말해서 인간 삶은 모두 동등한 조건에서 출발할 수가 없다. 좋든 싫든 각자에게 주어진 환경 자체가 다르다. 이 환경 자체가 포괄적이다. 인간을 둘러싼 모든 것이 환경이기 때문이다. 하다못해 과거의 삶조차 다르다. 투영된 미래 또한 다르다. 이런 상황을 고려하면 인간에게 시작 지점은 절대로 동일할 수 없다. 이 같은 시작의 차이를 어떻게 해야 할까? 운명이니까 어쩔 수 없는 것일까? 아니면 인위적으로 출발점을 같도록 해야 할까? 미국의 대통령 린든 존슨은 이 같은 딜레마 상황을 다음과 같이 표현하고 있다. 그 문제의식을 살리면서 재구성하면 다음과 같다.

지금 막 100미터 달리기를 하려고 한다. 두 선수가 출발선에 섰다. 한 사람은 족쇄를 차고 있고, 다른 사람은 자유롭다. 경기가 시작되자 자유로운 사람이 앞서간다. 족쇄를 찬 선수는 힘겹게 그 선수를 따라간다. 자유로운 선수가 50미터를 달려갈 때 족쇄를 찬 선수는 10미터도 겨우 달린다. 이 모습을 보던 심판이 호각을 불면서 경기를 중단시킨다. 불공정한 승부이므로 경기 자체가 성립될 수 없다고 말한다. 심판은 족쇄를 풀어주고 경기를 속개시키려고 한다. 하지만 문제가 발생한다. 이미 벌어진 40미터 차이를 어떻게 할 것인지를 두고 실랑이가 벌어진다. 이 차이를 해결하지 않으면 어떤 식으로 경기를 속개하든 불공정한 게임이 될 수밖에 없다. 어떻게 해야 할까. 두 가지 방법만이 가능할 듯 보인다. 앞서 간 사람을 뒤로 되돌릴 것인가. 아니면 뒤처진 사람을 앞으로 가게 할 것인가. 이 상황에서 어떤 방법이 최선일까.

이 사례에 정확한 대답을 하기란 쉽지 않다. (실제로 사람들은 이 상황에서 각각 다른 대답을 제시한다.) 딜레마 상황이 무릇 그렇듯 어느 쪽을 택해도 문제가 생기기 때문이다. 원점으로 되돌리면 동등한 조건에서 시작할 수 있지만, 인위적인 결정은 또 다른 불만을 키울 뿐이다. 그렇다면 뒤처진 사람에게 처진 만큼 보상을 하면 어떨까? 뒤처진 차이를 보상하면 50미터 선에서 다시 출발할 수 있다. 그런 점에서 완벽하지 않아도 상대적으로 해결의 실마리를 찾을 수 있는 듯하다. (실제로 린든 존슨의 선택도 후자를 택한다. 사회복지 모델의 작동 지점과 일치한다.) 하지만 어떻게 보상을 할 것인가? 그 방법을 두고는 다시 의견이 분분해진다.

공정한 기회를 주면 모든 게 정당화되는가

어쩌면 100미터 경주만 놓고 보면 손쉬운 해결책을 찾을 수 있을지 모른다. 가령 원점에서 재경기를 할 수 있다. 실제로 이 경우를 놓고 학생들에게 물어보면 재경기를 강력하게 추천한다. 불공정한 경기는 애초부터 성립될 수 없다는 것이다. 이런 이면에는 기회균등 원칙을 지키면 문제를 풀 수 있다는 생각이 깔려 있다. 원점에서 시작해서 나타난 결과를 받아들일 수 있다는 것이다. 그러나 현실에 적용하면 이런 생각은 산산조각나고 만다. 무수히 많은 불평등이 개입하고 있기 때문에 원점으로 되돌아가는 것 자체가 불가능해 보이기 때문이다. 이런 현실적인 불평등을 인정하지 않고 무작정 원점으로 되돌리는 것은 어떤 의미에서 무책임한 처사이다. 이념적으로 가능할지는 몰라도 현실적으로 풀어야 할 문제가 많다.

더욱이 기회를 준다고 능사가 아니다. 족쇄를 풀어주고 50미터 선까지 갔다고 해서 이 선수가 자기 재량을 마음껏 펼칠 수 있을까? 지칠 대로 지친 상황에서 앞서 있는 선수를 앞지를 수 있을까? 이런저런 상황을 고려해볼 때 다음 날 경기를 속개하는 건 어떨까? 아쉽게도 인간사에는 '다시'라는 말이 적용되지 않는다. 인간의 일과 행동은 되돌릴 수 없다. 엎지른 물은 담을 수 없다고 하지 않았던가. 누군가의 행동은 누구에겐가 영향을 미친다. 원점을 되돌려도 그 상처나 영향은 그대로 남아 있다. 행동은 되돌려도 사람들이 받은 상처나 영향은 지울 수 없다. 이 모든 것을 다 지울 수 있다고 한다면 그것은 분명 오만이다. 현실에서 불평등을 해소한다는 것은 현실의 불평등을 인정하면서 차근차근 이 불평등을 없애는 방향으로 나가는 것이다. 그 방향으로 나아갈 수 있는 나침판이 필요하다.

이런 나침판 구실을 할 수 있는 것이 정의원칙이다. 적어도 롤스의 생각은 그랬다. 원점에서 시작할 수 없는 게 현실이라면 차선의 선택은 지금 이 순간에 불평등을 조금씩 해소해가는 것이다. 더욱이 일관된 정의원칙을 적용하면서 지속적으로 불평등을 완화시킨다면, 그 끝은 정의가 완성되는 순간이라는 것이다. 구체적인 계획이나 밑그림이 없이 그린 그림은 구도가 잡히지 않는다. 우왕좌왕 멋대로 실을 풀다보면 실타래는 더 엉키게 마련이다. 일정한 방향으로 실타래를 풀어나가야 한다. 그래야만 엉킨 곳을 찾을 수 있다. 마찬가지로 정의는 단 한 번의 노력으로 구현되지 않는다. 인간이 살아 있는 동안 지속적으로 수행되어야 할 목표이다. 그런 맥락에서 40미터 뒤처진 사람이 온전하게 선수생활을 할 수 있도록 지속적인 노력이 필요하다. 그러나 곧바로 물음이 생긴다. 어떻게 해야 할까?

앞서 여러 차례 말했듯이 기회를 제공한다고 이 문제가 해결되지는 않는다. 과거 행해진 불평등을 시정할 방법이 없기 때문이다. 가령 자유주의자의 입장을 받아들인다고 해보자. 자유주의자들은 각 개인의 자유를 최대한 존중하는 선에서 기회를 제공한다면 할 일을 다 했다고 생각한다. 과연 그럴까? 전에 없던 선택의 기회를 부여한다고 공정하다고 말할 수 있을까? 100미터 달리기의 예처럼 잘못된 과거의 관행을 바로잡아야 하지 않을까? 과거의 잘못된 관행 때문에 많은 사람이 피해를 입고 있다면 어떻게 해야 할까? 우리 사회에서도 너무도 많은 피해 사례들이 있다. 따라서 이런 과거사 문제를 접어두고 현재 동등한 기회를 제공했다고 모든 게 해결될 수 없다. 과거사 문제나 과거의 불평등을 해결하지 않고 현재 상황에 대한 기회의 평등을 강조하는 사상에는 문제가 있다. 자유주의자의 평등관에 문제가 있다고 보는 것도 이런 맥락이다. 자유주의자들은 기회균등을 제공하는 사회가 진일보한 사회라고 믿는다. 하지만 과거의 부정을 해결하지 않는 정의는 허울뿐이다. 자유주의 평등관에 대한 롤스의 비판도 흡사하다. 자유주의자들이 "가족과 같은 불평등 기제"를 용인하는 한 근본적인 불평등 근절은 요원하다. 타고난 차이 때문에 생긴 불평등은 동등한 기회를 제공한다고 해결될 수 없다.

롤스의 비판에는 정당하지 못한 기득권은 절대 정의로울 수 없다는 생각이 자리 잡고 있다. 잘난 부모님을 만나서 현실의 기득권을 누리고 있다면 진짜 자기 실력으로 얻어낸 것이라고 할 수 없다. 엄밀하게 말하면 기득권은 말뿐인 동등한 기회를 외칠 뿐, 실제로는 어떤 형태의 특권을 누리고 있는 것이다. 선행교육의 문제를 생각하면 쉽게 이해될 수 있을 것이다. 실력을 공정하게 평가하려면 동일한 조건에서 평가되어야 한다는 것은 말할 필요가 없다. 하지만 집에서 고액 족집게 과외를 받아 높은 점수를 받았다면 진정 그 학생의 실력이라고 말할 수 있을까? 상식적으로 생각하면 말도 안 되는 소리다. 자기 스스로 해낸 일이 아니기 때문에 그의 실력으로 받아들이기 힘들다. 그런데도 왜 이런 일이 일어날까? 그 대답은 사회보상 체제와 깊게 연관된다. 공명정대하게 겨뤄 이기는 것이 아니라, 수단방법을 가리지 않고 일등을 해서 사회보상 체제의 이득을 얻겠다는 심보가 작동하는 것이다. 자유주의자에 대한 롤스 비판은 분명하다. 보이지 않는 이런 형태의 불평등을 용인하면서 평등을 부르짖는다면 한갓 허울일 뿐이라는 것이다.

더욱이 이 과정에서 진짜 실력을 갖춘 사람이 자기 실력을 발휘해 인류사회 발전에 기여할 기회를 놓칠 수 있다는 점을 지적해야 할 것이다. 실력을 갖춘 사람을 뽑는 이유는 장기적인 관점에서 인류사회에 기여할 능력 있는 사람을 찾기 위한 것이다. 그런데 이 자리에 자격을 갖추지 못한 사람이 앉게 되면 사회발전의 기회를 놓칠 수 있다. 따라서 단순히 기회의 평등만이 아니다. '공정한' 기회의 평등이 부여되어야 한다. '공정한'이란 형용사를 붙인 것은 이런 불평등 상황을 배제하려는 시도이다. 과거든 현재이든 잘못된 관행이 있다면 이를 시정하는 것이 공정성이 작동하는 순간이다. 이 시정 조치가 없다면 기회균등은 평등을 빙자한 변형된 '승복논리'라고 할 수 있다.

민주주의 평등이 하나의 대안이다

그럼 승복논리를 벗어나 진정으로 공정한 기회의 평등을 어떻게 이룰 수 있을까? 이 물음에 대한 대답은 롤스의 불평등 해소 방식과 깊은 연관이 있다. 이때 중요한 문구가 "진정으로 공정한"이란 말이다. 기회를 제공하더라도 공정한 기회가 제공되어야 한다는 것이다. 이 말이 무슨 뜻인지 이해하려면 다시 100미터 경주의 예로 돌아갈 필요가 있다. 문제는 족쇄를 풀고 다시 시합을 할 경우 발생한다. 이미 발생한 40미터를 어떻게 보상해야 하는가를 두고 논쟁이 일 수 있다. 이 예에서 40미터에 대한 보상이 필요하다고 생각하는 순간이 중요하다. 어떤 형태이든지 40미터에 대한 보상이 주어지지 않으면 공정하다고 할 수 없다.

　40미터에 대한 보상에 해당하는 원칙이 '차등원칙'이다. 차등원칙은 사회체제에서 불이익을 당한 사람에게 더 많은 기회를 제공하는 원칙이다. 그런 점에서 족쇄를 찼기 때문에 40미터 뒤처졌다면 그에게 불이익을 만회할 수 있는 기회가 부여되어야 한다. 자유주의 평등과 비교하면 롤스의 생각을 더욱 뚜렷하게 이해할 수 있다. 자유주의자들은 형식적인 형태의 기회의 평등만으로도 공정하다고 생각한다. 반면 롤스는 이런 형식적인 평등으로는 실질적인 불평등을 해소할 수 없다고 본다. 따라서 뒤처진 사람에게 더 많은 기회를 주는 방식으로 (차등원칙을 적용했을 때 이런 방식이 가능하다) 기회의 평등이 이뤄질 때 진정한 공정성이 성취된다는 것이다. 이렇게 달성된 평등을 가리켜 '민주주의 평등'이라고 한다. 이런 평등을 민주주의라고 부른 것은 사회적 약자를 돕는 것이 민주주의의 실질적 내용이라는 점을 강조하기 위해서이다.

 민주주의 평등은 사회체제에서 밀려났던 사람들에게 기회를 제공하면서 자기 능력을 발휘할 기회를 주는 것이다. 공부를 하고 싶은데 돈이 없어 공부를 못한 사람에게 공부할 기회를 부여하는 것이다. 그들의 잠재적인 능력을 장기적인 사회발전에 기여할 수 있도록 하는 것이다. 따라서 이 같은 잠재성의 발휘는 궁극적으로 사회의 생산성을 높이는 데 기여한다. 정의 자체의 본래 목적이 달성되는 것이다. 이미 부유한 이들의 지갑을 두둑하게 하는 데 그치는 것이 아니라 가진 게 없는 사람에 기회를 부여해 스스로 살 수 있는 터전을 만들게 하는 것이다. 롤스의 입장에서 보면 차등원칙은 장기적으로 사회적 불평등을 하나씩 해소해가는 과정인 만큼 이 원칙을 적용해나간다면 결국 평등사회에 도달할 수 있다고 생각했다.

 사회적 약자의 양산은 결국 개인 탓일까? 자기 능력이 부족해서 이런 결과가 나온 것일까? 롤스의 생각은 다르다. 사회적 약자의 양산은 불평등을 다루는 사회체제의 방식과 깊은 관련이 있기 때문이다. 사회적 약자의 진짜 문제는 능력의 박탈현상이다. 사회협동체제의 떳떳한 구성원이면서도 구성원으로서 대접

받지 못하고, 자기 역할을 할 기회를 부여받지 못하는 것이다. 롤스의 해결 방식에서 주의해야 할 점이 있다. 지금까지 복지모델의 연장선상에서 롤스의 방식은 이해되어 왔다. 하지만 롤스의 입장을 이해하려면 복지국가의 모델을 벗어나야 한다. 롤스의 방법은 생계보전 방식이 아니다. 생계보전형은 복지국가 모델에서 흔히 사용하는 방식이다. 이 방식은 일은 하지 않고 공짜 식사를 하는 것과 별반 다르지 않다고 비판받아왔다. 롤스의 방식은 지금 이 순간 사회적 약자, 능력을 박탈당한 사람들에게 더 많은 기회를 주어서 당당한 사회 성원으로 본분을 다할 수 있도록 제도적으로 보장하는 것이다. 금전적인 보상이 아니라 자신의 잠재된 능력을 발휘할 기회를 제공하는 것이 롤스가 생각한 해결책이다. 사회협동체제의 당당한 성원, 그래서 각자의 존중감을 최대한 살릴 수 있도록 하는 것이다. 이런 가능성에서 생산적인 사회가 나타난다.

박애는 실현될 수 있는가

롤스가 차등원칙을 주장하는 이면에는 모든 사람이 '의미 있는 일'을 해야 하고, 또 할 수 있다는 생각을 깔고 있다. 인간의 재능이 인류의 '공동자산'이라는 롤스의 생각도 이런 맥락이다. 모든 사람이 의미 있는 일을 하려면 생산적인 사회제도가 필요하다. 적절한 수준의 사회적, 경제적 평등이 실현되어야 한다. 더욱이 자기 자신의 문제를 스스로 해결할 수 있는 조건을 갖추어야 한다. 그럴 경우에만 사회 성원 모두가 완전한 협력자가 될 수 있다. 다시 말하면 완전한 참여자는 타인과 동등한 조건 속에서 사회생활에 참여할 수 있어야 한다. 그러려면 사회 성원 각자가 적성에 맞는 동시에 타인에게 인정받을 수 있는 의미 있는 일을 해야 한다.

하지만 의미 있는 일이 무엇인지를 두고 논란이 일 수 있다. 사람마다 취향과 경험이 다르기 때문에 의미 있는 일에 대한 생각도 다를 수 있다. 이 같은 차이가 사회의 생산성을 높인다. 그럼에도 의미 있는 일에는 공통분모가 있다. 의미 있는 일을 위해서는 각자의 지적 능력이 발휘되어야 한다. 의미 있는 일은 자신의 판단 능력, 다시 말해 지성을 활용할 때만 가능하다. 욕망과 충동에 단순히 대응하는 것은 지적 능력을 활용할 필요가 없다. 지적 능력은 자신의 입장에서 한 번 더 반성하는 것이다. 그래서 지성의 활용은 자아실현과 연관된다. 자신의 삶을 개척하고 실현하기 위해서 지성의 도움으로 자신의 경험을 지혜로 바꾸어야 한다. 의미 있는 일의 창출은 개인의 삶과 사회 통합에 반드시 필요하다. 인간과 인간의 관계는 일이라는 매개가 필요하다. 서로 이득을 얻고 새로운 가치를 획득하는 것도 이런 일이 있기 때문이다. 더욱이 자신의 정체성이 드러나려면 타인과 협력관계를 통해 자신의 능력을 입증해야 한다. 따라서 의미 있는 일은 삶을 표현하는 수단 내지 매개이다. 그런 맥락에서 사회적 약자는 이런 수단이나 매개가 결핍된 사람들이다. 가장 기본적인 인간 삶의 표현방식을 박탈당하고 있다고 할 수 있다.

우리는 많은 재산과 부가 자기 자신을 표현하는 필수조건이라고 생각한다. 과연 그럴까? 이런 생각은 우리의 편견이 아닐까?

롤스는 편견이라고 생각했다. 우리는 정의롭고 훌륭한 사회라면 높은 수준의 물질적 삶을 영위해야 한다고 생각한다. 하지만 물질적으로 행복하다고 사람들의 관계가 나아지지 않는다. 선진국보다 후진국에서 행복지수가 높다는 사실은 이런 아이러니를 설명해준다. 인간들에게 중요한 것은 의미 있는 일이며, 다른 사람과 교류를 통해 이 같은 교환이 이루어진다. 말하자면 커뮤니케이션 상황이다. 이 같은 의미 있는 일은 정의로운 기본제도가 밑바탕이 될 때 더욱 왕성해진다. 여기서 롤스가 강조하는 것은 이런 상태를 유지하기 위해 거대한 부가 필요하지는 않다는 것이다.

기회균등 원칙의 실제 적용된다고 해서 사회적 약자가 사회협력자가 될 수는 없다. 능력을 발휘하지 못한 사람들에게 기회를 부여할 수 있는 제도적 차원의 뒷받침이 필요하다. 가진 자에게 더 많은 기회가 아닌, 갖지 못한 자에게 더 많은 기회를 부여하는 것이다. 그것이 사회구성원에게 사회 참여의 공정한 기회를 부여하는 것이다. 사회적 약자들이 적절한 수준의 사회경제적 평등을 보장받으면서 자기 자신의 문제를 다룰 수 있어야 한다. 그렇게 될 때에만 사회적 약자도 정치적 주체로서 시민의 지위를 향상시킬 수 있을 것이다. 그래서 차등원칙은 정의원칙에서 가장 중요하다. 개인의 인격을 존중하는 것 이상의 목표를 품고 있기 때문이다.

민주주의 체제에서 인격존중은 민주주의의 필요조건이지만 충분조건은 아니다. 사회적 약자를 껴안으면서 공동체의 성원으로 함께하는 것이 필요하다. 차등원칙의 목표는 강한 사회적 유대를 형성하는 것이다. 사회적 유대는 경제활동의 규제만을 통해서는 달성될 수 없다. 진정한 사회통합의 가능성은 모두 더불어 사는 삶에 동참하는 데 있다. 그런 점에서 차등원칙은 프랑스 혁명 이념의 한 축인 박애사상을 실현하는 방식이자 더불어 사는 연대를 이룩하는 방식이다. 롤스의 의도를 이해하는 데 다음 구절이 결정적이다.

> 한층 진전된 차등원칙의 장점은 박애원리에 대한 해석을 제공한다는 것이다. 자유, 평등과 비교하면 박애개념은 민주주의 이론에서 중요한 위치를 차지하지 못했다. 특별히 박애를 정치적 개념으로 바라보지 않았고, 그 자체로도 어떤 민주주의 권리도 정의하지 못했다. 대신 특정 정신 태도와 형태를 의미했다. 이 태도와 형태 없이는 이런 권리가 표현하고 있는 가치를 상실할 수 있다. 이와 밀접하게 연관된 박애는 다양한 공적 관습, 복종, 노예방식이 없을 때 나타나는 사회적 자긍심에서 나타나는 평등을 대표했다. 박애는 틀림없이 시민적 우애와 연대감뿐만 아니라 이런 평등을 함의한다. 이렇게 이해될 때 박애는 명확한 요구사항을 드러내지 않는다. 우리는 아직 이 근본생각에 걸맞은 정의원칙을 찾지 못했다. 그러나 차등원칙은 자연스럽게 박애의 의미에 대응하는 것 같다.
>
> 《정의론》, 105

롤스의 이상사회는 능력 있는 사람만 있지 않다. 각자가 이 세상에 태어난 이상 자기 자신의 능력을 키울 수 있는 사회이다. 단순히 개인으로 떠도는 외딴 섬이 아니라, 서로가 필요로 하는 사회, 서로가 연대의식을 느끼며 슬픔과 기쁨을 공유하는 세계이다. 그는 무엇보다 사회통합을 우선시하는 사회를 생각하고 있었다.

만남 5

지나치게
도덕만 말하지 말라

도덕군자들의
세계

지금까지 롤스의 철학을 원초적 입장과 결부시켜 논의해 보았다. 사실 원초적 입장을 빼놓고 롤스의 철학을 말하는 건 속된 말로 '속 빈 강정'이다. 마치 이상 국가를 부르짖은 플라톤의 철학에서 이상 국가를 빼놓고 말하는 것과 같다. 그만큼 롤스가 세계적 철학자로 발돋움한 데는 원초적 입장의 사유실험이 결정적인 역할을 했다.

누구든지 유명세를 치르기 마련이지만 롤스도 예외가 아니었다. 그의 주저작인 《정의론》 출간 이후 명망 있는 철학자들은 너도나도 롤스 철학의 문제점을 드러내려고 애썼다. 무작정 비난만 한 것은 물론 아니다. 공리주의 정치철학에 대한 대안을 제시하려는 롤스의 노력은 일단 중요한 철학적 진전이라고 이구동성으로 동의했다. 더욱이 한동안 잊혔던 정의의 문제를 새롭게 철학의 쟁점으로 부각한 것도 빼놓을 수 없는 롤스의 공적이다. 그는 철학을 단순한 사변 덩어리로 바라보지 않았고 사회적 악을 제거하기 위한 투쟁의 일환으로만 바라보지도 않았다. 그의 철학은 사유와 실천의 절묘한 조화를 모색하고 있다.

이러한 호의적 평가에도 롤스의 철학에 대한 비판은 주로 원초적 입장에 집중되었다. 특히 주된 비판의 표적은 원초적 입장의 당사자 같은 인간이 실제로 존재할 수 있는가 여부에 맞추어졌다. 예컨대 원초적 입장의 당사자들은 생각만 우리와 비슷할 뿐이다. 사랑을 느낄 수도 시기심을 부릴 줄도 모른다. 물론 이런 사사로운 감정을 철저히 배제하려는 건 롤스의 의도였다. 바로 그 사사로움이 어느 편에도 쏠리지 않는 불편부당한 정의원칙을 도출하기 어렵게 만들기 때문이다. 예를 들어 판사의 판결을 생각해보자. 사건을 맡은 판사는 여러 각도에서 그 사건을 공평무사하게 다루어야 한다. 그러기 위해서는 다소 차이가 있는 목격자의 진술과, 시각차를 드러낸 사건 정황 속에서 개인적인 감정이나 이해관계를 떠나 고발 내용과 피고인의 변론을 꼼꼼히 검토하여 사건의 진실을 밝혀야 할 것이다. 또한 소송의 쟁점을 다시 점검하고, 그에 해당하는 판례는 없는지를 살피고 죄목이 발견되면 법전을 뒤져 그에 상응하는 형량을 찾아야 한다. 만일 사사로운 자신의 이해가 개입된다면 공평무사해야 할 재판이 부정으로 얼룩질 것은 분명하다. 그런 점에서 원초적 입장의 당사자들이 공평무사한 판단을 내리려고 한다면, 무엇보다 자기 이해로부터 벗어나야 하는 것은 분명하다. 그러나 자기 이해로부터 완전히 벗어날 수 있는 인간이 과연 이 세상에 존재할 수 있을까?

이런 관점에서 보면 원초적 입장의 당사자들은 현실에는 존재하지 않는 사람처럼 보인다. 다시 말해, 원초적 입장의 당사자들은 항상 자신의 이해관계를 벗어나 도덕적으로 옳은 판단을 내릴 수 있는 도덕군자와 같은 사람들이라고 할 수 있다. 아무런 잘못도 범하지 않고, 그릇된 유혹에 쉽게 빠지지도 않는 사람들이다. 난세에 도덕군자가 그리워지듯이, 도덕군자 같은 삶은 힘든 세상의 등불이 될 수 있을 것이다. 하지만 과연 그런 도덕군자가 실제로 있는가 하는 문제에는 분명한 대답을 할 수 없다. 시쳇말로 그들은 현실적인 삶과 동떨어진 시대착오적인 인간들은 아닐까? 하물며 어떤 현실적인 자기 이해도 갖지 않은 인간을 상상해 정의원칙을 도출한다는 것이 과연 가능한 것일까?

롤스는 이런 비판에 대해 자신의 논조를 잘못 이해하고 있다고 반론을 제기한다. 원초적 입장의 당사자들이 실제로 존재한다고 생각할 필요는 전혀 없다고 거듭 강조한다. 원초적 입장은 도덕적 관점을 재현하는 단지 도덕적 사유실험일 뿐이다. 그런 점에서 원초적 입장의 당사자들이 실제 존재하는가 하는 것은 하등 문제가 되지 않는다고 말한다. 중요한 건 사회제도의 정의로움을 평가하는 기준이고, 이 기준의 채택을 위해 도덕적 관점이 필요할 뿐이다. 그런 점에서 원초적 입장의 당사자들이 실제로 존재할 수 없다고 주장하는 것은 근거가 없는 것이며 이런 근거를 내세워 원초적 입장의 무용론을 주장하는 건 허무맹랑하다고 일축한다.

그렇다면 롤스 철학에 대해 어떤 비판이 가능할까? 공교롭게도 롤스 철학에 대한 비판은 전혀 다른 데서 물꼬를 트기 시작했다. 핵심 쟁점은 원초적 입장의 도덕적이고 이상적인 관점이 과연 현실의 당면 현안을 풀 수 있는지 여부였다. 인간의 삶에서 도덕의 역할에 대한 물음은 사실 매우 중요한 윤리학의 핵심 쟁점이었다. 롤스 철학에 내재한 이상주의적 성격에 대한 비판은 근대의 경험을 토대로 한 역사적인 반성의 결과였다. 흔히 공동체주의자들로 일컬어지는 일군의 철학자들은 현실에서 도덕의 역할을 매우 제한적으로 바라보았다. 특히 다양한 가치가 공존할 수 있는 현대의 시각에서 왜 하나의 이상적인 입장만을 취해야 하는지 설명이 필요하다고 생각했다. 만일 이러한 이상적인 입장이 서구 역사의 한 측면만을 반영한다면, 어떤 한계를 지니고 있는지도 명확하게 바라볼 수 있어야 한다고 생각했다. 이러한 비판은 단순히 롤스 철학의 내부적인 모순을 드러내는 데 만족하지 않는다. 서구 정치철학 자체에 대한 매우 상이한 해석과 미래의 전망을 담고 있다. 그런 점에서 롤스의 철학에 대한 이들의 체계적인 비판은 앞으로 좀 더 주목해야 할 부분임에는 확실하다. 그러나 이 책에서 이 모두를 다루기에는 역부족이기에 롤스 철학의 한계점을 지적하고 공동체주의 정치철학을 창안하려 했던 영국 태생의 윤리학자 겸 정치철학자인 매킨타이어의 견해를 살펴볼 것이다. 롤스 철학에 대한 그의 비판은 정의 문제뿐만 아니라, 사회가치를 포함한 여러 문제들을 새롭게 조명해 볼 수 있는 기회가 되었다. 흔히 공동체주의자들로 일컬어지는 일군의 철학자들은 현실에서 도덕의 역할을 매우 제한적으로 바라보았다. 따라서 그들의 대표 주자 격인 매킨타이어의 견해를 중심으로 롤스 철학에 대한 비판을 살펴보는 것은 의의가 있을 것이다.

매킨타이어는 누구인가?

알래스데어 매킨타이어는 1929년 영국 계몽주의 운동의 진원지인 스코틀랜드에서 태어났다. 스코틀랜드는 예부터 런던과 다른 전통과 풍습을 지니고 있었다. 그 지역의 독특한 전통문화를 보존하고 있는 스코틀랜드는 데이비드 흄, 애덤 스미스$^{Adam\ Smith,\ 1723~1790}$ 등 우리가 익숙하게 알고 있는 걸출한 사상가들을 배출했다. 특히 스코틀랜드의 공동체 정신은 영국 계몽주의 사상과 연결될 만큼 매우 중요한데 매킨타이어는 자신의 연구에서 공동체 가치의 중요성과 이것이 개인들에게 미치는 영향력을 갈파한 바 있다.

매킨타이어는 전형적인 영국 교육을 받았다. 1949년 런던 대학$^{University\ of\ London}$에서 고전학 학사, 맨체스터 대학$^{University\ of\ Manchester}$에서 석사 학위를 받았고, 옥스퍼드, 에식스 등에서 강의를 하다가 1969년 미국으로 이주했다. 밴더빌트 대학, 예일 대학, 듀크 대학을 걸쳐 지금은 노터데임 대학의 철학과 고등연구교수로 재직하고 있다. 그의 연구 분야는 주로 윤리학과 정치철학의 주제에 치중하고 있지만, 그 외에도 다방면으로 많은 연구 논문을 발표하고 있다.

롤스의 정의론을 강하게 비판한 매킨타이어

매킨타이어가 본격적으로 세상에 알려진 것은 자유주의-공동체주의 논쟁에서였다. 특히 그의 철학은 지금까지 살펴본 롤스의 정의론에 대한 체계적인 대안을 마련할 수 있을 것이라는 기대감에서 많은 세인의 관심을 불러일으켰다. 특히 그의 사상은 롤스가 소홀하게 다루었던 도덕의 습관적인 측면을 강조함으로써 고대 서양의 덕 윤리학을 복원한 것으로 평가받고 있다. 그의 철학에서 좀 더 중요하게 다루고 있는 것은 자기 욕망에 갇힌 인간들이 어떻게 타인의 요구에 맞추어 행동하는가이다. 이것이 도덕적인 사람의 본질이라고 보았다. 그런 점에서 그는 타인의 관심과 일치할 수 있는 덕목들의 발견과 수행이 무엇보다 도덕의 진정한 관심사가 되어야 한다고 역설했다. 이를 위해 그는 공동체가 매우 중요한 역할을 하고 있다고 보았다.

롤스에 대한 매킨타이어의 주된 논지는 지나치게 인간 이성의 역할을 강조하는 서구 근대성을 근본적으로 거부하고 있다는 점이다. 가령 롤스의 트레이드마크인 '원초적 입장'에서의 개인들을 생각해보라. 그 같은 개인들은 서구 근대성의 이상을 최고조로 발휘한 인격체들이다. 그들은 현실의 관심으로부터 의도적으로 동떨어져 있다. 오로지 개인의 진정한 관심에서만 정의원칙을 선택하기 위해서이다. 그러나 이 같은 개인상은 서구 전통과 동떨어질 수 없고, 따라서 그런 전통에서만 그 의미를 획득할 수 있다고 매킨타이어는 생각했다.

이렇게 볼 때, 원초적 입장은 결코 인간 행위를 정당화할 수 없다. 지금 방금 내가 행한 행위를 반드시 원초적 입장과 같은 가설적인 상황을 통해 정당화할 필요가 있을까? 실제 행위의 정당화는 그가 속한 공동체의 가치를 통해서 이루어지지 않는가? 그렇다면 어떻게 개인이 그가 속한 공동체의 구체적인 가치를 수용하면서도 그 공동체의 가치를 비판적으로 변경해나가는지 한층 실질적인 논변이 필요해 보인다. 이 같은 그의 반론은 여러모로 롤스 논의에 신선한 충격을 주었다. 매킨타이어의 논의가 심층적인 분석의 대상이 되고 있는 것도 이와 무관하지 않다. 따라서 그의 반박을 좀 더 세심하게 살펴보자.

꼭 원초적 입장이 필요한가?

매킨타이어 논의를 살펴보기 전에 다시 한 번 롤스의 논의를 점검해보자. 왜 원초적 입장의 사유실험을 꼭 받아들여야 할까? 원초적 입장을 굳이 개입시켜야 하는 이유는 도대체 뭘까? 이 물음에 대한 대답은 왜 우리가 사회생활을 해야 하는지를 설명하는 과정에서 잘 나타난다. 현실사회는 모두가 자유롭지도 평등하지도 않다. 그러나 원초적 입장의 개인들은 모두 자유롭고 평등하다. 그렇기 때문에 원초적 입장은 실생활에서는 충족할 수 없지만, 공정한 사회생활을 위해 필요한 모든 조건을 충족한다. 가령 사회제도가 강자의 이익만을 대변한다고 생각해보자. 사회에서 버림받은 사람이나 사회의 혜택을 전혀 받지 못한 사람에게 사회가 필요하다고 말할 수 있을까? 그들에게 얻어낼 수 있는 자연스러운 대답은 사회가 필요 없다는 주장일 것이다.

이 같은 생각은 사회제도가 특정인들의 전유물이 아니라는 우리의 직관과 잘 들어맞는다. 사회원칙들은 어떤 특정인의 입맛에 따라 바꿀 수도 없다. 직관적으로 볼 때 이 같은 생각은 우리의 직관적인 생각 '공평성'과 잘 맞아떨어진다. 공평함은 동등하게 대우받고 그 자신에게 해당된 몫을 갖는 것을 말한다. 재벌 집 아들과 평범한 가정의 아들을 비교해보자. 이미 기득권에서 보면 이들은 결코 동등할 수 없다. 재벌 집 아들은 너무도 많은 재산을 물려받았다. 그래서 이 두 사람 사이의 동등성은 앞으로 삶에서 기회의 동등함, 즉 기회 균등에서 찾아야 한다. 그런 점에서 보면 또 다른 우리의 직관은 일치한다. 출발만큼은 같아야 한다는 것이다. 마라톤에 비유하자면, 출발점이 다른 마라톤 시합이 결코 공정할 수 없는 것과 같다. 모두가 동일한 입장과 위치에서 출발할 수 있어야 한다는 것, 그것은 사회가 성립할 수 있는 근본 요건처럼 보인다.

 현실의 삶에서 동일한 출발은 있을 수 없다. 조금만 생각해보아도 이 같은 사실은 분명해진다. 하물며 부모도, 가정환경도, 매 순간의 상황도 다를 수밖에 없다. 단순히 주어진 환경과 상황만 다른 것이 아니다. 세상에 대한 관심과 삶의 계획도 다르다. 경험이 다른 한 어느 누구도 같은 생각을 할 수 없다. 각 개인이 자기 나름의 고유한 삶을 누려야 함은 너무도 마땅하다. 각자가 자신의 삶에 대해 합리적인 계획을 세울 수 있다는 것은 인간이 존엄하다는 징표이며, 이 세상에 태어나 자기 자신의 정체성을 찾는 것 자체가 고귀한 일이다. 삶이 존엄한 이유도 여기 있다. 따라서 이 점을 인정할 때 인간의 고귀한 삶을 훼손하지 않고 평등을 실현한다는 것은 정말 어려운 일이다.

 이것은 또한 현대 민주주의 사회에서도 결코 포기할 수 없는 사회기반이기도 하다. 이 같은 개인주의 경향은 성숙한 다원주의 사회로 진입하기 위한 선결요건이다. 물론 여기서 말하는 개

전통적 형이상학을 비판하며 비판철학을 탄생시킨 이마누엘 칸트

인주의를 이기주의와 같은 것으로 취급해서는 안 된다. 서구 개인주의는 '각 개인이 자신의 목표에 따라 삶을 합리적으로 구성할 수 있는 자유를 지니고 있으며, 그 자유에 대한 책임이 전적으로 그 자유를 행사하는 자에게 있다'는 생각에서 출발하고 있다. 흔히 말하는 개인주의 전통에서 자유는 칸트[Immanuel Kant, 1724~1804]가 말한 자율의 의미와 거의 상통한다. 바로 그 점에서만 개인의 권리와 존엄성이 인정될 수 있다.

롤스에 따르면 이 같은 자유주의 전통은 개인의 권리를 실체화하려는 자유만능주의 형태와는 확연히 구분되며, 각 개인의 자유와 존엄성은 사회의 어떤 가치와 바꿀 수도 없고 흥정의 대상이 될 수 없다는 것이다.

서구 개인주의에서는 반드시 해결해야 할 문제들이 있다. 어떻게 자유로운 개인들이 각 개인의 삶의 목표를 넘어 하나의 공동체를 형성할 수 있는가? 그 공동체 내에서 각자의 삶이 어떤 갈등도 일으키지 않을 만큼 정의롭기 위해서는 어떤 기준이 필요한가? 사회 성원들이 모두 한마음 한뜻으로 뭉쳐 살면 별 문제가 없을 것이다. 하지만 이런 가정 자체가 이미 모순이 아닌가? 그런 경우 각 개인들의 개별성은 어떻게 드러나며, 그 개인들의 목표와 삶의 차이는 어떻게 받아들여야 하는가? 사회에 대한 각 개인들의 기여도가 다를 때 어떻게 평가해야 하고, 어떤 분배체계를 받아들여야 하는가? 역할의 차이는 분배 몫의 차이도 동반하지 않는가?

여기서 중요한 사실은 역할의 차이든, 분배의 차이든 차이의 인정은 필연적으로 갈등 상황을 수반한다는 것이다. 롤스가 원초적 입장에서 분배원칙이 필요하다고 본 것도 이와 무관하지 않다. 일단 인간 생활에는 협력만이 아니라 갈등 상황도 유발될 수 있다. 더 나아가 정의로운 분배원칙은 이러한 사회갈등이 사회발전에 이바지할 수 있도록 해야 한다. 사회협력의 파괴는 결국 사회 자체의 존립을 부정하기 때문이다. 이런 관점에서 보면 사회갈등을 조정하는 원칙은 사회제도의 정의로움을 평가하는 원칙과도 같다. 따라서 사회제도의 정의로움은 두 조건을 만족시켜야 한다. 우선 각 개인의 자유를 훼손하지 말아야 하며, 자신의 개별성을 발휘할 수 있는 동등한 기회를 제공해야 한다. 동시에 사회갈등이 생기면 사회협력이 극대화될 수 있는 방향으로 조정되어야 한다는 것이다. 롤스의 해결책은 모든 사람에게 사회생활에 필요한 사회적 가치를 재분배함으로써 사회갈등을 좀 더 사회발전에 유리한 방향으로 도모하는 것이다.

롤스의 논의에는 반드시 짚고 넘어가야 할 하나의 전제가 있다. 원초적 입장을 굳이 끌어들이는 이유를 생각해보면 이 전제는 더욱 분명해진다. 롤스의 전제는 정의 문제에 관한 한 현실의 인간보다 원초적 입장의 당사자들의 관점을 순번상 앞세운다는 것이다. 그 이유는 쉽게 짐작할 수 있다. 원초적 입장의 당사자들이 이성적인 판단이나 선택에 있어서 도덕적 능력을 더 잘 발휘할 수 있다고 생각하기 때문이다. 원초적 입장의 당사자들이 이성적인 판단과 선택을 잘 할 수 있는 것은 원초적 입장의 특수

상황에서 찾을 수 있다. 원초적 입장은 처음부터 현실의 인간들과는 다르게 개인의 편견이나 우연적, 역사적 사건을 철저하게 배제하고 있기 때문에 개인의 이해로부터 벗어날 수 있는 장점을 지닌다.

원초적 입장은 현실 생활에서 흔히 무시될 수 있는 도덕적 관점을 가장 잘 반영하는 장치 중의 하나다. 도덕적 관점은 복잡하게 얽힌 현실의 이해관계를 벗어나 판단하고 선택할 수 있어야 한다. 도덕적 관점은 현실 이해관계를 벗어난 것으로 충분하지 않다. 무엇보다 그 관점에서의 판단과 선택이 한쪽으로 치우쳐서도 안 되며, 말 그대로 불편부당해야 한다. 이 조건들을 충족할 때에만 모두가 동의할 수 있는 사회공존의 원칙을 찾을 수 있다. 또 이러한 사회공존의 원칙이 있을 때에만 일상생활에서 발생하는 여러 갈등을 조정할 수 있을 것이며, 좀 더 바람직한 방향으로 사회 성원들의 협력을 이끌어낼 수도 있을 것이다. 원초적 입장은 사회공존의 원칙을 찾고, 사회 성원 모두에게 동의를 구하는 상태이자 절차이다.

비유를 들어 설명해보자. 이제 막 항해를 시작한 배는 어디로, 어떻게 갈 것인지 결정해야 한다. 승무원들은 탑승객 모두가 동의한 목적지를 향해 용인된 방법과 절차에 따라 최선을 다해야 한다. 그렇지 않으면 그 항해에는 문제가 발생할 것이고, 마침내는 상상하기도 싫은 결과를 초래하게 될 것이다. 마찬가지로 정의원칙은 한 사회에서 항법과 나침판과 같은 구실을 한다. 사회가 어디로 가야 하는가? 그 방향으로 나아가기 위한 바람직한 절차와 방법은 무엇인가? 이에 대한 합의 없이는 그 사회의 정

의로움을 평가할 방법은 없다. 물론 여기서 도출된 합의가 인간의 삶을 세세하게 통제할 만큼 구체적일 필요는 없다. 매우 추상적인 수준이면 충분할 것이다. 예를 들면 사회의 방향성과 바람직한 절차와 방법에 대한 정당성은 반드시 논구되어야 할 것이고, 근본적인 수준에서 어떤 합의점에 이르러야 할 것이다. 동시에 이렇게 합의된 원칙들은 우리 일상 삶에서의 숙고된 판단과 어느 정도 일치해야 할 것이다. 그렇지 않을 경우 그 합의 원칙들은 어떤 현실성도 지닐 수 없는 한갓 약속에 불과할 수 있기 때문이다. 롤스의 원초적 입장은 이 모든 가능성을 시험해볼 수 있는 것이다. 하지만 이런 점에서 원초적 입장은 항상 비판의 표적이 되어왔다.

도덕적 관점은 인간의 한 관점일 뿐

지금까지의 논의를 보면 '정말 그런 것 같은데'라고 동의할는지 모른다. 그러나 매킨타이어는 이런 생각에 큰 의구심을 품었다. 그가 회의적 시각을 견지한 이유는 원초적 입장의 관점이 실질적인 사회 현안의 해소에 보탬이 될 수 없다고 보기 때문이었다. 물론 매킨타이어는 원초적 입장이 표방하고 있는 도덕적 관점이 전혀 의미 없다고 하지 않았다. 원초적 입장은 확실히 인간이 사회생활을 영위하는 데 필요한 도덕적 관점들, 즉 공평무사한 관점을 드러낸다. 어떤 상황에서든 마땅히 해야 할 바를 말해주고 있다. 그러나 문제는 도덕적 관점이 복잡다단하게 얽혀 있는 현실적인 문제들을 푸는 데 얼마나 도움이 될 것인가이다. 예를 들어 도덕적 당위는 어떤 상황에서 구체적으로 어떻게 해야 할지에 대해서는 거의 말하지 않는다. 기껏해야 이런 상황에서 모두가 희망하는 바를 언급하는 추상적 수준에 머물고 만다.

이런 맥락에서 원초적 입장은 구체적인 정황에 적합한 행동수칙을 말해줄 수 없다. 다만 이 정황에서 반드시 해야만 할 당위적인 관점만을 보여줄 수 있을 뿐이다. 그러나 이 같은 당위적 입장이 복잡다단한 현실 문제를 푸는 데 얼마나 유용할까? 매킨타이어는 원초적 입장이 표방하고 있는 도덕적 관점의 중요성을 인정하면서도, 그 필요성에 대해서는 의심의 눈길을 놓으려 하지 않았다. 원초적 입장의 성립은 서구 근대 정치사상의 전제들을 수용할 때에만 가능하며, 더군다나 원초적 입장에서 제시된 도덕적 관점은 서구 사회의 전 문명을 대변할 만큼 보편적인 관점도 아니었다. 원초적 입장은 기껏해야 서구 사회의 특정 형태의 도덕적 관점을 반영할 뿐이다.

원초적 입장의 계약 당사자들은 서구 근대인이 꿈꾸었던 이상적인 도덕적 사람들을 대변하고 있다. 이 도덕적 이상은 다름 아닌 자유롭고 자신의 행동에 책임질 수 있는 개인에 대한 신뢰를 반영한다. 이는 곧 개인 합리성의 극대화를 통해 사회공존을 모색하고자 하는 근대 사유의 특징이다. 근대인들은 무엇보다 합리적인 개인이고 자신의 행동과 행위에 대해 책임질 줄 아는 사람을 도덕적 표본으로 삼았다. 각 개인에 내재된 합리성과 책임성이 바로 사회공존의 토대가 된다. 서로 책임질 수 있는 행동을 하고, 자신 속에 내재된 합리성을 준수할 때 조화로운 사회가 이룩된다.

분명한 건 방종이 참된 자유일 수 없다는 것이다. 자기 마음대로 행동하는 것은 타인에게 해악을 끼칠 수 있다. 참된 자유는 서로에게 해악을 끼치지 않으면서 공존할 수 있는 자유를 말한다. 어떻게 이것이 가능한가? 근대인들이 몰두했던 물음이다.

이런 가능성을 모색한 유명한 예를 칸트에서 찾을 수 있다. 칸트는 타인에게 해악을 끼치지 않으면서 자신의 이해를 도모하는 방식은 오로지 개인의 합리성을 극대화한 '자율'에서 가능하다고 보았다. 자율은 자유가 아니다. 이는 단순히 원하는 바를 행하는 것이 아닌 스스로에게 법칙을 부과하고 그 법칙을 준수하는 것이다. 자율 속에 내재한 이러한 법칙은 철저히 자신의 이해관계를 떠나 타인의 관점에서 수용할 수 있는 관점을 따를 때 나타난다. 따라서 방종과 구별되는 참된 자유는 자율을 통해서 가능하다. 타인에게 해악을 끼치지 않으면서 자신의 이해를 도모하기 위해서는 서로가 용인할 수 있는 법칙에 따라 행동해야만 하기 때문이다.

매킨타이어는 원초적 입장이 설득력을 지닐 수 있는 것도 이러한 근대인의 이상을 받아들이고 있기 때문이라고 주장한다. 가령 원초적 입장의 계약 당사자들을 자율적인 인간이 아니라고

┇ 칸트의 자율 개념

자율은 일상적인 의미의 자유와 다르다. 자유가 통상 '마음 먹은 대로 할 수 있다'는 뜻으로 이해된다면, 자율은 '자신의 삶을 스스로 개척하는 자세나 태도'를 가리킨다. 칸트는 이 같은 일상적인 개념을 철학적으로 발전시켰다. 그는 자율을 스스로에게 법칙을 부과하고 그 법칙에 따라 행동하는 것으로 보았다. 이 같은 칸트의 자율개념은 루소의 '참다운 자유'와 유사하다. 루소는 참다운 자유를 '스스로 부과한 법에 따르는 것'이라 생각했다.

자율개념에서 파생할 수 있는 가장 중요한 철학적 문제는 자율이 가정하고 있는 법칙이 자연법칙과는 달라야 한다는 점이다. 칸트는 이 가능성을 인간의 의지에서 찾고 있다. 칸트가 보기에 인간의지는 단지 판단과 행동의 자유로운 행사에만 있지 않다. 오히려 인간의지는 이성의 합리성을 전제할 뿐만 아니라, 의지와 이성은 서로 조화할 수 있다고 보았다.

칸트의 자율개념은 롤스가 원초적 입장을 발전시키는 데 결정적인 기여를 했다. 원초적 입장은 이 같은 자율개념을 누구나 다 이해할 수 있도록 왜 이 절차가 타당한지 보여줄 수 있는 장치이기 때문이다.

상정했을 때 과연 어떤 의미를 획득할 수 있을까? 자신의 약속을 지키지 않는 사람의 선택을 존중할 수 없는 것처럼, 원초적 입장의 계약상황이란 근본적으로 합리적으로 판단하고, 스스로 만든 법에 따라 행동할 줄 아는 인간들을 전제로 했을 때에만 가능하다. 이런 점에서 롤스가 말한 원초적 입장의 도덕적 관점은 철저히 서구 근대성 이념의 소산이다. 특히 칸트의 자율개념을 매우 폭넓게 인정하고 있다. 원초적 입장의 당사자들은 애초부터 현실적인 이해와는 담을 쌓고 있고 특수한 사회상황에 대해서 아는 바도 없다. 원초적 입장의 당사자들은 무지의 베일에 가려 개인이나 집단의 어떤 특성도 유출하기 어렵기 때문이다. 이 입장에서는 각 개인의 정체성을 구성하고 있는 특성들이 철저하게 가려져 있다. 단지 당사자들이 알고 있는 것은 사회생활에 꼭 필요한 가치들과 그 비중의 차이이다. 이러한 정보 제한의 이점은 개인의 이해 증진은 최소화하면서 사회협력을 극대화할 수 있는 선택을 할 수 있다는 것이다. 그래서 결국 롤스는 사회공존의 원칙은 사회적으로 필요한 가치들을 사회협력이 최대한 이루어지는 방식으로 분배하는 것이라 생각했다.

문제는 자율은 여전히 이상일 뿐이라는 점이다. 매킨타이어는 원초적 입장에 전제되어 있는 자율적인 인간상이 도덕적 요건을 충족시키고 있을지 모르지만, 현실에서 자신의 이해관계에 따라 갈팡질팡하는 인간들, 그럼에도 도덕적 요구를 받아들이려는 인간들의 삶을 충분히 반영하고 있지 못하다고 보고 있다. 매킨타이어의 주장에 따르면 원초적 입장은 일종의 개인의 태도 변화를 상징적으로 표현하는 장치다. 이 장치 안에서 각 개인은 자신의 이익이나 이해관계에서 벗어나 타인에게 용인받을 수 있는 관점에서 모든 사안을 판단할 것이다. 자신의 이해관계로부터 벗어나 타인의 관점을 이미 가정하고 있다는 점에서 쉽게 동의를 얻을 수 있을 것이고, 더 나아가 각종 사회제도의 근간이 될 분배정의의 원칙을 찾을 수 있다.

매킨타이어 입장에서 보자면 원초적 입장은 근대인의 이상에 바탕을 둔 이성적인 절차일 뿐이다. 원초적 입장이 표방하고 있는 도덕적 관점은 서구 근대사상에서 나타난 이성의 합리성을 절대적으로 신뢰할 때에만 가능하다. 그러나 이러한 신뢰에는 서구 역사상에 나타난 도덕적 이념이 다르다는 사실을 철저히 무시하고 있다. 특히 미완성적 인간이 삶을 통해 자신을 완성해 가는 '배움의 과정'과 '인격 완성'의 시간은 상대적으로 저평가될 수밖에 없다. 자신의 삶의 완성은 근대인의 이상과 다르게 오직 타인과 더불어 사는 삶을 통해서만 가능하다. 더불어 사는 것은 하나의 공동체를 이룩하는 것이고, 공동체 없이 어떤 윤리적 삶도 가능하지 않다.

이런 맥락에서 인간의 윤리적 삶은 현실의 이해관계를 벗어날 수도 없고, 더 나아가 모든 개인의 삶은 공동체를 통해 구현된 가치와 직간접적으로 연관되지 않고서는 어떤 유의미한 가치를 이끌어낼 수 없다. 롤스가 가정하고 있는 특수한 상황에서의 도덕적 사유는 매력적일지는 몰라도 현실의 문제를 푸는 데는 하등 도움이 되지 않는다. 현실과의 어떤 연고성도 가정하지 않는 인간들의 삶을 과연 인간들의 사회라고 가정할 수 있을까? 롤스의 하버드 대학 동료이자 비판자였던 마이클 샌델^{Michael Sandel, 1953~}

은 매우 부정적인 대답을 내놓으면서 롤스의 정의관을 비판하고 있다. 샌델의 비판처럼 원초적 입장의 당사자들이 현실과의 어떤 연고성이 없을 수 있는가? 설사 가능하더라도 그가 바로 인간이라고 말할 수 있을까? 예를 들면 원초적 입장의 당사자들은 매우 특별한 형태의 인간들이며 상호 무관심하다. 그들은 시샘하지도, 자신의 몫 이상을 가지려고 하지도 않는다. 물론 이런 점에서 누구의 자식이라든가, 지금 어떤 위치에 있다든가 하는 현실적인 이해관계를 전혀 고려하지 않는다. 그러나 이런 인간들이 일상생활에서 만날 수 있는 보통사람들이라고 보기에는 어려워 보인다.

 원초적 입장의 당사자들의 위상은 공동체의 가치를 강조하는 사람들의 주된 표적이었다. 지나치게 개인주의적이라는 것이 비판의 주된 요지였다. 매킨타이어의 논의 속에도 이 같은 개인주의적 성향에 대한 강한 불만이 깔려 있는 것도 사실이다. 그러나 매킨타이어 비판의 핵심은 롤스의 개인주의적 성향의 자아관을 비판하는 데 있지 않다. 오히려 롤스의 철학이 토대를 두고 있는 근대적 사유에 대한 반성을 통해 서구 유산에 대한 새로운 접근을 시도하고 있는 점이 매킨타이어 철학의 큰 특징이다. 그는 단도직입적으로 묻는다. 왜 근대적 자아를 여전히 도덕적 주체의 이상으로 받아들이는가? 포스트모더니스트들은 말하지 않는가? 그런 주체는 이젠 더 이상 의미가 없다고. 왜 우리는

마이클 샌델

서구 근대인의 이상을 유일한 이상으로 받아들여야 하는가? 그러나 롤스 철학의 타당성은 이 물음에 대한 대답에서도 찾을 수 있을 것이다.

위와 관련하여 자주 언급되는 비판은 도덕적 행위의 본질에서도 제기된다. 도덕적 행위는 무엇인가? 도덕적 행위는 늘 의지의 문제로 생각해왔다. 그러나 근대인들은 도덕적 행위를 인간 의지에서 추상화한 행위의 마땅함이나 금지의 관점에서 이해하고 있다. 이러한 금지라는 의무론적 관점은 삶의 수양과정에서 나타나는 덕의 역할에 대해서는 크게 주목하지 않는다. 특히 판단 미숙과 의지 박약을 극복하는 방식으로서 윤리적 삶에 관한 논의에 대해서는 거의 관심을 기울이지 않았다. 서구의 도덕적 삶은 풍부한 윤리적 삶에 대한 논의를 보여준다. 개인들은 의지가 박약해 올바른 처신을 해야 할 상황에서 의지와는 다른 선택을 하는 경우가 허다하다. 또 전혀 미래 상황을 예측하지 못해 올바른 판단을 내리지 못하는 경우도 많다. 서구 고대인들은 이런 상황에서도 일관성을 잃지 않고 도덕적 행동을 할 수 있는 사람들을 갈망했다. 흔히 덕 있는 사람들이 그들이다. 우리의 정서에서도 이 같은 유형의 사람들이 크게 추앙받던 시절이 있었다. 우리는 그들을 도덕군자라 부른다. 도덕군자들은 어떤 행위나 판단이 시의적절해야 한다는 점을 알고 있었고, 실제로 도덕군자는 높은 도덕적 기준을 설정한다. 행위나 판단이 한 치의 어긋남도 없어야 한다는 것이다.

롤스는 분명 이런 형태의 덕에 대해서는 말을 아꼈다. 인간 행위의 정의로움을 직접적으로 평가하기가 어렵기도 하고, 현대 자본주의 사회에서 사회제도가 인간의 행위에 영향을 미치는 파장이 한 개인의 도덕적 삶보다 훨씬 크기 때문이다. 따라서 사회제도의 정의로움이 인간 행위의 그것보다 중대하다. 이런 점에서 개인의 행동과 그 실천적 덕을 추종한 덕 철학보다는 개인과 사회제도와의 관계에서 정의문제를 고찰하려는 것이 중요하다. 따라서 롤스는 정의개념을 결국 개인과 사회제도를 연결해주는 핵심 개념으로 본 반면, 매킨타이어는 이러한 연결고리가 매우 추상적인 인간을 전제로만 이루어질 수 있다는 점을 강조하면서, 결국 그 강조가 서구 근대철학의 전통을 전적으로 수용한 결과라고 말하고 있다.

롤스 철학이 서구 근대성에 뿌리를 두고 있다는 매킨타이어의 비판은 서구 근대성이 지나치게 편향되어 있다는 근대성 비판과 맞닿아 있다. 매킨타이어는 서구 전통은 다양하고 그 합리성 또한 다르다고 역설한다. 서구 근대성의 잘못은 이 다양한 전통 속

▌서구 근대성과 계몽주의

서구 근대성은 산업혁명으로 일구어진 사회의 정신적 토대를 말하며, 흔히 자본주의 체제로 이해된다. 철학자들은 이 같은 사회적 배경의 정신적 토대가 계몽주의라고 주장해왔다. 계몽주의는 인간의 이성만이 무지한 미신 상태나 열악한 사회환경으로부터 벗어날 수 있다고 생각한 사조 일반을 가리킨다. 따라서 서구 근대성의 근간인 계몽주의는 사회정치적 변혁의 핵심이 되었고, 역사발전이라는 거시적 시각과 결합하면서, 인류라는 관점에서 지속인인 이성발전의 계기를 찾으려고 노력했다. 계몽주의는 이런 점에서 감정보다는 이성 계발을 통해 도덕적 인간들의 덕성 함양에 치중한다.

에서 하나의 노선만을 오로지 유일한 길로 바라보는 데 있다. 그러나 다수의 전통이 존재하고, 각각 다른 형태의 합리성을 담보하고 있다면, 어떤 '합리성'이 우월하고, 누구의 '전통'을 그 정통성으로 계승해야 하는지 그 대답이 분명하지 않다. 서구 근대성에 토대를 둔 롤스 철학은 그 대안이 될 수 없다. 객관적인 판단 기준이 없을 뿐만 아니라, 그 전제조차도 거센 비판의 도마에 오른 상황이기 때문이다. 그렇다면 아마도 가장 좋은 방법은 다수의 전통을 수용할 수 있는 방식을 취하는 것일 것이다. 이런 맥락에서 근대성의 도덕적 이념만을 추종하는 것은 자신의 전통의 다양성을 보지 못한다는 점에서 피해야만 한다.

'누구의 합리성과 정의를 따를 것인가'라는 문제는 결국 롤스의 원초적 입장, 즉 반드시 상호 무관심한 상태의 선택만이 진정한 도덕적 선택인가를 묻고 있는 셈이다. 왜 자신의 관심과 고려를 전혀 개입하지 않는 선택이 도덕적인가? 그 선택이 진정 현실의 윤리적 문제를 잘 풀 수 있을까? 매킨타이어는 현실의 문제를 풀기 위해선 추상적인 선택도 중요하지만, 자신의 상황과 전통에서 제기된 문제들도 풀어야만 한다고 보았다. 사실 이러한 선택이 진정한 선택이다. 도덕적 당위만을 강조하는 선택이 일견 중요하긴 하지만, 현실의 구체적인 상황을 전혀 이해하지 못한다는 측면에서 구체적인 사회 현안과 도덕적 문제를 풀기에는 역부족일 수 있다. 그런 점에서 매킨타이어는 고대 철학자들이 윤리적 삶에서 '품성'을 강조하는 이유에 주목해보라고 말한다. 품성이란 구체적인 상황에서도 도덕적으로 일관되게 선택할 수 있는 인격체의 특성이다. 품성의 함양은 항상 외부의 유혹에도 굴하지 않고, 자신의 진정한 물음에 충실할 수 있다는 점에서 많은 도덕적 이점을 지닌다. 이런 점에서 매킨타이어의 비판은 서구 지적 전통에 대한 강한 거부감을 담고 있다. 그는 서구 근대성에 토대를 둔 계몽주의 기획은 실패할 수밖에 없다고 생각했다. 인간에 대한 지나친 낙관주의는 현실의 부정과 도덕적 삶을 경시하는 풍조를 조장할 뿐이다. 그런 점에서 현대사회는 자신의 전통 속에서 다양한 합리성과 그 토대를 다시 검토해야 한다. 다른 전통의 합리성과 정의관은 거부되어야 할 것이 아니라, 현대인의 삶을 풍부하게 할 정신적 토양이다. 이런 맥락에서 아리스토텔레스의 덕과 품성의 강조는 도덕적 삶에서 결코 무시할 수 없는 중요한 덕목들이다. 그 덕목들은 계몽주의 전통에서 피폐시켰던 인간의 정서와 도덕적 심성을 습관화함으로써 계몽주의 기획을 더욱 성숙시킬 수 있다는 것이다. 물론 이 같은 덕과 품성의 함양은 오랜 수련과정을 요구한다.

사실 우리의 삶의 방식에서 덕 윤리학으로의 복원은 유교의 중심사상을 다시 부흥시키려는 시도처럼 보인다. 개인이 학문의 수련을 통해 덕을 쌓고 군자가 할 바를 실현해나가는 과정은 전형적으로 덕 윤리학의 이상처럼 보인다. 그런 측면에서 흔히 공동체주의자들은 롤스의 도덕논의에는 덕의 수양을 통해 인격을 도야해가는 배움의 과정이 빠져 있다고 말한다. 물론 롤스의 경우 정의의 원칙에 따라 개인의 삶의 구체적 내용을 교정해나가는 과정은 있지만, 엄밀히 말해 배움을 통한 인격 도야와 이상사회의 건설이라는 군자의 이념 같은 것은 상대적으로 적다고 할 수 있다.

매킨타이어의 말을 따라가면 결국 롤스의 주장과는 상반된 주장을 내포하고 있다. 롤스의 가정은 옳음의 관점이 각 개인의 삶의 구체적 내용과 방향을 제어해야 한다는 것이고, 매킨타이어의 가정은 그 옳음의 관점이 보편타당한 영원의 진리라고 할 수 없으며, 오히려 구체적인 가치를 통해 사회생활을 영위하는 인간들의 삶의 방식 속에서 정당화된 합리성에 불과하다는 것이다. 따라서 롤스의 주장이 선에 대해서 옳음이 우선한다고 보았다면, 매킨타이어의 경우에는 옳음이 선보다 우선한다고 볼 근거는 없으며, 오히려 개인의 가치와 선이 옳음의 관점보다 우선한다. 바로 이 부분에서 롤스와 매킨타이어가 선명하게 대비된다.

만남 6
인간의 가치는 법을 필요로 한다

누구나 알 수 있는 객관적인 관점이 필요해요!

롤스는 사회 정의란 단순히 바람직한 인간관계를 뜻하는 의로움^{righteousness}을 넘어선다고 주장했다. 실제 사회에서는 모든 성원들이 유덕한 성품을 지니고 있지 못하다. 선한 사람도 있고 악한 사람도 있다. 더욱이 사회는 더 높은 생산을 위해 성원들의 능력과 자산의 차이를 어느 정도 용인하고 있다. 문제는 이 같은 차이가 심한 불평등으로 심화될 수 있다는 것이다. 여러 세대가 지나다보면 이런 개인 간의 차이는 사회가 용인할 수준을 넘어 인간의 존엄성을 훼손할 수 있는 수준에 이르게 된다. 최근 우리 주위에서 많이 듣게 되는 양극화 사회와 같은 불평등으로 치닫게 되는 것이다. 사회 정의의 필요성이 여기서 한층 더 심각하게 제기된다. 롤스에 따르면 사회 정의의 우선 과제는 한 사회의 역사적 과정에서 생길 수밖에 없는 불평등을 없애는 데 있다. 그런 점에서 우리의 일상에서 공정하지 못하거나 형평성을 잃은 상황이나 판단은 매우 심각한 사회 문제를 야기한다.

사회 정의는 개인의 도덕적 완성을 위한 이상만은 아니며 사회 협력 과정에서 갈등을 초래할 수 있는 불평등도 해소해야 한다. 가령 사회 성원 모두가 도덕군자일 수도 없고, 또 그럴 필요도 없다. 같이 살면서 어떤 이해나 갈등도 생기지 않는다면 좋겠지만, 과연 그런 사회가 실제적으로 가능한지 의문이다. 모두가 도덕군자와 같은 삶을 살아도 모두가 동일한 몫과 같은 옷, 그리고 먹을 것을 가질 수 있다고 상상할 수 있을까? 각자가 소망하는 사회적 희망과 직업은 다르다. 사회 재화는 사회 역할에 따라 다를 것이고, 그 차이가 불평등으로 심화되고 있지 않은가? 역할이 다르면 분배도 달라질 것은 당연하고, 그 차이는 결국 우려할 만한 불평등 상황으로 치닫지 않을 거라 어떻게 장담할 수 있는가?

사회 재화의 불평등 문제가 사회악의 근원이라는 생각은 개인의 도덕적 완성보다도 사회제도가 정의로워야 한다는 주장에 힘을 실어준다. 사실 이것이 롤스가 품었던 생각이다. 개인의 도덕적 완성을 현실에서 과연 달성할 수 있는가에 대해서는 이미 언급했으므로 접어두기로 하자. 더 중요한 것은 사회제도가 정의롭지 않고도 과연 그 사회제도에 얽매여 살아야 할 사람들이 정의롭게 살 수 있는가의 여부다. 분명한 것은 정의롭지 못한 사회에서 정의로운 인간이 더욱 그리워지는 법이다. 그러나 사회 속에서 정의로운 인간이 되기란 쉽지 않다. 때문에 롤스는 만일 사회가 정의로울 수만 있다면, 비록 도덕적으로 완성되지 못한 인간들도 별 다툼 없이 사이좋게 살 수 있을 것이라고 생각했다.

더 나아가 정의로운 사회의 제도가 인간 삶을 제대로 규제할 수 있는 사회를 꿈꾸었다. 사회악을 송두리째 뿌리 뽑기 위해서는 많은 시간과 일관된 정책이 필요할지라도 말이다.

롤스에 따르면 이 모든 것이 사회제도의 정의로움을 평가할 수 있는 정의원칙을 찾는 데 달려 있다. 여기에는 물론 개인의 삶이 사회에 미치는 파장보다 사회가 개인에게 끼치는 영향이 더 크다는 생각이 깔려 있는 것은 사실이다. 또 이 같은 생각에는 국가가 한 개인의 삶을 좌지우지할 수 있기 때문에, 그 규제 원칙은 무엇보다 정의로워야 하고, 그 집행 또한 정당하고 적법한 절차를 거쳐야 한다는 점도 중요하게 작용하고 있다. 이런 맥락에서만 '원초적 입장'에서 동의를 얻게 될 정의원칙은 정의로움을 판단할 수 있을 뿐만 아니라, 법의 집행과정에서 제기될 여러 문제들을 해소하는 하나의 기준이 될 수 있다. 바로 이 점이 원초적 입장의 공정성에 심혈을 기울이는 이유를 분명하게 설명해준다. 원초적 입장의 당사자들은 우리 생활에서 쉽게 만날 수 있는 평범한 사람들이지만, 자신과 관련된 모든 조건을 잠시 잊고 오로지 사회가 필요한 이유와 인간에게 필요한 것들을 생각하면 모두가 합의할 수 있는 정의원칙에 도달할 수 있다. 좀 더 단순하게 말해, 원초적 입장은 모든 사람들이 도덕적 관점에 들어설 때 가능한 상황이다. 그런 점에서 원초적 입장은 도덕적 관점을 대변한다고 생각해왔다. 롤스의 원초적 입장의 사유실험은 일상생활의 이해관계에 갇혀버린 개인들이 사회생활에 필요한 관점을 제시한다. 이러한 변화는 사실 인간의 도덕적 능력 속에 내재해 있는 것이다. 자기 욕망에 갇혀 타인을 자기 이익의 수단으로 삼는 것을 포기하고, 타인을 진정한 타인으로 받아들이는 것이 도덕적 삶인 것처럼, 원초적 입장은 사회의 필요와 그 효율성을 위해 조정해가는 원칙을 도덕적 관점에서 추론하여 동의를 구하는 과정이다.

이렇게 보면 원초적 입장에서 채택된 정의원칙은 사회제도의 기반이 되는 법의 토대가 될 수 있음을 쉽게 짐작할 수 있다. 법은 원칙적으로 모두에게 공평하고 그 자체로 정의로워야 하기 때문이다. 롤스의 생각은 이 점에서 확고부동하다. 법 자체의 원리가 정의에 기반하고 있다면, 그 법은 정당하고 적절한 것으로 생각할 수 있기 때문이다. 그런 점에서 법은 항상 우리들이 도덕적 관점을 통해 동의를 얻어낸 정의원칙에서 비롯되어야 한다. 법이 모든 사람에게 공평하게 알려질 수 있도록, 그 일반성을 강조하는 것도, 롤스가 원초적 입장에서의 정의원칙의 우선성을 강조하는 것도 이와 비슷한 맥락에서 생각해볼 수 있다.

롤스의 꿈

사회 속에서 법의 중요성은 두말할 필요도 없다. 해마다 주요 사회 현안과 중요 정책을 헌법재판소에 제기하는 것도, 검사와 판사, 변호사들이 사회에서 높은 위상을 차지하는 것도 이를 증명한다. 우리의 삶에서 법의 위상은 사실 무겁게 다가온다. 내용을 알 수 없는 빽빽한 조문으로 이루어진 책들이 산더미 같다. 그 분류 또한 매우 다양하다. 한 나라의 정체성을 결정하는 헌법, 상이한 인간 삶의 방식을 결정하는 공법, 형법, 민법, 상법은 말할 것도 없고, 각 조직과 단체들의 임무와 활동을 규정한 조직법 등 다양한 법들이 있다. 일반인이 이해하기는 힘들지만, 그래도 여전히 그 내용을 받아들이고 준수하는 이유는 인간의 삶에서 법의 필요성과 중요성을 인정하고 있기 때문일 것이다. 법은 인간의 이해와는 거리감을 두면서 만인에게 동등한 위치를 확보해야 한다. 그런 면에서 '법의 통치'라는 말이 '인간의 통치'와 대구를 이루고, 법이 정의의 대명사처럼 여겨져온 데는 역사상의 진실이 담겨 있다.

그럼에도 법에 대한 접근은 통념상의 법과는 상반되는 경우가 많다. 지나치게 추상적이거나 이론적으로만 접근하고 있다고 생각할 수도 있다. 어떤 법은 졸속 행정의 산물로 많은 사람에게 경제상의 피해를 입히기도 한다. 또 어떤 법은 지나치게 특정 집단이나 개인에게 유리하도록 제정되기도 한다. 실제로 우리 사회에서 제기되고 있는 법적 공방을 보면 의아함과 함께 서글픈 마음이 들기도 한다. 법이란 인간이 발의하고, 인간의 합의에 의해서 만들어지는 것이기 때문이다. 법이 상정될 당시 각 집단이나 개인의 이해로부터 완전히 벗어날 수 있다고 생각하는 것은 사실 꿈 같은 이야기다. 현대 사회에서 개인의 이해관계가 다양화되고 집단화되면서, 현대 민주주의 이념은 그 취약성을 여실히 드러내고 있다. 특히 법의 취약성은 여러 곳에서 문제로 나타나고 있다.

롤스는 원초적 입장에서 채택한 정의원칙이 이러한 법의 취약성을 일정 정도 보완할 수 있는 길을 제시한다고 말한다. 물론 '인간이 만든 법에 스스로 속박되어야 한다는 점에서 완전한 법이 있을까'라고 반문할는지 모른다. 이 세상에 완전한 법은 없다. 원론적으로 그렇다. 그렇기 때문에 오히려 정의원칙이 있느냐 없느냐의 차이에 그 가능한 해답이 있다. 정의원칙은 법이 지향해야 할 방향을 지시해주고, 반드시 받아들여야 할 전제와 그 사회가 나아갈 방향을 가르쳐준다. 법의 집행이 올바른지는 그 정의원칙에 따라 평가될 것이다. 사회가 추구해야 할 방향의 유무는 현대 사회에서 사회변혁의 가능성을 열어놓는다는 점에서 큰 의의를 지닌다.

흔히 물질만능주의와 소비자본주의로 묘사되는 현대 사회에서 더 이상 사회변혁을 꿈꿀 수 없다고 말하는 이들도 있다. 과연 우리 시대는 더 이상 변화할 수 없는가? 롤스는 여전히 사회변혁의 모색만이 현실의 문제점을 헤쳐나가는 유일한 길임을 암시하고 있다. 물론 한때 사회의 혁명적 변화를 꿈꾸기도 했다. 그러나 지금 우리에게는 사회변혁이 막연한 이데올로기나 환상에 가까운 유토피아에 기대어 일어날 수도 없고, 일어나서도 안 된다는 인식이 자리 잡고 있다. 사회변혁이란 사회 정의가 실현되는 방향으로 진행되어야 한다. 정의로운 삶을 원하는 인간들이 구체적인 제도적 절차에 의해 사회의 기본 틀을 바꾸어나가는 것이 바로 이 시대의 사회변혁이다. 이러한 사회의 변화는 급진적이기보다는 점진적인 형태로 이루어져야 한다. 급진적인 전복이 악습으로 일관된 구제도를 부수는 데 분명히 장점을 지니고 있지만, 또 다른 폭력을 부른다는 단점이 있다. 롤스의 접근 방식은 이런 점에서 보면 매우 점진적인 변화를 꾀하고 있다. 보편적인 정의원칙을 찾아내는 것이 철학자의 임무라면, 이 정의원칙을 매개로 법을 개정하고 올바른 절차를 통해 우리의 일상생활에서 찾아낸 중요한 믿음을 다시 정의원칙에 반영해야 하는 것은 그 사회 시민들의 몫이다.

그런 점에서 사회변혁을 모색하는 과정에서 가장 중추적인 역할을 수행하고 있는 것은 말할 것도 없이 사회의 올바름을 평가할 도덕적 관점이다. 롤스에 따르면 도덕적 관점과 그 관점에서 이끌어낼 정의원칙이 없다면, 진정으로 인류의 역사가 앞으로 나아간다는 희망도 가질 수 없다. 성원들이 동의한 정의원칙이 없다면 어떤 법을 제정했을 때 그것이 정의로운지, 또 어떤 사회가 바람직한 것인지, 배분은 어떤 방식으로 이루어져야 하는지 등을 말할 수 없다. 물론 어떤 이들은 '모든 의제를 토의에 붙이면 되지 않는가'라고 반문할 수 있다. 그러나 그것은 적극적인 사회 성원의 참여를 통한 토론을 장려한다는 점에서는 의의가 있을지 몰라도, 모든 의제에 대해 합의가 이루어질지, 사회개혁의 당위성을 어떻게 정당화할 수 있을지에 대해서는 여전히 미궁에 빠진다. 롤스 논의의 장점은 이론적으로 실현가능한 논지를 통해서 사회변혁을 모색하고 있다는 점이다. 그 실현가능성은 오로지 우리의 믿음 속에서 정의원칙을 되살릴 수 있는가에 달려 있다.

우리가 받아들일 수 없는 법

임신중절 문제를 다룬 영화 〈사이더 하우스〉[1999]가 있다. 그 영화에서 근친상간을 저지른

한 사람이 절규하며 이렇게 외친다.

"우리가 만들지 않은 법을 지킬 필요는 없다. 이제 우리가 법을 만들고 지킬 것이다."

최근 주위를 돌아보면 '정의가 과연 살아 있는가'라는 의문이 들 때가 많다. 그런 점에서 롤스의 논의가 가끔 또 다른 유토피아에 빠지고 있는 것이 아닌가 싶을 때가 있다. 우리의 실제 법이 과연 롤스가 말한 대로 정의원칙에 따라 이루어지고 있는지 강한 의구심이 들 때가 많기 때문일 것이다.

앞에서도 살펴보았지만 롤스에게 가장 많이 던져지는 비판은 원초적 입장에서의 도덕적 입장을 현실에서 지나치게 견지하고 있다는 점이다. 도덕적 입장이 설사 중요하다고 하더라도 현실에서 그런 도덕적 인간이나 관점이 실제로 작동할 수 있는지에 대해서는 여전히 의문이 드는 것은 어쩔 수 없는 사실이다. 매킨타이어는 이런 일반적인 사고를 더 정교하게 다듬어 롤스의 생각에 의문을 제기한다. 매킨타이어는 인간의 가치나 선이 모든 인간이 공통적으로 느낄 수 있는 정당함보다 먼저라고 주장한다. 결국 이 주장은 원초적 입장에서 정당성을 확보한 옳음의 관점보다 각 개인의 윤리적 가치가 우선한다는 뜻이다. 그런 의미에서 과연 원초적 입장의 도덕적 관점이 꼭 필요한가라는 의문을 품게 된다.

이 같은 생각의 이면에는 모든 것이 법으로 해결될 수 있다는 주장이 깔려 있다. 롤스의 경우에도 마찬가지다. 원초적 입장에서 도출한 정의원칙이 법의 근간이기 때문이다. 사회제도가 인간의 삶을 통제하는 방식과 정확히 일치한다. 이런 생각이 서구 법치주의의 근간이 된 것은 말할 것 없다. 그러나 법치주의는 각 개인이 지닌 윤리적 선택의 중요성을 도외시할 위험성을 가지고 있다. 법은 인간의 삶에 대한 일반적인 상황을 언급한 것이지 구체적인 인간들이 행해야 할 행동규범을 가리키는 것은 아니다. 예를 들어, 죽음을 앞둔 환자에게 던지는 의사의 선의의 거짓말을 법으로 금지할 수 없는 것과 같다. 엄밀하게 말하면 법은 우리 삶의 일반적인 방향성을 언급할 뿐이지, 특정 상황에서 특정 인간이 다르게 행동할 여지에 대해서는 말하지 못한다. 우리의 윤리적 선택과 행동은 사실 모호한 상황과 이유 때문에 필요하다. 그런 점에서 상황에 맞는 윤리적 행위를 하는 습관이 무엇보다 중요하다.

반복하지만, 이런 논변의 배후에는 매킨타이어의 독특한 연구가 기초가 되었다. 매킨타이어는 롤스와 달랐다. 그는 서구 윤리학을 폭넓게 연구했고, 특히 역사적인 변화에 대해 세심하게 검토했다. 그래서 역사상의 변화 가운데 공통적인 것은 무엇이고, 각 시대마다 고유의 특성은 무엇인지 살펴보았다. 이 같은 연구의 결과에서 중요한 것은 각 시대가 지닌 특성을 무시한 채 하나의 전통만을 전수·계승하는 것은 잘못된 결과를 초래할 수 있다는 것이다.

각 시대는 그 나름의 선과 가치에 따라 도덕적 삶을 영위했다. 그들의 삶은 나름의 합리성을 토대로 정당화된다. 마치 아리스토텔레스의 덕 윤리가 그 시대의 물음에 충실했듯이, 서구 근대성에서 시작된 계몽주의 윤리는 그 나름의 합리성과 가치를 지니고 있으며 정당화된다. 서구의 문화를 보면 다양한 전통과 가치들이 공존하고 있다. 그러나 현대인의 삶의 가치들은 지나치게 편향적이다. 근대성의 가치만을 우위에 두기 때문이다. 매킨타이어는 이러한 편식이 서구 전통의 다양성과 단절을 초래하고 있다고 경고한다. 중요한 것은 다양한 전통을 창조적으로 계승하는 것 또한 서구 사상계의 임무인데도, 현대인의 삶은 이러한 전통과의 연결고리를 근본적으로 받아들이지 않는다는 것이다.

매킨타이어는 이러한 기획은 결코 성공할 수 없다고 단언한다. 무엇보다 다양한 전통을 무시하면 지구상에 살고 있는 다양한 삶을 이해할 수 없다. 전통을 비판하고, 그 가능성을 모색하는 것이 필요하다. 롤스가 채택한 방식도 별반 다를 게 없다. 그의 생각은 도덕적으로 완전무결한 인간들을 가정하고, 그 가정에서 정의원칙을 도출하고 있다. 이 자유롭고 평등한 인간이 서구의 맥락에선 분명 중요한 의미를 지닌다. 한때 서양인들이 꿈꾸어왔던 삶의 기획이기 때문이다. 그 이상은 이제 더 이상 꽃을 피울 수 없다. 그런 이상은 현실의 관심으로부터 멀어질 때, 인간이 오류를 범하면서도 도덕적 이상을 현실의 삶에서 충족하려고 한다는 점을 인정하지 않을 때에만 가능하다. 매킨타이어는 롤스의 원초적 입장이 이런 점에서 근대의 도덕적 이상을 확장하고 있다고 보았다. 그는 묻는다. 왜 현실의 인간이 아닌 도덕적으로 완전무결한 인간을 받아들여야 하는가? 왜 다른 전통과 화해할 수 있는 정의개념은 찾아보지 않는가?

> 누구나 실수할 수 있지만
> 그래도 난 나지요!

'왜 다른 전통과 화해할 수 있는 정의개념은 찾아보지 않는가?'라는 물음부터 답변해보자. 다른 입장의 윤리와 정의관은 없을까? 그 정의관을 받아들일 만한 이유는 무엇일까? 이 물음들은 매우 중요하다. 롤스에 대해 통상적으로 던지는 비판이기 때문이다. 그러나 이 물음에 대한 대답이나 롤스에 대한 문제제기는 사실 매우 간헐적이며 체계적이지 못하다. 그 이유는 롤스처럼 체계적인 방식으로 정의론을 옹호하고 있는 것도 아닐뿐더러, 단지 매우 산발적인 방식으로 자신의 주장을 펼치고 있기 때문이다. 따라서 롤스에 대한 매킨타이어의 비판과 그 답변은 상당 부분 우리의 추론과 상상에 의존해야만 한다. 그렇다고 하더라도 두 가지 사실만은 확실하다. 우선 도덕의 주체에 관한 생각이다. 매킨타이어는 롤스와 다르게 도덕적 주체를 '이성만을 발휘하는 이상적인 인간'이 아니라 '감정과 이성을 동시에 지닌 우리와 같은 보통 사람'의 입장에서 바라보고 있다. 윤리적 삶에서 이성보다 정념이 차지한 역할을 강조한 흄의 논의에 동조하면서도, 이성의 교량 역할을 부각시키고 있다. 또 다른 하나는 도덕적 관점보다 인간의 삶에 대한 윤리적 가치를 더 중요하게 생각하고 있다는 점이다. 첫 번째 주장이 도덕적 주체의 정체성에 관한 물음이라면, 두 번째 주장은 도덕적 옳음에 대한 선의 우열을 강조하고 있다.

첫 번째 주장은 롤스 비판에서 이미 충분히 예견되었던 것이다. 매킨타이어는 의미심장하게 다음 물음을 제기한다.

"과연 원초적 입장의 관점이 우리에게 꼭 필요한가?"

이 물음 속에는 강한 거부의 메시지가 담겨 있다. 이상적인 인간 관점의 전횡을 고발하고 있기 때문이다. 그것은 우리가 마땅히 해야 할 바를 규범으로, 형식으로 보여줄 수 있을지 모른다. 그러나 그 규범은 무엇인가? 단순히 우리가 마땅히 해야 할 것을 지시하고 있지 않을까? 매킨타이어의 입장에서 보자면 도덕에 관한 근본적인 문제제기가 잘못되었다. 도덕규범을 찾으려는 근대의 도덕적 질문은 '무엇을 해야만 하는가?'였다. 이 물음은 개인의 도덕적 정체성의 물음을 제기하지 않는다. 항상 도덕적 행위의 근간이나 원칙을 묻게 된다. 사회규범이 무엇보다 우선되는 것도 이 때문이다. 그러나 매킨타이어는 반문한다. 왜 '어떤 사람이 되어야 하는가?'라는 질문을 하지 않는가? 이 물음을 통해 매킨타이어는 누구나 보편적으로 인정할 수 있는 도덕적 행위의 원칙보다는 도덕적 행위를 할 사람의 도덕적 성품에 초점을 맞춘다. 그래서 이 물음에 대한 대답은 분명 도덕적인 사람이 될 수 있는 인격적인 성품이고, 이 성품이 그 사람의 유덕함과 어떤 연관이 있다는 점을 드러낸다.

도덕적 성품의 강조는 그 나름의 장점을 지닌다. 도덕적 규범을 인식하고 있다고 해서 도덕적 행위를 반드시 수행할 것이라고 보장할 수 없다. 그런 점에서 상대적으로 도덕규범만을 강조하는 사람들에겐 어떻게 구체적인 상황 속에서 규범에 맞는 행동을 할 수 있는지 설명해야 하는 부담이 생긴다. 올바른 도덕규범의 인식에서 규범의 실행으로 이어지기 위해서는 단순히 도덕규범의 존재 이상의 설명이 필요하다. 사실 우리 생활을 미루어 짐작해보면 이 둘은 전혀 별개처럼 보인다.

가령 다음의 경우를 생각해보자. 누구나 아이스크림을 보면 먹고 싶어 한다. 비만을 걱정하는 사람에게 아이스크림은 먹지 말아야 할 식품 중의 하나다. 열량이 높아 다이어트에 좋지 않기 때문이다. 그 사람도 이 같은 사실을 모를 리 없다. 설사 알더라도 오늘은 예외라고 하면서 끝내 참지 못하고 먹고 말면 그만이다. 도덕적 상황에서도 마찬가지다. 불의를 보면 참지 말고 저항해야 한다고 도덕적 신념은 말하지만, 불의를 보고 뛰어들어 저항하는 사람은 그리 많지 않다. 그만큼 아는 것과 행동하는 것 사이에는 엄청난 간극이 있다.

이런 예들을 종합해보면, 도덕적 행위를 하는 데 중요한 것은 정의규범을 인식하는 것이 아니라, 실제로 그 규범을 행하는 사람이다. 우리가 만나는 보통 사람들을 생각해보면 어렵지 않게 이 사실을 납득할 수 있다. 우리는 가끔 충동에 의해 물건을 구매하기도 하고, 신중에 신중을 기해 구매를 결정하기도 한다. 매사에 항상 신중한 것만도 아니고, 그렇다고 늘 즐기는 것만도 아니다. 상황에 따라 심각하기도 하고, 즐겁게 지내기도 한다. 그런 점에서 원초적 입장의 당사자들이 매사에 신중하고 소신 있는 선택을 해 정의에 관한 어떤 원리를 도출했다고 한들, 그것이 실천되고 있는가 하는 문제는 여전히 남는다. 실제로 역사상 길이 남을 일을 한 사람이 반드시 도덕군자와 같은 사람이 되어야 하는 것도 아니다. 불의에 대항해 싸우는 사람들이 마땅히 해야 할 바를 알아 행한다고 보기 힘든 것과 같은 이치다.

이렇게 불의에 대항하고 끊임없이 사회의 부정의에 항거할 수 있는 실제적인 사람의 자질이 도덕적으로 논구되어야 할 요체다. 매킨타이어는 확실히 이 같은 인간을 열망했다. 사실 충분히 자기 이해를 떠나 순수하게 어느 쪽에도 치우치지 않겠다는 것은 받아들일 수 있는 도덕적 관점이다. 그러나 그 도덕적 관점에서 어떤 정의원칙을 도출해보려는 것은 서구 근대성의 이념에서 나온 하나의 시대적 유산일 뿐이다. 그 정의원칙이 반드시 우리의 구체적인 상황에서 작동한다고 보장할 수 없고, 불의의 상황에서 구체적인 사람들의 저항과 투쟁을 불러일으키는 것도 아니다. 자율적인 인간에 대한 이상도 마찬가지다. 근대 서구인들은 자신이 행한 모든 일에 책임을 질 수 있는 인간을 꿈꾸어왔다. 자율적인 인간은 하나의 이상이지 현실의 인간을 대변하고 있지는 못한다. 앞서 지적했듯이, 조그만 일에도 자신의 관점을 포기하는 의지가 박약한 사람들이 대부분이다. 따라서 진정한 도덕적 과업은 박약한 의지를 지닌 사람들조차도 지속적으로 올바른 행위를 하도록 돕는 것이다.

매킨타이어에 따르면 지금 우리 상황에서 요구되는 것은 도덕적 성품을 지니고 사회의 가치를 바꾸어가려는 인간의 육성이다. 서구의 전통에서 보자면, 이러한 도덕적 이상의 완성은 서구 근대성과는 다른 전통에 호소할 때 가능하다. 그 전통에 의하면 도덕적 인간이란 어떤 상황에서도 올바른 행위를 할 수 있는 유덕한 성품을 지닌 사람이다. 도덕적 인간에게 중요한 건 구체적인 상황에서도 올바른 행위를 할 수 있는 능력과 관행이지, 단순히 불편부당한 관점 자체는 아니기 때문이다. 이런 점에서 롤스 철학의 문제점은 지나치게 서구 근대성의 합리성을 강조하는 데 있다. 도덕철학에서 잃어버린 전통은 유덕한 성품을 통해 변화하는 사회에 적응하고, 세상을 바꾸어나갈 수 있다는 강한 확신이다. 이러한 전통을 되살리는 것 또한 중요한 도덕철학의 과업 중 하나다.

> **실수에서 배울 수 있는 사람이 도덕적이지요!**

이제 '왜 현실의 인간이 아닌 도덕적으로 완전무결한 인간을 받아들여야 하는가'라는 질문에 주목해보자. 이 물음은 실상 롤스의 핵심적인 주장을 역전시킨다. 인간의 윤리적 가치가 정당화된 도덕적 관점보다 우선한다고 주장하고 있기 때문이다. 이 주장은 이미 유덕한 성품을 지닌 인간을 강조했을 때부터 충분히 예견되었다고 할 수 있다. 유덕한 성품의 형성은 먼저 무엇이 좋고 무엇이 가치 있는지를 결정하고 그 결정에 따라 행동할 때에만 가능하다. 가치 있거나 좋음을 정립하지 않고 어떤 행위가 옳다고 말할 수 있는 방법은 없다. 따라서 원초적 입장의 당사자 관점은 현실에서 작동하는 좋은 행위와 가치 있는 행위들을 의도적으로 회피하는 꼴이 된다. 결국 원초적 입장의 도덕적 관점은 실질적인 생활에서 발생할 수 있는 가치의 충돌이나 혼란을 다루기에는 역부족이다. 도덕적인 논의에서 성취되어야 할 것은 우리의 가치들을 합목적적으로 통일하는 것이지, 그 가치들을 완전히 배제하는 것은 아니기 때문이다.

동일한 내용을 좀 더 쉽게 설명해보자. 우리들은 동일한 것을 보고도 다른 평가를 내린다. 가령 하나의 예술작품에 대한 다른 평가를 내리는 경우를 생각해보자. 스페인 내전의 잔혹성을 고발

피카소의 〈게르니카〉

한 피카소^{Pablo Picasso, 1881~1973}의 그림 〈게르니카 Guernica〉를 보았을 때 모두가 똑같은 평가를 내릴 순 없다. 어떤 사람은 기괴한 인물과 기형적인 구도에 대해 불평을 늘어놓기도 하고, 또 다른 사람은 피카소의 평화에 대한 갈망을 예찬하면서 그 작품의 위대성을 격찬하기도 한다. 그만큼 개개인의 다른 선호와 취향은 작품을 대하는 태도와 평가를 결정한다. 상이한 평가는 예술작품에만 국한되지 않는다. 우리들은 누군가의 행동을 놓고도 상이한 평가를 내린다. 또한 역사적 사건에 대해서도 서로 다른 평가를 내린다. 우리들이 소중하게 생각하는 가치들은 어떤 행동이나 사건에 대한 좋고 나쁨의 평가에 있다고 생각해왔다. 도덕적 평가가 다른 이유는 개인의 취향과 선호가 다른 것처럼 서로 다른 평가를 하기 때문이라고 생각했다.

:: 〈게르니카〉

스페인 내란을 주제로 전쟁의 비극성을 표현한 피카소의 대표작. 크기는 349×775cm이며, 현재 에스파냐의 소피아왕비 미술센터에 소장되어 있다. 게르니카는 에스파냐 바스크 지방의 작은 도시로, 1937년 스페인 내란 중 프랑코를 지원하는 독일의 무차별 폭격에 의하여 폐허가 되었다. 조국의 비보를 접한 피카소는, 한 달 반 만에 대벽화를 완성하고 이름을 '게르니카'로 붙였다.

그럼에도 철학자들은 도덕적 평가에는 개인의 취향이나 선호와는 다른 점이 있다고 강조한다. 도덕적 가치는 개인의 취향이나 선호를 넘어 누구나 쉽게 동의할 수 있는 어떤 것이라고 생각한다. 가령 지하철에서 무거운 짐을 옮기고 있는 할머니를 도와주면 누구나 바람직한 행위라고 인정하지만, 남의 물건을 훔치는 행위에 대해서는 해서는 안 된다고 생각한다. 따라서 철학자들은 행위 유형을 받아들일 수 있는 것과 없는 것으로 구분해 도덕적 행위를 판가름하려고 했다. 예를 들면 자비, 공공성, 근면, 신중함, 사랑 등은 모두가 받아들일 수 있는 도덕적 행위이지만, 방탕, 무절제, 이기심, 게으름 등은 받아들일 수 없는 행위의 표본으로 분류해왔다. 인간행위의 유형화는 나름대로 사회생활에 꼭 필요한 가치들을 찾아내고, 사회의 무질서로부터 보호하고 공동의 목표를 모색하는 데 기여한다. 무엇보다 사회 안정을 해치는 행위가 용납될 수 없는 것도 이와 같은 맥락에서이다. 따라서 허용과 금지의 도덕적 규범 체제로 체계적으로 이루어질 때 사회가 안정된다.

철학자의 고민은 각 개인의 도덕적 평가가 완전히 일치되는 수준에까지 도달하지 못한다는 점이다. 도덕적 평가의 완전한 일치는 분명 철학자가 꿈꾸는 이상이다. 현실은 그렇지 못하다. 조그만 일에도 의견이 달라 서로 갈등한다. 하물며 이해관계가 첨예한 부분은 말할 필요도 없다. 따라서 우리의 삶에서 가장 중요한 문제는 첨예한 이해뿐만 아니라 도덕적 가치의 차이를 넘어서 인류 모두가 공유할 수 있는 가치를 찾아가는 것이다. 각 개인들이 다른 가치를 추구한다는 사실, 그리고 그 사실을 넘어 모두가 동의할 수 있는 새로운 가치를 찾아가야 한다는 사실에 모든 철학자들은 동의한다. 이 책에서 주로 다루었던 롤스나 매킨타이어도 예외는 아니다. 이 두 사람은 자유주의 전통에서 강조하고 있는 각 개인의 소중함과 존엄성이 각 개인들의 가치 차이에 있다는 데 의견의 일치를 본다. 이 두 사람의 차이는 가치의 차이를 조정해가는 방식에 있다. 롤스가 인간의 삶에서 사회제도가 차지하는 역할에 큰 비중을 두고 정의개념을 그 원동력으로 보고 있다면, 매킨타이어는 정의개념보다 인간 자신의 정체성 확보에 좀 더 많은 강조점을 두고 있을 뿐이다.

서로 다른 강조점과 비중의 차이는 인간의 도덕적 삶과 정치적 삶에 대한 상이한 평가를 내리는 주된 원인이기도 하다. 롤스에게는 도덕적 관점이 인간의 정치적 삶을 이끌 일종의 등대와 같은 구실을 하고 있다고 보기 때문에, 도덕법칙과 그 법칙에 따른 법의 제정에 많은 비중을 두고 역설한다. 반면 매킨타이어는 도덕에 대한 지나친 강조가 자칫 인간이 이 세상에 살면서 경험하고 품게 될 새로운 윤리적 가치들을 훼손할 수 있다고 경고한다. 특히 인간의 삶이 지닌 두 가지 특성을 무시해서는 안 된다고 말한다.

하나는 인간의 가치가 항상 기존의 관습과 전통으로부터 자유로울 수 없다는 점이다. 전통으로부터 벗어날 수 있는 인간의 삶은 존재하지 않는다. 우리가 과거사 청산 문제에 골몰하는 것도, 아름다움과 멋진 삶에 대한 문화적 차이를 드러내는 것도 인간의 삶이 전통으로부터 쉽게 단절될 수 없다는 점을 보여줄 뿐이다. 따라서 전통에 대한 인위적인 단절은 그 순간은 의미 있을지 몰라도 개인, 공동체, 국가의 온전한 삶을 이해하는 데에는 하등

도움이 되지 않는다.

　다른 하나는 인간의 정체성이 도덕적으로 중요한 물음이라면, 가치가 공동체의 삶에서 드러난다는 사실과 그 과정에서 유덕한 성품이 요구된다는 사실이다. 모든 가치의 충돌은 타인과의 대면 과정에서 나타난다. 그리고 이 가치의 충돌을 풀어가는 과정이 바로 정치적 삶이다.

**정치적 삶은
공동체를 요구하지요!**

정치적 삶은 새로운 가치와 그 가치를 담지할 공동체를 상정한다. 롤스가 크게 주목하지 않았던 대목은 이 과정의 복잡성이다. 정치 과정의 복잡성은 우리의 현실을 미루어보면 매우 쉽게 이해할 수 있다. 만일 롤스의 정의원칙을 그대로 따라가는 문제라면 우리 사회는 이미 정의로운 사회가 되었을 것이다. 그러나 롤스의 논의 자체가 우리 사회에서 크게 주목받지 못하는 이유는 무엇일까? 지역주의는 여전히 선거 때마다 그 위세를 떨친다. 냉전시대의 전유물이라 여겼던 보수와 진보의 대결은 여전히 그 위력이 가시지 않는다. 사회적 약자들은 점점 거리로 몰리고, 가진 사람들은 더 많은 출세를 위해 바깥세상으로 나간다. 부동산의 가격은 천정부지로 치솟고, 교육비는 세계 최고라는 소리를 서슴지 않고 말한다. 이 모두는 우리들이 생각하는 가치의 차이가 아닌가? 이 구체적인 문제들을 푸는 데 도덕적 관점은 어떤 역할을 할 수 있는가?

사실 정치철학은 이러한 당면현안을 풀어보려는 시도다. 무엇을 어떻게 해야 하는가? 우리의 전통은 이 문제에 대해서 어떤 대답을 하고 있을까? 매킨타이어는 이 문제를 풀기 위해서는 우리들의 정치적인 삶과 그 정치적 삶을 담보하는 공동체의 특성을 찾아보는 데서 시작해야 한다고 역설한다. 롤스의 원초적 입장이 설령 도덕적 인간들이 생각할 수 있는 최상의 상태에서 이루어진 선택이라고 하더라도, 그 선택은 여전히 추상적인 수준에 머물고 만다는 것이다. 추상적인 선택을 넘어 삶에 친숙하면서도 변화를 일으킬 수 있는 선택은 공동체의 가치를 더 신중하게 생각하는 것이어야 한다. 이를 위해선 전통을 소중하게 생각하면서도 도덕적인 인간이 되고자 하는 측면을 무시해서는 안 된다.

　현실적인 문제에 관심을 기울이면서 공동체의 가치를 통해 문제를 극복해보려는 사람들을 가리켜 공동체주의자라고 말한다. 매킨타이어도 이런 면에서 공동체주의자라고 해야 할 것이다. 여타 공동체주의자들과 마찬가지로 매킨타이어도 인간의 구체적인 삶의 구현을 공동체에서 실현하고자 한다. 삶의 구현에 대한 관심은 서구 근대의 개인주의적 도덕주체에 대해 강한 의구심을 품게 했다. 공동체주의자들에 따르면 도덕성은 타인의 이익에 대해 무관심하면서도 항상 자기 합리성을 추구할 줄 아는 특정한 인간이 아니라, 우리가 일상생활에서 자주 마주치는 보통 사람들에게 요구된다. 보통 사람들은 도덕적으로 불완전하다. 그러나 이 불완전함이 항상 나쁜 것만은 아니다. 오히려 보통 사람의 도덕적 함양을 가능하게 한다. 따라서 원초적 입장의 당사자들을 굳이 도덕적 인간의 대변자라고 볼 이유가 없다. 설령 그들이 도덕적 입장을 대변한다고 해도 그 입장이 반드시 실제의 인간들을 도덕적으로 만드는 것은 아니다. 우리에게 중요한 것은 거센 환경의 변화에도 굳건함을 잃지 않는 덕성이다. 이러한 덕성을 지닌 사람들은 비록 자신의 이해관계를 떠나지 못한다 하더라도 그 이해관계에 매몰되지 않는다. 슬기롭게 자신의 상황을 슬기롭게 대처하고 인류 평화에 이바지할 줄 안다.

　구체적인 인간들에게 중요한 물음은 '내가 무엇이 되어야 하는가'가 아니라, '나는 누구인가'이다. '내가 누구인가'라는 자기 정체성의 물음이며 이것은 항상 변하는 현실에 사는 인간들에게 중요한 도덕적 물음이다. 이 같은 특성을 이해하기 위해서는 자기 정체성과 자기 동일성이란 말이 같은 뜻이 아니라는 데 주목해야 한다. 자기 동일성의 물음은 '내가 무엇인가'라는 물음에 대한 대답으로, 시간에 따라 변화하는 것들 중에서 동일한 것을 말한다. 예를 들면 '10년 전 나와 지금의 나는 같은가'라고 묻자. 10년 전 나와 지금의 나를 동일한 속성이나 성향에 따라 규정할 때 자기 동일성에 대한 대답을 안고 있는 것이다. 자기 동일성에서 결정적인 것은 자기 자신 속에서 수없이 변화하는 것들 가운데 동일한 무엇이기 때문이다. 그러나 자기 정체성의 물음은 단순히 변화 속에서도 유지되는 무엇만을 뜻하지 않는다. 오히려 현재의 삶 속에서 자기 자신을 변화시키려고 노력하는 것들, 예를 들면 누군가에게 말하고, 행위하고, 이야기하고, 미래의 일에 대해 책임지겠다고 선언하는 것들 속에서 나타나는 자기 자신이다. 이 자기 자신은 자신의 속성에 의해 규정될 수 있는 것이 아니다. 아직 구체적으로 명시할 만한 특성은 보이지 않기 때문이다. 그러나 현재의 삶에서 자기 자신은 진정한 도덕적 행위 주체다. 온전한 자기 자신에 대한 추구는 변화하는 사회 속에서 자기 자신을 온전하게 보존하려는 노력 자체이기 때문이다. 이 노력 자체는 아직 무엇으로 규정할 수 없지만, 자기 자신을 찾아가는 여정에서 반드시 전제되는 것이다.

  자기 정체성 물음은 근본적으로 타인을 배제할 수 없다. 도덕적 행위 주체의 자기실현은 곧 타인과의 결합에서만 가능하기 때문이다. 가령 도덕군자도 농부의 피땀 어린 농작물의 수확 없이는 살 수 없다. 더 나아가 자기 자신이 소중하게 생각하는 것도 타인의 도움 없이는 결코 얻을 수 없다. 그래서 공동체주의자들은 인간의 삶에서 타인들의 삶, 더 나아가 그들이 하나의 무리로 형성되어가는 공동체의 삶과 결코 떨어질 수 없다고 주장한다. 개인의 자유의 실현이든, 아니면 사회의 자유를 확장하는 과정이든 중요한 것은 각 개인들이 그들의 도덕적, 정치적 자유를 행사할 때 반드시 공동체의 삶과 유리될 수 없다는 것이다. 좀 더 강하게 말하자면, 행위 주체의 자기 정체성 과정은 공동체를 전제해야 한다는 것이다.

도덕적인 사람과 정치적인 사람

이 같은 결론은 롤스가 정의론에서 가정하고 있는 전제들을 강하게 거부하게 한다. 특히 롤스 정의론에 깔려 있는 보편주의, 개인주의 성향의 도덕적 관점을 매우 강하게 거부한다. 매킨타이어도 마찬가지다. 롤스의 원초적 입장에 관여하는 도덕적 행위 주체는 실제상에 존재하지 않는 근대적 이상의 잔유물일 뿐이다. 그 유적은 우리에게 어떤 유효성도 보여주지 못한 이상일 뿐이다. 근대적 이상이 꿈꾸는 도덕적 행위 주체는 자신의 연고를 단절시킬 때에만 가능하기 때문이다. 쉽게 이해하기 위해서 다음 이야기의 인물 '태화'의 경우를 생각해보자.

태화는 김소식과 박연실의 첫째 딸이다. 그녀는 위로 오빠와, 아래로 두 여동생이 있다. 이 같은 연고는 사실 인간이 결코 떼어낼 수 없는 조건들이다. 태화의 자기 정체성은 항상 첫째 딸로서의 역할, 언니로서의 역할의 결합 속에서 결정될 것이다. 그녀가 처한 특수성은 실제로 그녀의 독특한 도덕적, 정치적 정체성 확보 과정 속에 반영된다. 이러한 특수한 상황 속에서 제기되는 물음들을 배제할 경우 태화를 태화라고 할 만한 것은 사라진다.

원초적 입장의 당사자들이 그렇다. 그들은 비록 사회제도의 정의로움을 평가할 만한 정의원칙을 도출하기 위해 사회현안은 말할 것 없고 자기 자신의 이해관계에도 전혀 관심을 기울이지 않는다고 가정된다. 그래서 '무지의 베일' 아래서 당사자들은 모두가 동의할 수 있는 정의원칙에 도달할 수 있는지 모른다. 이러한 가정하에서 롤스는 시대와 장소를 초월한 보편적인 정의원칙이 도출될 수 있다고 굳게 믿고 있었다. 그것은 도덕적으로 자율적인 인간들이 함께 동의할 수 있는 사회제도의 원칙인 것이다.

매킨타이어는 이 같은 논증 자체가 근대의 도덕적 물음을 신주단지 모시듯 하기 때문에 가능하다고 일침을 놓는다. 사회현안과 개인의 고민을 배제한 상호 무관심하고 공평무사한 도덕적 관점이 과연 어떻게 현실에서 작동할 수 있을지는 분명하지 않다. 더욱이 롤스의 논의는 지나치게 개인의 자율적인 측면만을 강조하는 경향이 짙다. 전통적인 도덕적 사유에서 강조해왔던 덕의 함양을 통해 인격이 완성될 수 있다는 점, 정치와의 긴밀한 연관을 통해서 인격 완성이 가능하다는 점을 과소평가하고 있다는 것이다. 개인에게 요구되는 도덕적 사유는 마치 외딴섬에 홀로 남아 있는 고독자의 사유가 아니다. 오히려 도덕적 사유는 타인과의 공존관계에서 있는 정치적인 삶에서 더욱 빛난다. 늘 합리적인 사람만이 도덕적으로 가치 있는 것은 아니다. 타인과의 연관 속에서 끝없이 제기되는 갈등과 화해를 조정할 수 있는 비판적인 사람이 필요하다. 그러므로 정치적인 관계를 떠난 도덕은 생각할 수도 없고, 도덕이 없는 정치는 황야의 무법자가 사는 자연 상태라고 할 수 있다.

도덕적인 사람이 동시에 정치적인 사람일 수 있다는 사실은 여러 면에서 시사하는 바가 크다. 무엇보다 롤스의 정의 이론에서 장점으로 꼽는 정의원칙의 보편성을 공격할 수 있는 기회를 준다. 공정으로서의 정의는 도덕적 관점을 드러낼 수 있어도 각 개인들이 정치적인 정체성을 확보하는 과정에서 제기될 수 있는 여러 문제들을 의도적으로 배제하고 있기 때문이다. 일상의 삶에서 우리 인간들은 여러 경로를 통해 자신의 정체성을 확보한다. 하지만 유독 롤스의 원초적 입장의 관점이 우선시되어야 할 이유는 무엇일까? 이에 대해서 롤스는 그 정의원칙이 모든 성원들이 속한 사회제도의 정의로움을 결정하기 때문이라고 말할 것이다. 그 점 때문에 롤스의 이론은 항상 변혁과 개혁의 선봉장에 선다고 생각한다.

롤스 이론의 가장 큰 약점은 그 사회 안에 살고 있는 성원들, 즉 너와 나 같은 구체적인 개인의 삶에 대해서는 다소 무관심하다는 것이다. 물론 롤스가 이러한 개인들에게 전혀 관심을 기울이고 있지 않다고 말하는 것은 절대 아니다. 오히려 롤스는 그 이상을 말하고 있다. 롤스는 정의원칙이 이상 사회뿐만 아니라, 다른 종교적, 도덕적, 정치적 견해를 가진 개인이나 집단에도 여전히 적용될 수 있다고 믿기 때문이다. 그 이유는 롤스의 정의원칙이 일상적인 개인들의 숙고된 믿음과 일치하는 반성적 평형

상태에 있기 때문만이 아니라, 전혀 다른 생각을 가진 개인이나 집단의 믿음과도 서로 중첩되어 합의될 수 있다고 믿고 있기 때문이다. 그럼에도 롤스의 논의가 구체적인 개인의 삶에 무관심하다는 것은 사실 공동체주의자들의 날카로운 비판에서 비롯되고 있다. 공동체주의자들은 개인 관계에서 공동체의 역할을 강조하면서 사회적 가치의 형성에 주목했다.

개인주의에서 가장 큰 문제는 사회적 가치의 형성과 설명이었다. 즉, 사회적 가치는 어떻게 발생하고, 어떤 근거에서 그 강제력을 얻을 수 있는가에 초점을 맞추었다. 롤스도 이러한 문제의 심각성에 대해서는 동의한다. 롤스의 견해에 따르면 이 문제에 대한 적절한 답변은 사회적 가치가 무엇이든 상관없이 원초적 입장에서 합의된 정의원칙의 범위를 벗어나지 말아야 한다는 것이다. 또한 국가의 강제력도 정의원칙에 합당한 상태에서 행사한다면 허용될 수 있다고 생각했다.

공동체주의자들의 생각은 달랐다. 공동체주의자들은 우선적으로 롤스의 정의원칙을 우선적으로 인정하는 것도 중요하지만, 이러한 사회적 가치들이 실제 사회에서 어떻게 작동하는지, 또 그 정치적 함의가 무엇인지 따져보아야 한다고 생각했다. 이러한 생각은 우리들과 같은 보통사람들 간에 어떻게 가치가 이루어지고 교환되는지를 보자는 것이다.

매킨타이어는 이러한 논쟁과정에서 음미해볼 만한 두 가지 주장을 이끌어냈다. 이 주장들은 롤스의 주장과는 전혀 다른 맥락에서 전개된 것이어서 좀 더 자세히 살펴볼 필요가 있을 것 같다. 매킨타이어도 여타 공동체주의자들과 마찬가지로 어떤 가치, 그것이 도덕적이든 사회적이든, 공동체를 전제하지 않고는 그 의미를 말할 수 없다고 생각했다. 가치는 우리가 일상생활을 영위하는 과정에서 여러 경로로, 다양한 방식으로 전개된다. 그러나 이러한 가치가 보다 나은 삶으로 이끌어보려는 개인의 윤리적 삶과 결코 떨어질 수 없다. 다시 말하면 우선적으로 가치는 한 개인이 더 잘 살려는 의지, 또는 더 좋은 것을 추구하려는 의도 속에 있는 것이다. 남보다 더 잘 살려는 노력, 자신이 좋아하는 것을 하려는 욕망, 남을 도우려고 하는 의지 등은 이미 가치를 전제로 한 것들이다. 이 모든 생각과 행동에는 '좋음$^{the\ good}$'을 포함하고 있기 때문이다. 매킨타이어는 좋음이 근본적으로 결국 개인의 삶을 결정하는 것이라 보았다. 예컨대 내 삶은 자신이 좋아하는 것들의 결합에서 나타날 수 있다. 물론 자기가 좋아하는 것들을 모두 얻을 수 있는 것은 아니다. 좌절도 하고, 원망도 하는 것이 인간의 삶이다. 누구나 자신이 좋아하는 것들을 이루거나 갖게 되었을 때 매우 기뻐한다. 또 자신이 좋아하는 것을 할 수 없을 때, 갖지 못했을 때 매우 슬퍼한다. 따라서 한 개인에게 좋음은 자신의 삶을 결정하고 자신의 정체를 드러내는 것이다.

　매킨타이어는 개인 삶의 정체성이 자신이 추구하는 좋음에 의해 결정될 뿐만 아니라, 삶의 통일성도 이룩할 수 있다고 생각했다. 물론 삶의 통일은 자동적으로 이루어지는 것이 아니라 끊임없는 이야기를 통해 자신의 행위를 정당화함으로써 가능하다. 예를 들어 우리들은 축구선수 박지성의 성공을 이야기한다. 이 이야기에는 평발인 박지성이 평발인지도 모르고 축구공을 찼다든가, 히딩크 감독의 발탁이 인생역전을 가능하게 했다는 등 여러 이야기를 통해 박지성이란 한 인간의 정체성이 드러난다. 여기서 중요한 것은 한 개인이 좋아하는 것이 다른 사람도 항상 좋아하는 것은 아니라는 점이다. 가령 나는 미술, 특히 그림 그리는 것을 가장 좋아하지만, 다른 사람은 그림 그리는 것을 싫어할 수 있다. 내가 그토록 좋아하는 그림 그리기를 누군가가 싫어하거나, 무시한다면 나는 때로는 좌절하기도 하고, 때로는 오기를 부려보기도 한다. 따라서 나의 좋음은 나와 같은 좋음을 받아들이는 사람들의 모임과 관행에서 그 좋음을 인정받을 수 있다. 예컨대 미술 선생님은 나를 알아주실 것이고, 미술대학에서 회화를 배우고, 전문적인 화가가 되어 전시회도 하게 될 것이다. 이렇듯 한 개인의 좋음은 그 사회의 관행과 제도가 뒷받침해줄 때 그 빛을 발해 좋음을 현실화할 수 있는 것이다. 그 사회의 관행과 제도가 바로 공동체의 기반이라는 점을 볼 때 그 공동체의 기반 없이는 그 사회 성원의 삶들이 온전히 드러날 수 없다는 사실도 깨닫게 될 것이다.

롤스가 보지 못한 점은 이 점이다. 그는 원초적 입장의 당사자들이 도덕적 능력을 발휘하는 데 최상일지는 모르지만, 일상생활의 개인들이 얼마나 자신의 정체성을 찾으려고 하는지, 그 안에서 자신의 최상의 선을 찾으려고 얼마나 노력하는지에 대해서는 주목하지 않았다. 롤스에 대한 이러한 비판을 이해하려면 인간에게 이야기가 차지하는 역할을 이해할 필요가 있다.

만남 7
이야기하는 인간

매킨타이어의 공동체주의 정치관

　　매킨타이어 논의의 특징은 일상생활에서 만나는 사람들의 윤리를 강조한 점이다. 일상생활의 주체는 어떤 모습인가? 모국어를 사용하고, 특정의 편견과 행동을 맹목적으로 추구한다. 일상생활에서 만나는 우리들은 시대의 문제 틀에 갇혀 있다. 이런 선입견은 좀처럼 바뀌지 않는다. 경험이 축적되면 선입견은 자기 자신의 가치관으로 굳어버린다. 소수의 사람이 이런 틀을 깨긴 하지만, 대다수의 사람들은 이런 방식으로 삶을 살아간다.

　　사회에서는 일상의 편견을 깨는 사람, 신중하게 결단하는 사람들에게 남다른 의미가 부여된다. 편견을 고수하는 사회는 정체되고, 기득권을 옹호하는 사람이 많아지기 때문이다. 이럴 경우 정의사회 구현은 점점 멀어진다. 편견을 깨는 일은 쉽지 않다. 소크라테스도 〈변론〉에서 사람의 편견을 깨는 일이 가장 어렵다고 했다.

근대 사람들은 편견을 버리는 것을 계몽이라고 생각했다. 편견을 버리기 어려운 것은 가치와 연루되어 있기 때문이다. 무엇보다 오래전부터 내려온 관습에 포함된 가치에서 벗어나야 한다. 물론 서양 근대 사람들은 기존의 가치를 편견으로 보고, 완전히 새로운 가치를 창출하는 것이 편견에서 벗어나는 진정한 길이라고 생각했다. 자기 자신의 과거를 모두 버리고 새 출발해야 한다고 생각했던 것이다. 그러나 기존의 가치를 하루아침에 버리기란 쉽지 않다. 어떤 방식으로든 기존의 가치에 영향을 받는다. 그런 맥락에서 기존 가치에 매몰되지 않고 새롭게 해석하려는 태도도 편견에 물들지 않는 방식이다. 과거 안에서 새로운 삶의 가치를 찾는 것이다.

매킨타이어는 후자의 방식이 현실적이라고 생각했다. 기존의 가치를 완전히 벗어던지는 것은 현실적으로 불가능하다고 본 것이다. 가령 원초적 입장에 있는 사람들을 생각해보자. 원초적 입장의 주체들은 개인의 이해를 벗어나 공평무사하다. 정의원칙을 도출하기 위해 자기 자신의 이해, 기존 문화적 가치를 배제한다. 철저히 이성적인 인간들이라 하겠다. 하지만 이런 인간은 실제 인간의 모습이 아니다. 일종의 사유실험이라는 데 동의한다고 해도 희로애락을 공유하는 평범한 인간의 모습과 거리가 있다. 일상에서 부딪히는 사람과 달라 보인다는 것은 부인할 수 없다. 평범한 사람도 꾸준히 노력하면 정상에 오를 수 있다는 것을 안다. 목표의 중요성에 대해 충분히 인지하고 있다는 말이다. 하지만 구체적인 실행을 하지 못할 뿐이다. 하루 열심히 연습하다가 그만두기 일쑤다. 매순간마다 사정이 있고, 현실적인 이해를 뿌리치기 어렵다. 이런 사람에게 아무리 목표의 중요성을 외쳐도 그 목표를 달성할 수 없다. 현실적인 장애를 극복하지 않으면 구체적인 실천은 요원하다. 말하자면 자기 안에서 어떤 계기를 마련하지 않으면 구체적인 실행은 일어나지 않는다. 행동이 일어나려면 일상생활 속에 작지만 분명한 변화가 있어야 한다. 이런 변화가 없다면 목표가 아무리 거대해도 자신의 것으로 만들지 못한다. 매킨타이어의 논의는 이런 작은 변화를 일으키는 가능성을 모색한다.

이 작은 변화는 두 가지 관점에서 제시된다. 첫째, 인간이 자기 자신의 주인이며, 자기 행동을 주도한다는 점을 보여주어야 한다. 다른 말로 하면 삶의 생동성을 보여주어야 한다. 인간은 피동적인 존재가 아니다. 환경을 매개로 자기 자신을 만들어가는 인간이 진짜 인간의 모습이다. 둘째, 자기 행동의 주인이 되는 것과 가치가 어떻게 연관되는지 설명되어야 한다. 자기 행동에 대한 경험적 서술에서 자기 자신을 설명하기 어렵다. 데이비드 흄이 주장했듯이, 자기 행동의 구체적인 서술에서 자기 자신에 대한 가치 평가를 끌어내는 것은 사실에서 당위를 도출한다는 비판을 받기 쉽다. 가령 '성황당에 물을 떠놓고 기도했다'는 경험 기술을 신의 존재를 입증하는 것으로 해석하는 것은 무리이다. 하지만 이 명제를 자식의 대학입학을 간절히 바라는 행위로 설명한다면 나름 합리적이라고 할 수 있다. 높은 경쟁률의 대학입시를 고려하면 충분히 이해될 수 있는 행위인 것이다. 인간 행동의 합리성은 인간의 필요와 이득에 관련된다. 이런 이득과 필요가 인간의 가치가 되는 것이다. 이 대목에 놓치지 말아야 할 점은 인간의 이득과 필요는 집단적인 특성을 갖는다는 사실이다. 따라서 인간의 행위는 자신이 속한 공동체의 이해방식과 연결되어 있다. 그런 점에서 인간의 소통은 기존의 가치를 해석해야 하기 때문에 뜻의 공동체를 전제한다. 다시 말해 의미를 공유할 수 있는 공동체가 필요하다. 삶의 생동성은 인간의 이런 모습에서 찾을 수 있다. 독창적인 행위 또한 공동체의 가치나 이해방식과 좋든 싫든 연관된다. 새롭게 해석하든 전적으로 다른 가치를 세우든 기존 가치가 없다면 새로운 가치도 나올 수 없다는 것이다. 인간들의 관계가 가치를 지향한다면 공동체의 가치나 이해방식이 개입될 수밖에 없다. 서구 근대의 사유가 놓치고 있는 것이 바로 생동감 있는 인간의 모습이다. 매킨타이어의 롤스 비판도 행위 주체에 대한 공격에서 시작한다. 현실의 모든 인간이 원초적 입장에서 제시된 인간의 모습, 즉 정의원칙을 준수하는 인간일 수 없다는 것이다. 그의 구체적인 논의를 살펴보자.

자기 자신이란 누구인가?

롤스의 기본 전제 중 하나는 우리 모두가 의미 있는 일을 해야 한다는 점이다. 사회적 약자에 대한 관심은 사회체제에서 배제된 사람들을 인격적으로 대우하기 위한 것이다. 그러나 인격적인 대우만을 보장하는 데 그치지 않는다. 사회적 약자가 건전한 사회 성원이 될 수 있는 조건을 마련하는 데도 목적이 있다. 이런 시각에서 보면 청년실업, 비정규직, 이주노동자 문제는 매우 심각하다. 무엇보다 큰 문제는 자기 자신을 드러낼 의미 있는 일을 찾지 못했기 때문이다. 물론 의미 있는 일에 대한 각자의 생각은 다르다. 청년실업을 바라보는 시선이 엇갈리는 것도 이런 맥락이다. 구직자에게 눈높이를 낮추라는 조언을 하는 이들이 있는가 하면, 평생의 삶을 좌우할 수 있는 직장인 만큼 가볍게 결정할 수 없다는 입장도 있다. 이런 차이에도 불구하고, 각자에게 의미 있는 일이 필요하다는 데는 동의한다. 사실 롤스는 의미 있는 일의 구체적인 내용에 대해서는 심각하게 고민하지 않았다. 정의원칙의 한도를 넘어서지 않으면 다양한 관심의 차이는 오히려 사회발전에 도움이 된다고 생각했다. 그의 관심은 오로지 정의로운 사회체제를 구축할 제도적 원칙에 집중되어 있다. 이런 원칙이 제도의 한계선을 그을 것이고, 각 개인이나 집단이 이 한계선을 지키면 전혀 문제되지 않을 것이라고 생각했다. 말하자면 옳은 것이 정해지면 어떤 행동이 옳고 그른 것인지 구분할 수 있다는 것이다. 이런 이유인지는 몰라도 그는 개인의 지혜로운 처신이나 행위 주체들이 제각각 가지고 있는 독특하고 창조적인 측면에는 큰 관심을 보이지 않았다.

　매킨타이어의 생각은 달랐다. 매킨타이어의 주요 관심사는 옳고 그른 행위보다 행위 주체였다. 특히 어떻게 특정 행위 주체가 주어진 상황에서 다르게 행동할 수 있을지 관심을 보였다. 그런 점에서 행위 주체가 된다는 것은 특별한 의미를 지닌다. 행위 주체가 된다는 것은 자기 자신의 행위에 책임을 진다는 뜻을 내포한다. 더욱이 상황을 자신의 것으로 만들어내는 능력, 흔히 지혜라고 하는 능력이 필요하다. 인간은 주위환경을 변화시키면서 살아간다. 자기 자신의 욕망과 필요에 따라 주위환경을 개선하면서 자신에게 유익하고 좋은 것을 만들어간다. 매킨타이어의 입장에서 보면 롤스의 생각은 전형적인 근대 사유를 발전시키고 있다.

근대 사유 방식처럼 롤스도 행위의 옳고 그름에 따라 원칙을 정해 사회체제를 규제하려 한다는 것이다. 이런 사고 방식에선 슬기, 재치, 지혜 같은 개인적 덕목의 중요성을 자칫 간과할 수 있다. 매킨타이어는 주저 《덕 이후^{After Virtue}》(우리말 번역은 《덕의 상실》이다)에서 서구 근대성의 과도한 행동 지향적인 측면을 비판하면서 행위 주체에 대한 윤리적 논의를 복원하려고 시도한다. 이 과정에서 행위 주체-덕-사회관행으로 이어지는 아리스토텔레스의 논의를 새삼 강조한다.

행위 주체를 설명하는 방식은 크게 두 가지이다. 하나는 외부의 시선에서 행위 주체의 행동을 서술하는 것이다. 흔히 자극-반응이라는 구도의 탐구방법이다. 특정 행위 주체의 행위들을 인과적 관계에 따라 서술하면서 공통적으로 나타나는 법칙에 따라 성격을 규정하는 방식이다. 가령 어떤 사람이 특정 대상에 반복적인 행위로 대응한다면 그 행위의 반복은 곧 그 사람의 품성을 결정한다고 본다. 이런 관점에서 행위 주체는 여타의 사물처럼 특정한 품성상태를 속성으로 갖는다고 가정된다.

또 다른 하나는 행위 주체의 내면을 탐구하는 것이다. 심리학적 설명과 유사하지만, 반성이라는 철학적 토대에서 문제를 다룬다. 인간 내면의 변화가 곧 행위 주체의 문제를 설명할 수 있다는 것이다. 하지만 이 두 방식은 문제가 있다. 외부의 시각에서는 행위 주체의 동기나 내면적인 충동을 설명하기 힘들다. 내부의 시각에서는 지나치게 자신의 세계에 갇혀 어떻게 타인과 소통할 수 있는지 보여주지 못한다. 더욱이 어떻게 자기 자신만의 독특한 시각이 나타나고, 상황에 따라 슬기롭고 지혜로운 결정을 내릴 수 있는지 보여주지 못한다.

매킨타이어는 이런 문제점을 보완하는 방식으로 행위 주체를 논의한다. 그는 행위 주체가 말하는 주체라는 사실에 주목한다. 말하는 과정과 인식 과정은 구분되어야 한다. 칸트가 지적한 대로 인식하기 위해서는 인식 주체가 상정되어야 한다. 동일하게 말하기는 말하는 주체, 즉 행위 주체를 전제해야 한다. 또 인식 과정은 인간 내면의 과정이기 때문에 밖으로 드러나지 않는다. 반면 말하는 과정은 커뮤니케이션을 전제로 한다. 한 사람은 자신의 생각을 표현하고 다른 사람은 그 생각을 듣는다. (가령 독백의 경우에도 소통이 가능하다. 자기 자신은 표현하는 주체이면서 듣는 주체이기도 하다. 그런 점에서 반성은 또 다른 자아를 찾는다.) 말하기^{telling}는 인식^{knowing}과 다른 무엇을 포함한다. 행위 주체를 연결하는 커뮤니케이션에는 메시지가 필요하다. 이 메시지는 이야기의 형식을 빌려 표현된다. 그런 점에서 메시지는 과학에서 말하는 사실의 총합이 아니라, 사실과 가치가 섞여 있는 매우 독특한 것이다. 말하자면 사실에 행위 주체의 욕구와 필요가 개입되면서 특정의 욕망과 필요로 바뀌어가는 것이다. 이 연결고리는 행위 주체에 대한 연구에 새로운 장을 마련한다. 메시지는 행위의 재현을 포함하고 있기 때문이다. 다시 말하면 행위 주체의 이야기는 행동을 재현하면서 특정의 메시지를 전달한다.

말하기는 인간의 독특한 행위이다. 사실에 대한 자신의 욕구를 전달한다는 점에서 자기 이해의 합리성이 나타난다. 동시에 자기 이해를 키우기 위한 거짓말과 기만이 작동될 수 있는 영역이다. 사고 목격자의 진술이 차이가 나는 것도, 친구를 변호하기 위해 위증을 하는 것도 말하기의 특성에서 나온다. 물론 말하기가 꼭 부정적인 것은 아니다. 앞서 지적했듯이 인간의 내면 세계를 밖으로 표출하는 행위가 말하기이고, 그 수단이 이야기라는 점에 주목할 필요가 있다. 어떤 것을 보고 행할 때마다 인간의 내면 세계는 변화를 겪는다. 앞의 예를 다시 살펴보자. 동일한 사고에도 목격자의 진술이 다른 이유는 무엇일까? 우선 평가를 내리는 주체의 차이에 주목해야 한다. 상이한 평가의 근거는 행위 주체의 내면 세계에서 작동하는 기억의 차이에 있다. 같은 사건을 두고도 한 사람이 다른 평가를 내릴 수 있는 것도 어떤 기억을 이 사건과 연결시키느냐에 달려 있기 때문이다. 이런 차이는 가치의 차이로 나타나며, 가치의 차이는 행위 주체의 정체성에 영향을 미친다. 반복되는 행동을 보고 그 행위 주체의 품성을 가늠할 수 있다. 어떤 정치적 사건의 평가자를 두고 보수주의자라고 하거나 진보주의자라고 말하는 것은 그런 이유이다.

　매킨타이어를 비롯한 공동체주의자들이 관심을 둔 행위 주체는 자극에 단순 반응하는 물체가 아니라 환경에 유기적으로 대처하는 생물체이다. 행위 주체는 상황을 통제하기 위해 자기 안의 지식을 통합하고, 그 지식을 가치로 표현한다. 행위 주체는 자극의 원인자인 환경을 자신의 입장에서 바라보고 이해한다. 행위 주체는 그 이해를 바탕으로 타인과 소통한다. 이 같은 소통은 인간의 주체 안에서 일어나는 독특한 경험에 대한 이해를 요구한다. 이런 과정에는 주체의 특별한 공간이 상정된다. 특정 환경에서의 선택은 곧 정치적 선택이자 역사적 선택이다. 따라서 이야기도 소통 과정에서 정치적 의미를 갖게 된다. 이때 행위자는 단순히 자기 자신을 표현하는 것뿐 아니라, 자신의 말과 행동에 책임질 줄 알아야 한다. 이러한 행위자가 정치적 주체로 고려될 수 있다.

말과 행동에 책임을 진다는 것은 자기 행위의 주인이 되는 것이다. 행위의 주인이 되는 것은 자기 자신에 대한 평가, 삶의 질에 대한 평가를 요구한다. 즉 이런저런 선호에 대해 우선순위를 매기는 것뿐 아니라, 자신이 어떤 사람이고 어떤 사람이 되길 소망하는지 평가해야 한다. 이 과정에서 특정 가치가 개입된다. 결국 행위의 주인이 되는 것은 자기 정체성을 드러내는 것이다.

인간은 이야기한다

도구의 사용은 인간의 주요한 특징 중 하나이다. 도구의 사용으로 환경은 편리해지고, 문명이 축적된다. 이 과정에서 언어 또한 매우 중요한 역할을 한다. 언어는 마치 공기처럼 필수적이지만 너무도 가까이 있어 때로 소중함을 잊곤 한다. 누구나 태어나면서 모국어를 습득한다. 모국어는 욕망과 희망을 표현하는 매체이다. 삶의 희로애락이 모국어로 표현되고 교환된다. 언어가 없었다면 기억을 되살릴 수도, 축적할 수 없었을 것이다. 인간 문명과 문화의 발전은 한편으로 기억의 축적 과정이다. 기억의 축적 없이는 문명과 문화도 없다. 예컨대 언어를 갖지 못한 민족은 소멸하고 만다. 민족의 기억과 행동이 기록되어 전승되지 않으면 집단적인 정체성을 유지할 수 없기 때문이다. 다행히도 우리에겐 우리말이 있다. 기록을 통해 선인의 삶을 알 수 있고, 지금 우리 삶을 기록한다. 그래서 '우리'라는 공통분모를 가질 수 있는 것이다. 말하자면 문화의 전승이 가능해진 것이다.

민족언어에 대한 관심은 근대사상에서 중요한 위치를 차지한다. 근대사상의 한 축을 이루는 루소^{Jean-Jacques Rousseau}, 헤르더^{Johann Gottfried von Herder}, 훔볼트^{Alexander von Humboldt}, 괴테^{Johann Wolfgang von Goethe}, 실러^{Johann Christoph Friedrich von Schiller}, 피히테^{Johann Gottlieb Fichter} 모두 민족문화의 뿌리인 민족언어를 연구 대상으로 삼았다. 민족국가 형성 과정에서 집단적 정체성의 뿌리를 찾고자 했던 것이다. 이렇게 보면 매킨타이어 논의에서 중요한 역할을 하는 '이야기'에 대한 관심은 상대적으로 아주 최근의 일이다. 20세기 초 토속 문화에 대한 관심이 증가하면서 이야기에 대한 논의가 본격적으로 시작되었다. 원주민의 삶, 전래동화 등의 이야기에 어떤 공통성이 감지되었다. 더 나아가 이야기 안에 어떤 보편적 특질이 있다고 여겨졌다. 우리나라의 경우를 예로 들어보겠다.

최근 몇 년 사이 우리나라 드라마 수가 폭발적으로 증가했다. 가히 드라마 홍수 속에 살고 있다고 해도 지나치지 않다. 기존 공중파 방송국뿐 아니라 종합편성채널까지 가세해 드라마 제작에 열을 올리고 있다. 하루에 적어도 5편 이상의 드라마들이 방영되고 있다. 시쳇말로 '막장'부터 '생애 최고'에 손꼽히는 찬사를 받는 드라마까지 그 종류도 다양하다. 물론 광고수주를 위한 손쉬운 방법인지 모른다. 그러나 거꾸로 생각하면 우리들이 그만큼 드라마를 즐기고 있다는 반증이기도 하다. 좋은 싫든 우리는 드라마에 노출되어 살아가고 있다. 여기서 주목해야 할 점은 우리가 즐겨 보는 이야기의 '구조'이다. 우리는 대체로 비극적인 결말보다 '해피엔딩'을 선호한다. 가령 드라마 속 특정 인물의 죽음이나 전체 극의 예상치 못한 비극적 결말은 종종 시청자들의 원성을 사기도 한다. 더 나아가 인물의 흥망성쇠나 결말의 향방이 시청자들의 요구에 따라 수정되는 경우도 있다.

이야기 구조로만 보면, 우리가 즐기는 해피엔딩 드라마의 이야기 구조는 과거 이야기 구조와 맞닿아 있다. 과거에서 전해지는 우리 민족의 이야기는 유난히 권선징악勸善懲惡의 구조가 많다. 선한 사람은 복을 받고, 악한 사람은 벌을 받는다. 선한 사람은 악인의 음해와 방해에도 마침내 행복하게 산다. 사실 오늘날 이런 구도를 가장 극단적으로 보여주는 예가 소위 막장드라마이다. 비난을 사면서도 시청률이 높은 이유도 여기에 있을 것이다. 이런 드라마에선 결코 악인이 성공하지 못한다. 악인의 행위가 악랄하면 악랄할수록 선한 이가 종국에 거두는 승리는 시청자들의 더 큰 감정적 지지를 이끌어낸다.

이야기는 독자에 영향을 끼친다. 특히 독자의 감정 변화는 이야기 논의의 주된 관심 주제였다. 이미 고대 그리스 철학자 플라톤은 허구의 이야기를 하는 사람들을 이상국가에서 몰아내야 한다고 주장한 바 있다. 허구적인 이야기가 일반 대중에 미치는 영향이 이상국가의 근간을 흔들 만큼 위험하다고 생각했기 때문이다. 이런 형태의 반응은 지금도 심심찮게 반복된다. 이야기 묘사가 대중 심리와 행위에 미칠 영향을 고려해 TV프로그램이나 영화 등을 검열, 폐지하는 것은 플라톤 주장의 연장선상에 있다고 해야 할 것이다. 이따금 논란이 되는 검열 문제는 차치하더라도, 이야기가 독자에 영향을 미친다는 사실은 부정할 수는 없다. 책을 통해서건, 드라마를 통해서건 이야기를 즐기는 건 일종의 간접 경험이다. 이런 경험은 독자의 내면 세계 형성에 개입한다. 따라서 특정의 이야기를 지속적으로 향유하는 사람과 그렇지 않은 사람이 동일한 세계를 형성하고 소망한다고 할 수 없다.

 이야기 구도의 차이는 생각 차이를 만든다. 가령 《춘향전》의 한국 독자와 《햄릿》의 영국 독자의 생각이 동일할 수 없다. 사람은 이야기에서 정보를 얻고 그 정보를 기반으로 가치를 형성한다. 동시에 이야기의 무의식적 수용은 이야기에 내포된 가치 또한 수용함을 뜻한다. 이 같은 수용을 통해서 독자의 생각은 변화한다. 이 같은 생각의 차이는 독자의 감정 변화를 통해 가능하다. 독자는 이야기를 수동적으로 받아들이지 않고, 적극적으로 자신의 의미로 만들어간다. 그런 점에서 생각의 변화는 의미의 변화와 연결된다. 의미의 변화는 이야기된 행동의 평가와 긴밀하게 연결된다. 살아가는 동안 인간은 수많은 새로운 경험을 한다. 하지만 새로운 의미는 저절로 나타나는 것이 아니다. 기존 의미와의 상관관계 안에서 기존 의미와 경험을 다르게 해석할 때에만 새로운 의미가 나타날 수 있다. 삶의 가치가 변하는 것 또한 이런 맥락에서 가능하다. 그런 점에서 이야기는 자신을 발견하고 창출하는 매개인 것이다.

해석하는 동물, 서사적 존재

우리 모두가 행위의 주인이라고 할 때, 여전히 남는 문제는 어떻게 자기 자신이 행위의 주인임을 알 수 있는가이다. 이를 설명하기 위해선 두 가지 조건이 갖춰져야 한다. (1) 행위의 주인이 되기 위해서는 행한 행위들을 하나로 묶어내는 작업이 필요하다. 행위들을 통일된 의미로 묶어내지 못하면 과거에 행한 행위들을 자신의 것으로 말할 수 없다. (2) 이 같은 행위의 통일은 행위 주체의 과거, 현재, 미래의 시간에 따라 결정된다.

하루 동안 일어는 행위를 중심으로 행위 주체를 설명해보자. 아침에 일어나 세수를 하고 식사를 한다. 가방을 들고 현관문을 나간다. 학교에서 수업을 듣는다. 수업이 끝나고 집으로 돌아온다. 저녁을 먹고 공부를 하다 잠든다. 시간에 따라 일어난 사건을 배열하면 특정인의 하루 생활이 드러난다. 행동의 의미는 일관된 특정 관점에서 읽어낼 때 드러난다. 가령 이 행위를 고3 수험생에 적용하면 고단한 수험생의 일상으로 읽어낼 수 있다. 반면 대학생의 일과라면 단조로운 생활을 기술하는 것이 된다.

예에서 드러나듯, 행위에 대한 통일적인 설명은 특정인의 삶을 드러낸다. 동시에 한 개인에게 행위의 통일이란 과거 행위 안에서 자기 자신을 구성하는 것이다. 자기 자신을 구성하는 것은 파편화된 기억을 일관된 기억으로 만드는 것이다. 이 같은 일관된 기억은 파편화된 기억을 인과적으로 엮어내어 하나의 전체로 만들 때 나타난다. 기억에서 자기 자신의 정체성을 찾는 것은 '삶'을 '통합'하는 것과 같다. 위의 예에서 행위는 동일해 보여도 누가 했느냐에 따라 전혀 다른 삶이 된다. 따라서 고3 수험생과 대학생의 정체성에는 큰 차이가 있다.

이렇게 볼 때 어떤 방식으로 삶을 통합하느냐는 매우 중요하다. 매킨타이어가 주목한 것은 삶의 통합과 이야기의 연관이다. 이 둘을 연결시켜주는 것은 인간의 시간이다. 인간의 삶은 시간 안에서 드러난다. 인간에 주어진 시간은 태어나서 죽는 순간까지다. 이 시간은 기록의 대상이다. 인간의 시간은 이야기를 통해 드러난다. 이야기된 자신이 그 인간의 본모습이다. 따라서 인간의 정체성은 이런 인간의 시간을 드러내는 것이다. 중요한 사실은 이런 인간의 시간을 드러내려면 이야기, 즉 내러티브가 필요하다는 점이다. 내러티브는 근본적으로 인간의 시간적 특성을 언어로 기록하는 것이다. 행동이나 사건의 시간적 변화는 이야기의 인과적 사슬을 통해 드러난다. 내러티브가 없다면 이런 시간을 드러낼 방법이 없다. 다음 상황을 생각해보자. 학교에서 돌아온 아이의 얼굴이 어둡다. 엄마는 무슨 일이 있는지 궁금해 아이에게 '무슨 일이 있니?'라고 묻는다. 아이는 학교에서 친한 친구와 청소를 하다가 다투었다고 했다. '왜 싸웠니?'라고 묻자 청소를 깨끗이 하라고 했더니 싫은 소리를 했다는 것이다. 이 모든 과정에 대한 설명에 이야기가 개입한다. 학교에서 생긴 일을 이야기로 전하고 있다. 그러나 만일 아이가 아무 말도 하지 않았다면 학교에서 일어난 일을 알 수 있을까? 친구와 싸웠고 그래서 화가 났음을 알 수 있을까? 이처럼 이야기는 행위와 사건을 전달하는 중요한 매개물이다.

이런 인과적 사슬을 이야기로 엮어갈 때 하나의 전체적 관점이 필요하다. 이 전체적 관점에서 그 사람의 인격이 드러난다. 결국 이야기의 줄거리는 하나의 전체를 형성하고, 그 가운데서 행위 주체가 나타난다. 자기 정체성은 전체 관점과의 대비를 통해 드러난다. 그런 점에서 내러티브의 통합은 개인이나 단체의 기억의 인과적 사슬을 넘어설 때 가능하다. 다른 말로 하면 인간 행위자는 행위를 인과적으로 엮어낸 것 이상이다. 행위의 주인은 행위에 의미를 부여하는 주체이다. 그렇기 때문에 행위 주체는 행위의 총합이 아닌, 이런 행위를 가능하게 하는 주체이다. 이야기에서는 전체적 관점이 이런 주체를 대변한다.

단순화시켜 말하면 매킨타이어의 주장은 이렇다. 자기 자신이 행위의 주인으로 드러나려면 내러티브의 통합이 필요하고, 이런 통합은 항상 존재하는 이야기 안에서 가능하다. 그 안에서 자기 자신을 발견한다. 어떤 부모님 밑에서 태어났고, 어떤 교육을 받았으며, 어떤 친구들과 사귀었는지 등에 관해 타인의 이야기 형식이든 자기 자신의 이야기든 이야기의 도움을 받지 않고 말할 수 없다. 이야기를 빼버리면 자기 자신을 드러낼 방도는 없다. 편견이 문제가 되는 것도 이런 맥락이다.

그렇다면 이야기에서 이런 전체가 어떻게 나타나는가? 행위자의 행위를 표현하는 것만큼은 분명하다. 하지만 행위에만 국한한다면 행위자의 과거와 현재시점에 매몰될 수밖에 없다. 미래의 인생계획이나 그 행위자가 속해 있는 집단의 잠재적 비전이 포함되지 않기 때문이다. 다른 말로 하면 이야기는 자기 자신 이외의 타인의 행위를 결합시킨다. 아직 일어나지 않았지만 일어날 수 있는 행위를 연결시키는 것은 이야기의 특성이다. 이야기 안에 개입된 타자는 개인 또는 집단이다. 자기 자신 이외의 타자와 만나는 것이 공동체의 성립요건이다. 이때 공동체란 자기 자신의 행위와 다른 사람, 또는 집단과 연결된 공간이다. 타고난 재능의 발휘를 위해서는 공동체가 필요하다. 덕이란 타고난 재능을 탁월하게 하는 습관이다. 이 같은 습관은 기존 관행을 요구하고, 각 관행마다 좋다고 생각하는 선이 전제된다.

공동체 생활의 근본이라 할 관행이 이때 중요하다. 공동체의 관행이 중요한 이유는 이런 관행이 사회 성원에 유용할 뿐만 아니라 하나의 선이 되기 때문이다. 물론 모든 관행이 좋은 것은 아니다. 말 그대로 나쁜 관행도 부지기수이기 때문이다. 하지만 사회협동이 필요하다는 롤스의 주장이 타당하려면 공동체의 관행이 하나의 선으로 받아들여져야 한다. 관행에 내재한 선은 사회 성원의 행위를 의미 있게 만든다. 덕이 사회협동 과정에서 필수적인 것도 이런 맥락이다. 다른 말로 유기적인 사회협동은 사회협동체제를 진척시킬 실천 관행을 필요로 한다. 이런 통합에는 덕, 관행, 관행에 내재하는 선을 유기적으로 통합할 목적론적 체계가 필요하다. 인간의 제도는 이런 목적론적 체계라고 할 수 있다. 그런 점에서 관행의 사회적 주체는 제도라고 할 수 있다. 관행의 목적은 통합성을 유지하는 것이고, 제도를 어떻게 수행하느냐에 달려 있다.

이때 중요한 것은 관행보다 이야기가 앞선다는 사실이다. 행위의 주인은 자기 자신을 해석한다. 관행에 내재한 선을 달성할 수 있도록 자기 자신을 만들어간다. 이때 내러티브의 역할이 강조된다. 먼저 자기 자신을 발견하기 위해서는 자신만의 과거를 언급해야 한다. 이 같은 과거의 언급은 내러티브를 통해 표현된다. 다시 말하면 '말로 전해지기에 앞서 이야기는 체험'되는 것이다. 이 말은 이야기 안에서 자기 자신이 누구인지 말할 수 있다는 것이다. 이야기의 체험이란 그 이야기 안에서 자기 자신을 위치 지운다는 뜻이다.

정의로운 사회는 세상에서 느끼는 것과 생각하는 것의 조화에서 가능하다. 느낀 것과 생각한 것의 조화는 한 개인의 정체성을 넘어 집단의 정체성으로 확대된다. 하지만 이 같은 조화상태는 찾기도 힘들 뿐만 아니라, 설사 있다고 해도 유지되기 어렵다. 세상에서 느끼는 것과 생각이 다를 때, 또 생각이 너무 앞서 느끼는 것으로 만족하지 못하는 경우가 더 많기 때문이다. 사람들은 늘 새로운 삶을 추구한다. 말하자면 정체된 삶보다 역동적인 삶을 좋아한다. 자기 자신만의 삶을 개척하려고 한다. 이른바 창의성이 중요하다. 매킨타이어는 현대사회의 인간들이 지나치게 타산적인 측면만을 본다고 비판한다. 인간은 그저 주어진 조건을 합리적으로 계산하여 행동하지 않는다. 가끔은 충동적으로 상황에 대처하는 경우도 많다. 그러나 그 행동에서조차도 명분을 찾는다. 매 순간 인간은 특정의 삶을 찾고 가치를 부여하려고 한다. 이런 상황에서 윤리가 중요하다. 의무보다 자신에게 좋은 것, 바람직한 것, 멋진 것이 먼저라고 생각하기 때문이다. 나에게 느낌으로 다가오는 것이 중요하다. 롤스 논의에서 이런 인간의 모습은 찾을 수 없다. 옳은 것이 먼저이다 보니 인간의 모습에서 나타나는 역동성은 롤스에게 관심의 대상이 아니었다. 매킨타이어의 관심사는 현대사회에서 잊힌 역동적인 측면을 드러내는 것이다. 그리스 사상에서 강조되는 '덕德'이 인간 본연의 노력하는 삶과 관련된다는 점을 강조하고 있다. 그런 점에서 매킨타이어 논의에서 중요한 것은 기존 의미와의 공유, 그러면서도 새로운 의미를 찾아가는 역동성이다.

전승과 전통

이렇게 보면 진정 자아에게 중요한 것은 공동체 삶에 나타난 역사성이다. 자기 자신의 독특한 시간은 자기 자신의 역사가 만들어지는 시간에서만 가능하기 때문이다. 롤스의 주체에서 상실하고 있는 것은 바로 인간의 이런 역사적 측면이다. 싫든 좋든 우리가 한국 사람이라는 것, 한국의 가치와 얽매여 있다는 것, 하지만 또 지금과는 다른 한국 사람이 되려고 꿈꾼다는 것이다. 자기 자신이 나타나는 지점은 새로운 의미가 나타나는 '역사적 시간'이다. 역사적 시간은 현재의 시점에서 과거와 미래를 만나게 하는 것이다. 역사적 시간은 과거와 떨어질 수 없지만, 과거에 갇히지 않는다. 미래를 꿈꾸고 있지만 미래에 끌려가지 않는다. 그래서 자기 자신을 드러내는 일은 기존의 가치, 공동체와 일정 정도 거리를 두어야 한다. 그 안에서 자신의 경험에 의미를 부여한다. 이미 살펴본 대로 이 같은 의미 부여는 이야기를 통한 통합을 전제한다.

이야기된 자기 자신에서 새로운 자신을 만들어내는 것도 이야기의 도움이 필요하다. 어떻게 새로운 이야기가 가능할까. 각 개인의 다양한 경험에는 새로운 이야기가 숨어 있다. 하지만 특히 주목해야 할 대목이 있다. 새로운 가치 또한 이야기되는 한 과거 이야기에서 시작되어야 한다는 점이다. 매킨타이어는 이것을 "살아 있는 전통"이라 부른다.

전통의 적절한 의미는 미래의 가능성을 파악할 때 가능하다. 이런 파악 안에서 과거가 현재에 이용 가능해진다. 살아 있는 전통은 아직 완결되지 않은 내러티브를 지속시키기 때문에 미래와 직면한다. 미래의 결정적이고 결정 가능한 특성은 이런 특성을 소유하는 한 과거에서 도출된다.

살아 있는 전통은 과거의 재해석을 통한 새로운 가능성을 찾을 때만 가능하다. 그것은 이야기와 분리될 수 없다. 더 나아가 자기 정체성은 과거의 행위에 의해 완전히 결정되지 않는다. 실현되지 않은 미래의 가능성이 남아 있다. 인간 행위자에겐 항상 아직 실현되지 않은 자기 자신이 남아 있고, 이 또한 이야기의 대상이 된다. 따라서 인간 행위자의 특성은 유동적인 자기 정체성에 있다고 할 수 있다. 자기 자신은 윤리적 소망으로, 이야기의 형식으로 나타난다. 개인이든 집단이든 윤리적 삶과 소망은 인간에 국한시킬 때 오로지 살아 있는 전통 안에서 새로운 자기 자신을 찾아가는 것이다. 인간의 삶은 유동적이다. 따라서 이야기도 유동적이다. 새로운 자기 발견의 가능성이 남아 있다. 때문에 "음미되지 않는 삶은 살 가치가 없다"는 소크라테스의 주장은 여전히 우리에게 유효하다. 자기 진정성의 이상이다. 윤리적 주체의 발견은 기존의 방식을 그대로 모방하는 것이 아니다. 거짓을 버리고 진실을 찾아가는 자기 자신과 같은 것이다. 소크라테스는 이런 삶을 철학적 삶이라고 했다.

만남 8

분배정의와 사회변혁

어떻게 분배해야 할까?

롤스의 분배원칙에 대해서도 비판이 가능하다. 분배문제가 어려운 이유는 현실에서 생각하는 평등문제와 직결되어 있기 때문이다. 무엇을 어떻게 나누는 것이 평등한 것일까? 문제를 쉽게 이해하기 위해 피자를 나누는 방식을 생각해보자. 배가 고파 피자를 시켰다. 어떻게 하면 피자를 공평하게 나눌 수 있을까? 쉽게 떠오른 생각은 피자를 먹을 사람의 수로 똑같이 나누는 것이다. 가령 네 명이 먹는다면 네 조각, 또는 여덟 조각으로 나누면 손쉽게 공평하게 나눌 수 있다. 그러나 이런 방식이 꼭 공평한 건 아니다. 피자를 좋아할 수도, 싫어할 수도 있다. 또 피자 내기를 했다면 승자와 패자에 따라 다르게 나눌 수도 있다. 이 경우 피자 분배를 항상 사람의 수로 나누는 것이 공평한 것만은 아니다. 상황과 만족도에 따라 형평성의 차이가 있을 수 있기 때문이다. 상황의 고려는 당연히 피자의 분배 방식을 상대적으로 매우 복잡하게 만든다. 중요한 것은 각자의 경우와 그에 상응하는 상황을 고려해 넣어야 한다는 것이다.

이렇듯 일상생활에서는 두 종류의 평등이 작동한다. 위의 사례에서 보듯이 분배할 대상을 절대적인 수에 따라 나누는 것이 평등하다고 생각하는 반면, 각자의 몫과 상황과의 상관관계에 따라 평등이 고려되어야 한다고 생각하는 경우도 있다. 전자와 후자는 다르다. 전자는 분배의 공평성이 획일적인 평균으로 이미 결정되어 있는 반면, 후자의 경우 분배의 공평성이 분배할 사람과 분배되어야 할 것과의 상관관계에서 결정된다. 중요한 것은 분배의 공평성은 미리 결정될 수 없다는 점이다. 개인의 몫은 사회협력의 과정의 결과에 밀접하게 연관될 수 있기 때문이다. 그리스의 철학자 아리스토텔레스는 이 차이를 충분히 알았다. 그래서 전자를 '산술적 평등'이라고 했고, 후자를 '비례적 평등'이라고 불렀다.

롤스는 일상생활에서 작동하는 두 종류의 평등개념을 사회 정의라는 개념 안에서 통합해보려고 했다. 중요한 것은 그 통합방식이다. 롤스는 사회제도 원칙의 수립을 통해 이 같은 통합을 시도하고 있다. 그러나 사회제도의 정의로움은 일상생활의 평등개념과 떨어져서 생각해서는 안 된다. 오히려 사회제도의 정의로움은 일상생활의 정의감 또는 평등감을 철저하게 반영한다. 롤스는 이 점을 분명하게 의식하고 있었다. 그래서 사회제도의 성립을 위해 다음과 같은 것들이 꼭 필요하다고 생각했다. 우선 사회제도를 받아들일 사회 성원들이 필요하고, 각 사회 성원들은 자신의 의사를 개진하고 자신의 행동에 책임질 수 있는 자유가 요구된다. 정치적 자유가 바로 이것이다. 이 같은 자유는 어떤 사회 유용성과도 맞바꿀 수 없고, 대체할 수도 없는, 이른바 신성불가침한 것이다. 따라서 정치적 자유의 확보는 사회 정의 실현을 위한 제1원칙이고, 이것은 사회 성원들 모두가 자유롭고 평등하다는 것을 선언하는 것이다. 그런 점에서 개인들의 자유는 똑같은 자유를 갖고 있는 또 다른 사람의 자유를 훼손하지 않아야 한다. 이 같은 조건을 훼손하는 것은 말하자면 각 개개인의 자유를 인정하지 않는 것과 같다.

마찬가지로 사회 성원들의 사회활동은 이 같은 조건을 기본으로 자신의 이해를 증진하기 위한 협동과정이다. 사회협동을 통해 사회생산이 높아지고, 그 결과는 다시 사회 성원에게 되돌아가는 것이다. 그렇다면 생산 결과를 어떤 방식으로 나누어야 할까? 무조건 모든 성원에게 똑같이 나누는 것이 좋을까? 아니면 다른 방식을 택해야 할까? 모두에게 동일한 양과 질을 분배할 수 있다면 이 세상의 모든 문제를 단숨에 해소할 수 있을 것이다. 그러나 이 같은 분배는 현실적으로 불가능할 뿐만 아니라 설사 가능하다고 해도 과연 모든 불평불만을 잠재울 수 있을지는 불분명하다. 직관적으로 생각해도 동일한 양과 질의 물건을 분배한다고 불만을 근본적으로 해소할 수 없음은 분명하다. 생산 과정에 참여한 사람들의 역할과 임무를 전혀 고려하지 않고 있기 때문이다. 각 개인들은 일을 해내는 능력이 다르다. 능력이 다르다면 그 결과도 달라질 것이고, 그 결과의 차이에 따라 상응하는 보상도 달라져야 할 것이다. 따라서 무조건 모두에게 동일하게 분배한다고 공평한 것이 아니다. 이상적으로 볼 때 공평한 분배일지 모른다. 그러나 현실에서는 각 개인의 이해관계와 능력 차이를 전혀 고려하지 않는 몽상일 뿐이다.

롤스도 이 같은 문제점에 대해 충분히 인식하고 있는 듯하다. 그의 방식은 이 같은 일상생활의 교훈을 철저히 반영하고 있다. 사회의 모든 재화를 모두에게 동등하게 분배하는 것은 문제를 해결하는 것이 아니라 잠재적인 사회적 문제를 내포하고 있을 뿐이다. 개인의 능력과 자질 차이를 인정하지 않고 모든 개인들을 무조건 평준화하는 것은 위험하다. 그 위험성은 사회 일각에서 제기되고 있는 질의 저하 때문이 아니다. 오히려 그 위험성은 정치적 이상과 관련이 있다. 이 같은 조치는 자칫 사회 성원들의 자유를 속박할 수 있기 때문이다. 개인의 능력과 자질 차이는 사회협동 진작을 위한 인간적 조건이며, 각 개인이 각자의 자유를 다르게 느끼고 있음을 의미할 뿐이다. 따라서 개인 간의 차이를 무시하는 사회는 자유를 존중한다고 할 수 없다. 또 이 같은 사회는 매우 강력한 공권력을 통해서만 유지될 수 있다. 그러므로 이런 사회관계는 오직 현실적이거나 잠재적인 폭력에 실제적으로 노출되어 있을 가능성이 매우 높다. 말하자면 자유의 향유와 평등의 실현은 묘한 긴장관계에 있다.

이 같은 역설적 긴장을 완화해보려는 시도가 바로 롤스의 정의관이다. 그에 따르면 사회 생산성과 효율성을 높이기 위해 그 사회는 어느 정도 개인의 자질과 능력 차이를 최대한 활용해야 한다. 오로지 그런 맥락에서만 사회 성원들의 불평등한 관계를 용인할 수 있다. 물론 이 과정에서 사회 성원들이 충분히 납득할 수 있는 기준을 찾는 것이 필수적이다. 사회 정의의 분배원칙을 제도적 차원에서 보자면 개인과 그 개인의 사회적 역할의 상관관계가 무엇보다 중요하다. 그러나 이러한 상관관계를 보편적으로 평가할 수 있는 방법은 현실적으로 존재하지 않는다. 그러므로 사회제도의 토대가 될 원칙들은 이 같은 상관관계를 용인하면서, 사회협동이 지속적으로 이루어질 수 있어야 한다. 다시 말하면 우리 현실에서 필요한 분배원칙은 각 개인의 사회적 역할에 대한 공정한 평가와 더불어, 각 성원들의 자질과 능력이 잘 협력되도록 하는 사회제도의 기본원칙이어야 한다. 따라서 사회의 분배원칙은 개인의 능력과 자질의 차이가 좀 더 공정한 방향으로 사회발전에 이바지할 수 있도록 하는 원칙이어야 한다.

사회의 기본가치와 분배

국가의 재분배과정은 위에서 언급한 문제들을 풀어가는 과정이며, 사회 성원의 능력과 목표의 차이에서 얻어낸 사회협력의 결과물을 공평하게 분배하는 것이다. 그것은 사회 성원들에게 자신의 몫을 직접 할당하는 과정과 다르다. 국가의 역할은 우선적으로 사회 성원의 다양한 요구와 능력을 조화롭게 결합해 사회 생산력을 키우고, 그 다음 자칫 이 과정에서 초래될 수 있는 불공정과 불평등을 시정하는 것이다. 사회 성립의 궁극적인 목표라 할 수 있는 사회협력을 훼손하는 불공정과 불평등의 시정은 각 개인에게 그 몫을 할당해 이룩되지 않는다. 오히려 사회협력을 지속적으로 유지할 수 있는 원칙을 찾아내 국가의 기초로 삼아 그 지속적인 발전을 꾀하는 편이 낫다.

때문에 국가의 재분배 기능은 매우 제한적이다. 국가의 적극적인 개입은 사회활동의 모든 재화와 용역을 간섭하지도 않고, 간섭할 수도 없다. 재화와 용역을 구체적으로 명시하고, 가능한 분배 방식을 찾기란 애초부터 불가능하다. 오히려 롤스의 방식은 오히려 가장 기초적인 사회생활에 필요한 재화와 용역을 추론하고, 그것을 바탕으로 국가의 재분배과정의 원칙을 찾아보는 것이다. 그러므로 롤스는 우선적으로 현실에서 중요하다고 생각하는 가치를 추상화하고, 추상화된 가치를 분배할 원칙을 도출해내려 했다. 이렇게 사회생활에 필요한 추상화된 기본가치를 '사회의 기본가치Primary social goods'라고 부른다. 이것은 각 개인들이 그 자신의 자유를 향유하기 위해 필요한 자연적 가치와 다르다. 사회의 기본가치란 사회 성원들이 자유롭게 사회 안에서 자신의 능력과 자질을 행사하는 데 반드시 필요한 것이기 때문에 그 어떤 계약보다 앞서 갖고 있다고 할 수 있다.

다만 여기서 추론할 수 있는 또 하나의 진실은 각 개인들이 이 과정에서 사회의 기본가치를 더 많이 획득하려고 할 것이라는 점이다. 이 점은 원초적 입장에도 그대로 적용된다. 원초적 입장의 당사자들도 성향상 사회의 기본가치를 더 많이 가지려고 할 것이다. 분배원칙을 찾는 데 이 같은 전제가 중요한 까닭은 의외로 단순하다. 롤스의 입장은 자신의 분배원칙과 공리주의 분배원칙을 비교해보고 싶었기 때문이다. 현실에선 이 두 입장을 객관적으로 평가하기란 불가능하다. 너무도 많은 이해관계가 얽혀 있기 때문이다. 이러한 이해관계를 단순화해 서로 분명하게 납득할 만한 수준에서 비교할 수 있다면, 그 도덕적 우위를 따져볼 수 있다. 원초적 입장은 분배원칙에 있어서 공리주의 분배원칙과 롤스 자신의 분배원칙을 대결해 그 우위를 따져보는 일종의 결투장이라고 해도 과언이 아니다.

이 같은 비교의 차원에서 보자면 롤스의 분배원칙은 공리주의 분배원칙과 몇 가지 점에서 차이가 난다.

첫째, 롤스의 분배원칙은 객관적으로 계산할 수 있는 것이 아니라, 근본적으로 사회 성원의 합의를 통해 그 타당성을 인정받아야 하는 것이다. 물론 이때 합의는 자신의 몫에 대한 구체적인 합의가 아니라, 사회제도가 정의롭게 작동할 사회적 원칙에 대한 합의를 말한다. 공리주의 분배원칙도 이 같은 측면을 무시할 수 없다.

둘째, 롤스의 분배원칙은 사회협동을 훼손하지 않는 선을 지키려고 한다. 차등원칙과 공리주의 분배원칙의 극명한 차이는 높은 생산력보다 차등적인 분배가 그 사회의 정의를 이룩하는데 이바지할 수 있다고 본다는 점이다.

이러한 차등적 분배는 비판의 표적이 되기도 한다. 불평등을 제도적으로 용인하는 꼴이기 때문이다. 모두에게 균등한 분배가 도덕적으로 만족할 수 있는 분배라고 생각하는 일군의 사람들은 너무 쉽게 불평등을 용인한 롤스를 비판한다. 사회의 유용성이 곧 도덕적 우월을 뜻하는 것은 아니기 때문이다. 또 다른 일군의 사람들은 여전히 롤스의 철학이 개인에게 강한 공권력을 행사할 여지를 남기고 있다고 불평한다. 그들은 사회생활에서 가장 중요한 것이 자신의 능력을 마음껏 발휘할 수 있는 공간이며, 자유로운 경쟁이야말로 자유와 평등을 최대한 발휘하게 하는 조건이라고 말한다. 그들은 개인 재능과 능력 차이에서 나오는 결과의 차이도 정의롭다고 말한다. 때문에 아직도 평등주의 이념을 정치적 이념으로 받아들여야 하는 이유를 반문하면서 롤스의 분배정의를 평등주의자의 이상으로 치부한다.

 롤스의 분배정의에 대한 양 진영의 비판에도 불구하고, 롤스의 분배원칙이 사회생활에서 발생하는 온갖 갈등을 조정하고 해소하는 적극적인 기능을 갖고 있음을 인정한다. 이 같은 정의의 역할은 이미 앞서 언급한 '정의의 상황'에서 예견된 것이다. 정의의 상황은 원초적 입장의 계약 당사자들이 결국 분배원칙에 동의할 이유나 근거를 제공하기 때문이다. 서로에 대해 무관심한 사람들도 재화가 부족하면 재화 쟁탈을 위해 싸우거나 갈등을 빚을 수 있다. 더 나아가 국가가 모든 사회 성원의 가치와 목표를 충족시킬 수도 없다. 따라서 정의는 이 같은 상황에서 반드시 요구된다. 사회협력을 훼손하지 않는 선에서 재화의 부족으로 인한 갈등을 공평하게 해소하고, 사회생활에서 배제된 사람들의 소중한 가치와 목표를 어떤 식으로든 사회협력의 차원에서 인정해야 하기 때문이다. 이런 점에서 보면 정의의 상황은 인간의 사회생활의 근본 한계이자 근본 조건이다. 완벽한 조화를 이루고, 어떤 갈등도, 어떤 강압도 없는 사회는 인간이 형성하는 사회가 아니다. 마치 신들이 사는 나라라고 해야 할 것이다.

 사회제도는 사회생활에 필요한 권리와 의무, 기회와 재화, 지위와 특권 등과 같은 사회 기본가치들을 공정하게 배분하는 기능을 갖는다. 사회 성원의 삶의 가치가 별 충돌 없이 조화를 이룰 수 있는 것도 사회제도를 통해서이다. 사회 성원들의 자연적인 능력은 사회협동을 통해 공동의 이익을 창출할 수 있는 공동의 자산이다. 사회제도의 역할은 이 자연적인 능력들이 사회협력을 파괴하지 않는 범위 내에서 분배하고 사회협력에서 발생하는 갈등을 조정하는 것이다. 따라서 국가의 분배기능은 사회협력에서 발생한 잉여가치를 각 개인에게 직접적으로 분배하는 것이 아니다. 롤스에게 있어 분배는 사회생활에 필요한 사회 기본가치를 사회 성원 모두에게 더 많은 혜택이 돌아갈 수 있도록 조정하는 문제이다. 적어도 공리주의 분배원칙과 비교해보면 그렇다. 공리주의 분배원칙에서 빠진 부분은 어떻게 사회 성원들에게 공평하면서도 사회협력에 장애가 되지 않는 방향으로 생산된 재화를 분배할 수 있는가이다. 다시 말하면 롤스의 분배원칙은 모든 사람들이 자유롭고 평등한 상황에서 사회 생산에 이바지하는 방향으로 개인의 자질과 능력을 분배할 공정한 기준을 찾는 것이다. 그것이 바로 원초적 입장에서 합의하게 될 차등원칙이다.

차등원칙은 현실적인가?

롤스의 분배 개념의 특징은 한 사회체제에서 분배해야 할 총합이 결정되어 있지 않다는 점이다. 생산의 차이는 사회의 분배 방식에 따라 결정될 수 있다. 예를 들어 농기계를 사용하여 대규모 농장을 경작하는 경우와 호미로 작은 땅을 경작하는 소작농의 경우, 생산량이나 질의 차이는 분배 방식을 결정하는 중요한 요인이 될 것이다. 이러한 차이에도 한 가지 사실은 분명하다. 사회 생산의 총합이 사회 생산의 기대치에 미치지 못할 때 분배 문제가 현실적으로 심각해진다는 것이다. 정책결정자들이 정의로운 분배보다 사회생산의 총합을 사회의 기대치 이상으로 키우려고 하는 이유가 여기에 있다. 사회의 총합이 커질 경우 분배의 몫도 커질 뿐만 아니라, 상대적으로 정의 문제를 야기할 가능성도 다소 약화되기 때문이다.

사회가 생산할 수 있는 총합은 사회 성원의 협력 차이에 따라 다르다. 따라서 사회생산의 총합이 기대치에 미치지 못하면 많은 경우 사회협력은 와해된다. 사회협력이 와해되었다는 것은 그 사회체제 내에서 성원들의 능력 차이가 차별이나 불평등으로 심화되었음을 뜻한다. 한 사회체제 내에서의 불평등의 심화는 궁극적으로 사회성립을 위태롭게 한다. 불평등의 심화는 결국 사회구성체의 핵심인 사회 성원의 자발적 참여를 가로막을 수 있다.

그러므로 사회협동이 지속적으로 작동할 수 있기 위해서는 사회체제의 근간을 흔드는 심각한 불평등을 제거해야만 한다. 불평등은 단지 일시적으로 모든 사회 성원들에게 동일한 몫을 제공한다고 해소되지 않는다. 공정한 원리와 절차에 따라 사회협동을 유지하는 것이 절실히 요구된다. 정의의 원칙은 각 개인들이 자신의 삶을 영위하면서, 자신의 사회적 역할과 임무를 수행할 조건을 찾는 것이다. 특히 공정한 조건을 찾는 것이다.

롤스의 해결책은 두 가지 방향에서 모색된다. 먼저, 사회협력에 필요한 분배원칙은 원초적 입장에서 계약 당사자들이 합의한 정의원칙에 위반되지 않도록 해야 한다. 정의의 기본원칙에서 이탈한 어떤 조건도 사회 성원들의 동의를 얻을 수 없다. 그 같은 조건은 롤스가 말한 정의원칙에 나타난다. 즉, 자유롭고 평등한 개인이지만, 상대방의 기본권을 침해해서는 안 되며, 모두에게 기회가 공평하게 제공되어야 한다. 이 조건을 충족할 경우에만 가능한 분배원칙에 대한 동의를 구할 수 있기 때문이다.

롤스가 제시한 두 번째 해결책은 사회 성원들이 받아들일 수 있는 분배원칙을 찾아내는 것이다. 원칙적으로 보자면 사회 성원들이 동의할 분배원칙은 자신의 독특성과 개별성을 인정하면서도 사회생산의 결과를 공정하게 나누는 방식을 찾는 것이다. 여기서 다시 주목해야 할 점은 이상적 분배가 아닌 지속적으로 사회협력을 유지할 수 있는 분배원칙을 찾고 있다는 사실이다. 가령 모든 사람들에게 소득, 재산, 권력, 사회적 지위를 같게 할 수는 없다. 물론 모두에게 동일한 분배가 이상적이지만, 이상적 분배원칙은 개인의 능력이나 관심에 따라 차이가 있으며, 더 나아가 결실의 차이가 있을 수 있다는 사실을 인정하지 않는다.

이렇게 보면 사회체제 내에서 작동할 수 있는 효과적인 분배원칙은 앞서 지적했던 아리스토텔레스가 말한 비례적 평등처럼 보인다. 비례적 평등은 사회 성원들과 그 몫의 관계를 사회체제의 효율성이나 목적과의 관계에서 찾는다. 마찬가지로 롤스가 생각한 분배원칙도 생산적이고 효율적일 수 있는 사회체계의 공정한 조건 속에서 찾고 있다. 따라서 원초적 입장의 계약 당사자들은 재화의 균등분배가 하등 중요한 역할을 하지 못한다는 것을 알고 있다. 균등분배는 개인의 평등이념을 충실하게 반영할 수 있을지 몰라도 사회협력이 일어날 수 있다고 보장하지 못하기 때문이다. 오히려 원초적 입장의 계약 당사자들은 사회협력의 극대화를 위해 분배체제 내에서 가장 혜택을 적게 받는 사람들, 즉 최소 수혜자에게 더 많은 혜택이 돌아갈 수 있도록 분배되어야 한다는 데 동의한다.

사회 성원들은 이미 사회생활에 필요한 기본 재화를 부여받았다. 문제는 최대한 사회협력이 이루어지도록 어떻게 기본 재화를 활용하는가에 달려 있다. 이 말은 사회협력 과정에서 동일한 기본 재화를 활용해도 혜택을 많이 누리는 자와 적게 누리는 자가 있을 수 있음을 뜻한다. 따라서 불평등을 해소하는 유일한 방법은 사회체제에서 가장 혜택을 누리지 못하는 자, 최소 수혜자나 사회적 약자에게 가장 많은 혜택이 돌아갈 수 있도록 분배하는 것이다. 이 방법만이 최소 수혜자가 사회협력자로서 사회에 자발적으로 참여하여 사회가 더 나은 방향으로 나아가게 할 수 있기 때문이다. 롤스의 표현으로 말하자면, 한 사회협력 체제 내에서 최소 수혜자에게 가장 큰 혜택을 부여하는 분배는 비록 차이가 나긴 하지만 사회 성원들이 합리적이고 이성적으로 판단할 수 있는 것이어야 한다.

물론 롤스가 말한 최소 수혜자는 한 사회의 문화적 전통이나 역사에 따라 결정될 수 있다. 최소 수혜자를 사회와 역사문화상의 약자로 바라보아서는 안 된다. 더 정확히 말하면 최소 수혜자는 전통이나 역사에 의해 결정될 수 있는 경험적 개념이 아니다. 오히려 사회의 기본 가치지수의 획득 상황에 따라 평가된다. 최소 수혜자는 사회의 기본가치를 가장 적게 가지고 있는 사람이다. 때문에 그들은 역사적 우연에 좌우되지 않으면서도 여전히 불평등의 대상이 될 수 있는 사람들이나 집단이다.

왜 원초적 입장의 계약 당사자들은 공리주의의 분배관보다 롤스의 분배관을 더 나은 것이라고 생각하는 것일까? 무지의 베일에 놓인 계약 당사자들은 여러 정보나 경쟁적 정의관에 관해 동일한 사전지식을 갖고 있다. 때문에 이 둘은 오로지 비교를 통해 어떤 정의관을 선택하는 이유나 근거를 찾는다. 그러나 롤스의 정의관을 선택하는 이유나 근거에 대한 논의는 뜨거운 논쟁의 대상이었다. 논쟁의 소지는 사실 롤스 자신에게 있다. 롤스 스스로 그 이유를 두 가지 입장에서 제시하고 있기 때문이다. 하나는 합리적 선택이 개인의 합리성에 따라 이루어진다고 본 것이고, 또 다른 하나는 상호성 또는 호혜성 같은 사회적 개념을 필요로 한다고 바라본 것이다. 개인의 합리성에 따를 경우 원초적 입장의 계약 당사자들은 자신이 바라는 바에 따라 최상의 결과를 얻을 때 동의될 수 있을 것이고, 사회적 개념을 요구하는 것이라면 롤스의 정의원칙은 사회 성원이 정치사회의 일원이 되기에 필요한 사회제도의 제약을 승인하고 그들의 잠재력이 정치사회에서 최대한 발휘될 때만 동의될 수 있다.

《정의론》을 보면 롤스의 공식적인 입장은 전자다. 그러나 나이가 들면서 후자의 입장으로 기울고 있다고 생각할 만한 여러 징후들이 나타난다. 예를 들어 전자의 입장을 대변하는 '최소극대화 원리'를 보자. 최소극대화 원리란 가장 적은 혜택을 받은 사람의 몫을 사회적인 선택과정에서는 극대화할 것을 요구하는 원리다. 이런 점에서 롤스의 분배원칙인 차등원칙의 근간은 합리적 선택 원리인 최소극대화 원리다. 차등 분배원칙을 필요로 하는 근본 이유는 좀 더 나아가야 한다. 차등원칙은 인간 사회생활의 근간인 상호 호혜성 원칙, 즉 사회 성원의 자발적 사회 참여를 유도하고 있기 때문이다. 상호성의 입장에서 보면 차등원칙은 사회생활의 필요성을 강조하는 직관적인 생각을 일반화하고 있다. 사회적 약자의 희생을 통해 강자의 이익을 관철하는 것이 결코 정의로울 수 없는 것과 그 맥을 같이한다. 한 시점에서 열악한 조건에 처한 사람들의 희생은 인간의 상호성을 위배하는 것과 같다. 상호성에 대한 호소는 결국 차등원칙이 평등주의를 실현할 하나의 방법임을 은연중에 함축하고 있다. 그중에서도 가장 두드러진 방점이 사회협력이다. 롤스의 다음 말은 이 점을 분명하게 강조하고 있다.

> 첫째 각 개인의 안녕은 사회협력 체제에 분명히 의존한다. 사회협력 없이는 어느 누구도 만족스러운 삶을 영위할 수 없다. 둘째, 온당한 체제의 규정만이 모든 사람의 자발적인 협력을 이끌어낼 수 있다. 그렇게 볼 때 차등원칙은 공정한 토대로 보인다. 어떤 실행 가능한 배열이 모든 사람의 선의 필수조건일 때, 이 토대 위에서 더 능력 있는 사람, 사회 환경상 운 좋은 사람들이 다른 사람에게 자신들과 협력하라 기대할 수 있기 때문이다.
>
> 《정의론》 103쪽

이렇게 볼 때 롤스가 차등원칙을 부르짖는 것도 박애를 실현하는 하나의 방식으로 이해할 수 있다. 사회의 혜택을 받지 않는 사람들이 손해를 보면서 사회에 협력할 거라는 보장은 없다. 오히려 사회에 대한 불만이 높아져 장기적으로 사회협력 체제는 위태롭게 되거나, 극한 경우 붕괴할 위험마저 있다. 롤스의 차등원칙이 실현되어가는 사회를 가정해보자. 사회적 약자나 불이익을 당한 사람들에게 사회생활에 필요한 자원과 기회를 좀 더 많이 부여한다면, 사회에서 그들의 정체성을 사회에서 찾고 사회에 이바지할 수 있는 기회 또한 많아질 것이다. 따라서 사회협력은 전보다 나아질 것이고, 멀리 바라보면 사회 성원 모두에게 이득이 되는 방향으로 전개될 수 있을 것이다. 롤스가 생각한 박애 정신은 일순간에 성취될 수 있는 것이 아니라, 인간의 상호성을 실현하는 사회의 '정의로움'이 이루어질 때 나타나는 끝점이다. 예컨대 '정의'라는 기차의 종착역은 바로 모두에게 사랑을 베푸는 박애다. 그런 점에서 롤스의 차등원칙은 우리가 일상생활에서 말하는 박애를 실현할 수 있는 계기를 마련하고 성취하는 하나의 방법이라 하겠다.

분배는 공동체가 필요하죠!

롤스의 분배원칙은 많은 매력을 가지고 있다. 우선 국가의 역할이 단순히 공권력의 집행뿐만 아니라, 사회 성원의 안녕과 행복에 기여해야 한다는 적극적인 임무를 지녔다는 측면에서 한층 진일보한 것으로 받아들였다. 예컨대 롤스의 주장은 국가가 단순히 피동적으로 개인의 자유를 보장하는 결사체가 아니라, 사회 성원들의 상호관계에서 비롯된 불평등과 불공정을 시정해야 한다는 뜻을 내포하고 있다.

이러한 긍정적인 평가와 더불어 비판도 만만치 않았다. 그 비판 중에서 눈여겨볼 만한 부분은 분배원칙이 과연 현실적으로 실현 가능한지의 여부다. 매킨타이어의 지적에 따르면 이러한 유형의 비판은 흔히 카를 마르크스$^{Karl\ Marx,\ 1818~1883}$의 분배론에 관한 논의에서 전개된 것과 유사하다. 가령 마르크스는 사회 성원들의 구체적인 욕구와 필요를 가정하지 않는 추상적인 수준에서 분배론을 전개하고 있다. 사회주의 사회가 정의로운 것은 '각자가 사회에 기여한 만큼 자신의 몫을 받는 것'이기 때문이다. 그러나 구체적인 사회에서는 어린이, 노약자, 장애인 등 자신의 힘으로 자신의 몫을 다할 수 없는 지경에 이른 사람들이 많다. 이들은 자신의 의지와 상관없이 사회에 기여할 수 있는 기회가 없다. 따라서 자신의 기여에 따른 분배가 이들의 입장에서 정의롭다고 생각할 이유는 없어 보인다. 그렇기 때문에 마르크스는 《고타강령 비판》에서 자신의 분배원칙을 한결 현실적인 방향으로 수정하려고 했다. 이 분배원칙은 '자

고타강령 비판
1875년 독일 사회주의적 노동운동의 조직체인 전독일노동동맹(라살레파)과 독일사회민주노동당(아이제나하파)이 정부의 탄압에 대처하기 위해 고타에서 합동대회를 열어 독일사회주의노동당을 결성하면서 채택한 강령이 고타강령이다. 라살레파의 이론에서 가장 두드러진 것은 임금철칙의 철폐이지만, 전체적으로 이론상의 모순을 내포하였으며, 정치적인 요구로서도 일관성이 없었다. 이 점을 비판하여 마르크스가 쓴 책이 《고타강령 비판》이다.

신의 능력보다 필요에 따라 분배해야 한다'는 것이다. 물론 이 분배원칙에 대해서도 마르크스는 단서 조항을 달고 있다. 그 원칙의 적용과 실현가능성은 가까운 시일 내에 이루어지는 것이 아니라 사회주의 사회 내에서 충실히 이행될 때에 가능하다고 보았기 때문이다.

이런 관점에서 보면 롤스의 차등원칙은 사회의 필요를 미리 가정하고, 사회의 필요에 따라 분배하려는 시도라고 할 수 있다. 그런 점에서 롤스의 분배원칙은 비단 사회주의 체제에서만이 아니라, 더 포괄적인 민주주의 체제에도 적용될 수 있다. 그러나 마르크스 논의와 마찬가지로, 롤스의 분배원칙도 그 실현에 있어서 비슷한 난점을 지닌다. 사회의 필요에 대한 원초적 입장의 진단과 현실사회에서의 사회적 가치와 개인들의 구체적인 선들 사이에는 쉽게 넘나들 수 없는 깊은 골이 놓여 있기 때문이다. 가령 원초적 입장의 당사자와 현실사회의 구체적인 개인들은 몇 가지 점에서 다르다. 우선 구체적인 개인들은 자신의 이해관계가 무엇인지 알고 있으며, 그 이해관계를 얻기 위해 피나는 노력을 한다. 심지어는 자신의 이해에 합당하다면 부당하거나 악한 행위도 서슴지 않는다. 따라서 사회의 필요성이 인지되고 그 방향을 알고 있다고 해도, 여전히 지극히 현실적인 개인들이 그 원칙을 따른다는 보장은 없다. 오히려 어떤 사회에서는 그 정의로운 방향과 역행하는 경우도 종종 있다.

정의의 실현은 무엇보다 구체적인 실현방법의 모색을 요구한다. 정의원칙의 당위성 못지않게, 사회 성원들의 가치와 일치할 수 있을 때 정의의 실현이 더욱 가속화될 것이다. 매킨타이어가 주목하고 있는 것도 바로 이 부분이다. 매킨타이어는 롤스의 차등원칙이 가능성 측면에서 이점이 많다는 점을 인정하고 있다. 원칙적인 측면에서 차등원칙이 사회생산성을 강조하는 입장보단 장기적으로 볼 때 사회협력을 이끌어낼 수 있는 확률이 높기 때문이다. 이러한 원칙의 우위에도 롤스의 분배원칙이 실현될 수 있는가는 별개의 문제다. 매킨타이어는 그 실현가능성에 강한 의구심을 드러냈다. 그 이유는 구체적인 개인들이 자신의 선을 실현하기 위해 사회생활을 하고 있으며, 사회적 선의 실현은 단순히 원칙의 인식이 아니라, 구체적인 개인들의 습관적인 행동, 즉 품성을 지닌 덕을 요구하기 때문이다. 더 나아가 이러한 덕 있는 사람들의 가치실현은 개인의 가치를 넘어 사회의 공동선을 필요로 한다. 물론 이때 말하는 공동선이 국가가 달성해야 할 어떤 목표가 있음을 뜻하지 않는다. 사실 이 같은 형태의 목표는 다원주의 민주주의 국가에서는 달성될 수 없다. 각 국민이나 집단이 다양한 가치를 가지고 있기 때문이다.

　매킨타이어는 공동선이 필요하다고 보았다. 개인의 다양한 가치는 공동체를 통해서만 실현될 수 있기 때문이다. 사회협력 또한 어떤 형태의 인정된 공동선을 전제로 하지 않고는 있을 수 없다. 공동선이 다양한 개인과 집단들이 하나의 사회협력 체제로 존립할 수 있게 한다. 그 체제의 존속은 보편적으로 타당성을 인정받은 법을 통해서만 가능한 것이 아니다. 인간의 가치가 서로 융합될 수 있는 것은 선의 결합체, 즉 특정 선을 내포하고 있는 공동체에서도 가능하다. 사실 현대사회에서 망각되고 있는 부분은 다양한 개인들이 하나로 통합될 수 있는 어떤 공동선이다. 이 공동선은 오직 개인들에게 구현된 형태로만 나타날 수 있다. 따라서 공동선은 인간의 공동체생활에서 체화된 형태로, 덕 있는 인간의 구현의 형태로만 나타나게 될 것이다.

정의로운 사회를 위하여

우리 모두는 정의로운 사회를 원한다. 인간 모두가 다 함께 잘 살 수 있기를 바란다. 정의는 인간이 서로 공존하기 위해 필수불가결한 것이다. 인간의 공존은 서로가 신뢰할 수 있을 때 가능하다. 정의는 근본적으로 박애와 그 의미가 같다. 그러나 정의는 박애가 아니다. 정의는 사회생활의 부당한 대우와 처사에 시달린 상처를 치유하고, 인간을 인간답게 하려는 노력이다. 아직 도달하지 못한 신뢰와 공존을 위해 현재의 부정의를 타파해야 한다. 그렇기 때문에 정의는 늘 사회의 혜택으로부터 멀어진 사람들, 제대로 대우를 받지 못한 사람들의 울부짖음이었다. '이것은 아닌데'라는 절규와 분노 뒤에 숨어 있는 인간의 소망이다.

우리가 살펴본 롤스나 매킨타이어도 이 같은 정의의 필요성을 잘 알고 있었다. 정의 없는 삶은 생각할 수 없다. 하지만 이들은 정의로운 사회에 도달하는 방식이 서로 달랐다. 롤스는 보편적 원리나 원칙이 정의사회 구현을 위해선 절대적으로 중요하다고 생각했고, 매킨타이어는 그 원칙이 반드시 특정 공동체의 가치와 연계되어야만 한다고 보았다. 또한 정의로운 사회의 실현은 사람의 덕과 공동체의 가치와의 매개를 필요로 한다고 생각했다.

롤스가 원초적 입장에서 찾으려고 했던 정의원칙은 어느 사회나 통용될 수 있는 보편적인 원칙이었다. 그래서 이 보편적인 정의원칙은 마치 배를 안전하게 항해하도록 돕는 등대의 불빛과 같다. 선박들은 그 불빛을 의지하면서 안전하게 정박지에 도달할 수 있다. 등대 불빛에 도움 받지 않고 어떻게 암흑 속에서 안전한 항구에 이를 수 있겠는가? 롤스의 생각은 이런 것이다. 보편적인 원칙 없이 나아가는 항해는 목적지를 상실할 수 있다. 끝없는 폭풍우와의 사투 속에 자신의 능력을 소진할 수 있다. 등대의 불빛을 따라 정박하는 배도, 항구 사람들도 모두 혼자 힘으로 살 수 없다. 서로의 이익을 증진시키기 위해 협력을 이룩해야 한다. 정의원칙은 그런 사회협동의 힘을 증진시키는 것이다. 더 나아가 그 길로 들어서지 못한 사람과 나라를 인류의 협동체제로 끌어들이는 것이다.

매킨타이어는 이 불빛이 비추는 항구의 사람들을 바라보았다. 불빛에 비치는 것은 원칙이 아니라 사람들이다. 특정의 생김새와 특정의 가치를 지닌 사람들이다. 변해야 하는 것은 바로 이 사람들이다. 제아무리 체제가 안정되더라도, 사람들이 변하면 그 체제도 변할 수밖에 없다. 롤스가 추구한 보편원칙에 대한 믿음과 이상은 우리 인간들에 대해 너무 낙관적인지 모른다. 이런 낙관적인 인간관은 서구 근대가 믿고 추종했던 이념이다. 과연 우리 인간들은 그만큼 낙관적일까? 왜 고대 사람들은 사람의 덕을 키우려고 했을까? 왜 덕을 함양하고, 선을 나눌 수 있는 사람들의 관계를 그토록 갈망했을까? 이러한 사람들과 그들의 전통을 이해하지 않고 등대의 불빛만을 강조하는 것은 아무런 의미 없는 일이다.

　사람들은 서로 소통하기 원한다. 소통을 통해 통합을 이루고자 한다. 이러한 통합은 사람들의 믿음을 융합할 때에만 가능하다. 믿음의 융합은 지금 이 땅에 살고 있는 사람들의 다양한 가치들의 교류를 통해서 가능하다. 롤스도, 매킨타이어도 이 융합의 필요성을 결코 거부한 적이 없다. '문제는 어떻게 이 융합을 이룩할 수 있는가'였다. 롤스는 여전히 보편적인 정의원칙이 우선한다고 생각했다. 정의원칙이 사회를 바람직한 방향으로 변화시킴으로써 성원들의 다양한 가치가 서로 융합될 수 있다고 보았다. 그러나 매킨타이어는 생각이 달랐다. 그러한 융합은 지금 이 땅에 살고 있는 사람들의 정체성을 확보하려는 삶을 도외시할 수 있다고 보았다. 진정한 융합은 개개인의 가치가 존중받을 수 있으면서, 특정 공동체의 가치와 일치되어야 한다는 것이다. 진정한 융합은 그 시대 사람들의 성품들을 이해하고, 가치의 공통분모를 마련해야 한다. 이 과정에서 성품의 함양과 공동체를 통한 가치실현이 필요하다. 이 부분은 롤스가 충분히 보고 있지 못한 부분이다.

　우리 시대도 사회통합을 부르짖는다. 지역을 넘어 사회통합을 이룩하자고 말한다. 사회통합은 많은 정치가들의 이데올로기이기도 하다. 그러나 이 정치 이데올로기는 철학자의 이상이 아니다. 철학자가 원한 것은 진정한 사회통합이다. 이 사회통합의 힘은 정의가 살아 있는 역사공동체를 실현하고 분배정의를 통해 가장 바람직한 인간관계를 수립하는 데 있다. 롤스도 이 같은 이상을 결코 버리지 않았다. 다만 사회제도가 인간생활에서 차지하는 중요성을 강조하고 있을 뿐이다. 하지만 매킨타이어의 지적대로 사람의 중요성을 무시해서는 안 된다. 변혁의 주체는 현실에서 다양한 전통을 비판적으로 수용하고, 그 관점을 통해 덕을 쌓는 인간들이다. 인간의 함양은 중요하다. 그것이 우리 윤리적 삶의 목표다.

이 같은 윤리적 삶의 목표를 달성하기 위해선 자신을 규율하고 개성을 표출할 수 있는 과정이 절실하게 요구된다. 롤스가 기존의 가치들을 숙고할 수 있는 인간을 찾는 것도 이 때문이다. 우리에게 정의원칙을 지키고 윤리적 삶을 공유할 수 있는 공동체도 필요하다. 타인과 교류가 없는 인간의 삶이란 있을 수도 없고, 그 안에서 어떤 의미도 찾을 수 없다. 자신을 이해하고 타인의 삶도 평가해야 한다. 개인의 성품은 자기 자신을 드러내면서 타인에게 평가받는 것이다. 삶의 공동체는 원론적인 원칙 이전에 사회 성원들의 소망과 가치를 담고 있는 것이다. 이 공동체 안에서 우리 모두는 한마음이기를 원한다. 과연 이런 삶의 공동체를 생각하는 건 진정 꿈일까? 분명한 건 이런 꿈을 실현시키는 최소한의 요건이 정의라는 점이다. 롤스와 그 비판자들의 논의를 다시 되돌아볼 이유가 여기 있다.

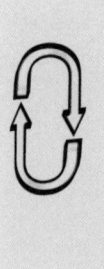

John Rawls

Chapter 3

🎙 대화
TALKING

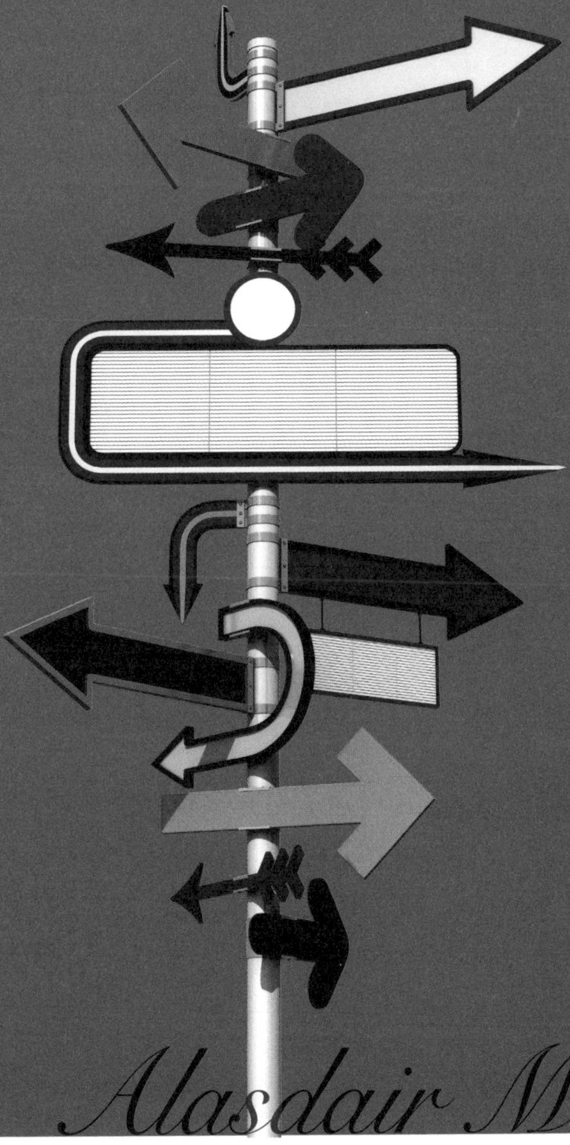

Alasdair MacIntyre

대화

21세기 자유주의-공동체주의 논쟁
롤스와 매킨타이어의 가상 세미나

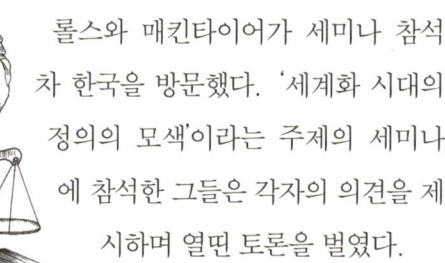

롤스와 매킨타이어가 세미나 참석차 한국을 방문했다. '세계화 시대의 정의의 모색'이라는 주제의 세미나에 참석한 그들은 각자의 의견을 제시하며 열띤 토론을 벌였다.

오전 세미나를 마치고 저녁 세미나까지 시간의 여유가 있던 그들은 세미나의 사회를 맡았던 시사 잡지 편집장과 함께 대학로에 나갔다. 변화하는 한국의 모습을 생생하게 느껴보고 싶었기 때문이다. 그때 마침 거리에는 비정규직 노동자 문제로 많은 사람들이 모여 있었다. 롤스와 매킨타이어는 그 문제에 관심을 가지고 있는 터라 동행한 편집장에게 많은 걸 물어보았다. 특히 롤스는 소수자 문제에 깊은 관심을 보였고, 매킨타이어는 이색적인 문화 풍토에 감명을 받은 듯싶었다. 많은 이야기를 나눈 덕에 한결 관계가 부드러워진 이들은 오후 세미나에서 보다 활기찬 논의를 전개해나갔다. 한국에 대한 인상도 묻고 오전 토론에서 미처 말하지 못했던 논의를 이끌어내기 시작했다.

|편집장| 세계적으로 널리 알려진 두 분을 이처럼 한자리에 모시게 되어 영광입니다. 오전 섹션 '세계화 시대의 정의의 모색'에서 발표하신 논문은 매우 인상적이었습니다. 물론 많은 감명과 부끄러움이 교차했다고 말하고 싶습니다. 두 분을 통해 세계에 산적한 여러 난제들을 풀어갈 수 있었으면 하는 마음 간절합니다. 구체적인 논의들은 토론을 진행하면서 자연스럽게 제기하도록 하고, 우선 두 분께 한국에 대한 첫인상을 묻고 싶습니다. 한국에는 처음 방문하신 건지요?

|롤스와 매킨타이어| (마치 약속이라도 한 듯 동시에) 예, 처음입니다. 한국에 와서 좋은 친구들을 많이 사귈 수 있어 기쁩니다.

|편집장| 좀 진부한 질문이 되겠지만, 어색한 분위기를 벗어나기 위해, 또 한국 독자들을 위해 흔한 질문부터 드리고 싶습니다. 한국에 오신 첫 소감이 어떠신지요?

|롤스| 아직까지 시차가 적응이 되지 않아 정신이 없습니다. 밤과

낯을 바꾸는 일이 쉽지 않군요. 그래서 한국에 대한 제 첫인상은 세련되게 표현하기보다는 직감적으로 말해야 할 것 같습니다. 제가 느낀 한국의 첫인상은 정말 산이 많고, 참으로 아름답다는 겁니다. 호텔 방에서 서울의 야경을 보면서, 이국 땅이란 걸 실감하면서도 자연이 베푸는 포근함 같은 것을 느낄 수 있었습니다. 또한 높은 고층빌딩과 여기저기 벌어지는 공사현장을 보면서 변화를 실감할 수 있었습니다. 이 모든 것이 제가 살던 곳과 비교되는군요. 이 어마어마한 도시에 이렇게 많은 사람이 살 수 있다는 것이 신기할 뿐입니다. 그런 점에서 한국은 참으로 아름다운 곳입니다.

|매킨타이어| 저도 비슷한 인상을 받았습니다. 저는 남들보다 기후에 민감한 체형입니다. 그래서 늘 가는 곳마다 기후가 맞지 않으면 고생이 많은 편입니다. 특히 추운 날씨를 못 견디는 편이죠. 지금 서울의 기후는 제 몸에 딱 맞는 것 같습니다. 아침에 만난 교수 한 분은 평소보다 약간 쌀쌀하다고 하더군요. 물론 높고 푸른 하늘이 인상적이고, 화창한 햇볕도 제 고향과 비슷합니다.

|편집장| 선생님들의 말씀을 들으니 평소에 느끼지 못한 우리 산천의 아름다움을 새삼 느끼게 되는군요. 그러나 선생님들께서는 운이 좋으신 편입니다. 사실 최근 들어 이런 화창한 날을 보기란 그리 쉽지 않습니다. 특히 몽골의 사막이 황폐화되면서, 봄날이면 황사현상이 여러 차례 일어나고 있습니다. 생태계의 변화를 우려하는 목소리가 커져가고 있는 것도 이런 경험과 무관하지

않을 듯싶습니다.

|롤스| 뉴스를 통해 들어 그 소식은 잘 알고 있습니다. 사실 저는 한국을 처음 방문합니다. 그래서 한국을 다녀온 교수에게 찾아가 직접 경험담을 듣기도 하고, 또 한국에 관한 여행 잡지를 찾아 읽어보기도 했습니다. 한 잡지에서 본 것인데, 봄에 한국을 여행하려면 꼭 마스크를 지참하라고 충고하더군요. 아마도 황사 현상을 염두에 두고 한 말인 듯싶습니다. 생태계의 변화는 이제 전 지구적 문제가 되었습니다. 이 문제를 푸는 데 인간의 선택과 노력이 무엇보다 중요하겠지요.

|매킨타이어| 저도 그 문제의식에 전적으로 동의합니다. 많은 환경 문제들이 실은 인간의 선택과 결정에 직결되고 있다는 사실입니다. 단도직입적으로 말하자면, 환경 문제의 해결도 결국 구체적인 상황에서의 인간의 실천이 중요하지 않을까 생각합니다.

|편집장| 생태계 파괴와 복원 문제는 정말 인류가 당면한 현안임에 틀림없습니다. 한 개인의 노력뿐만 아니라, 정부와 국제기구의 노력과 방향제시도 필요해 보입니다. 그런 까닭에 내일 세미나의 주제가 '변화하는 생태계와 정의'라는 것은 결코 우연이 아닐 것입니다. 이 문제에 대한 두 분의 고견과 활발한 토론을 기대해 봅니다. 다만 오늘 이 자리가 워낙 흔치 않은 기회라, 두 분이 함께 자리하신 차에 그동안 두 분을 둘러싼 논쟁을 다시 한 번 검토하고 싶습니다. 자유주의와 공동체주의의 논쟁을 둘러싼 여러

철학적인 문제들을 짚어보고, 그 실천적 방안을 강구해보자는 것입니다. 롤스 교수님께서는 왜 자유주의 정의관을 역설하게 되셨는지 말씀해주실 수 있으신지요?

|**롤스**| 또 제가 먼저 매를 맞아야 하는군요? (모두 웃음을 짓자) 농담입니다. 사실 제가 《정의론》을 쓰게 된 결정적인 동기는 어찌 보면 단순합니다. 서구 근대성의 지배적인 경향, 특히 사회 선택의 경향을 거부해보고 싶었기 때문입니다. 물론 여기 계신 매킨타이어 교수님도 이 점에서는 같은 입장이라 생각합니다.

제가 철학 공부를 본격적으로 시작한 것은 1950~1960년대인데, 그 당시 지배적인 분위기는 도덕을 매우 추상적인 언어분석의 차원에서 접근하고 있었습니다. 그때 들었던 막연한 생각은 이른바 상아탑의 도덕 이론과 일상생활에서 말하는 도덕 사이에는 큰 간극이 있다는 것이었습니다. 예를 들어보죠. 사회 문제를 해결하는 과정에서 학계에서 많이 논의되는 윤리 이론은 칸트 윤리관이지만, 당면한 현안을 풀어가는 과정에서 가장 잘 작동하는 윤리 이론은 공리주의 사회선택 이론입니다. 두 이론이 서구 근대성을 구성하고 있는 셈이죠.

위험한 발언이지만, 서구 근대성은 정신분열적입니다. 공리주의 사유와 칸트의 사유가 서로 대결국면에 있었으니까요. 물론 공리주의 사유가 서구의 실질적인 물리적 기반을 형성하는 데 결정적인 기여를 한 것을 부정하고 싶지는 않았습니다. 다만 인류의 미래에 정의를 실현시킬 수 있는 근본원칙이 공리주의 사유에 있느냐 하는 데 초점을 맞추어보고 싶었습니다.

|매킨타이어| 그런 점에서 롤스 교수님의 원초적 입장이라는 가설적 상황은 많은 시사점을 주는 것이 사실입니다. 물론 제가 서구 근대성에 대해 부정적인 입장을 취하고 있긴 하지만, 롤스 교수님의 근대성 분석은 일면 긍정적으로 평가되어야 한다고 생각합니다.

그럼에도 여전히 제가 묻고 싶은 건 롤스 교수님의 원초적 입장에서 이루어지는 사유가 혹시 서구 근대성의 산물은 아닌가 하는 점입니다. 물론 제 주장은 자율적인 개인을 강조하는 것이 서구 근대성 이념의 산물이라는 것이지, 실질적으로 현실세계에서 효과적인 사유에 대해 말한 것은 아닙니다.

|롤스| 사회선택 이론으로서 공리주의의 합리적 측면이 무엇보다 강조되어야 합니다. 공리주의도 그 나름의 정의관을 가지고 있기 때문입니다. 잘 아시다시피 '최대 다수의 최대 행복'은 흔히 공리주의 정의관을 가장 잘 대변하는 모토로 이해되고 있지 않습니까? 공리주의는 정의를 선의 극대화로 바라보고 있습니다. 중요한 점은 이러한 선의 극대화가 소수라고는 하지만 사회 성원의 희생을 볼모로 이루어지고 있다는 점입니다. 이미 칸트는 개인의 자유가 목적 자체여야지 결코 수단이 될 수 없다고 지적한 바 있습니다. 그런 점에서 제 정의관에 담긴 자유주의 측면은 칸트가 말한 인간의 존엄성 사상을 크게 벗어나지 않습니다. 결국 사회의 공동이익을 위해 개인의 자유가 유린되어서는 안 된다는 것이죠.

|매킨타이어| 이런 자유를 반드시 권리로만 이해해서는 안 된다고 생각합니다. 그것은 명목상의 권리일 뿐 어떻게 자유가 구체적으로 실현될 수 있는지에 대해서는 아무것도 말해주는 것이 없습니다. 오히려 자유의 실현 혹은 구현을 말하려고 하면, 그 자유가 구체적인 상황, 특히 공동체 안에서 실현되어가는 과정과 조건을 살펴보는 것이 급선무입니다.

|롤스| 저도 자유의 실현이 중요하다는 사실을 부정하고 싶지 않습니다. 특히 '자유의 실현이 인간 공동체의 삶을 떠나서 가능한가'라는 물음이 중요하다는 것도 잘 알고 있습니다. 그러나 제게 더욱 절실한 물음은 자유주의의 입장에서 정의로운 사회가 나아갈 방향을 설정하는 것이었습니다. 직관적으로 보았을 때 인간의 존엄이 중요한 것은 분명하지만 인간 존엄성 자체가 사회가 나아갈 방향을 제시하지는 않기 때문입니다. 그래서 제가 관심을 두게 된 것이 분배 문제입니다.

|편집장| 사실 《정의론》에서 분배 문제를 배제하고 자유주의 측면만을 부각시킨다면 근본적인 사회 문제를 보지 못할 수도 있겠군요. 제2정의원칙인 '차등원칙'이 왜 합의대상이 되어야 하는지도 이해할 수 있을 듯싶습니다.

|롤스| 맞습니다. 제가 분배 문제를 사회체계의 골격으로 삼았을 때, 가장 핵심적인 부분인 분배원칙은 사회협력을 통해 얻어진 사회 재화를 공정하게 배분하는 문제와 관련 있습니다. 그 같은

방식은 사회를 안정적으로 유지하기 위해 사회협력을 증진시키는 방향으로 이끌어야 한다는 자연스런 귀결입니다. 만일 공리주의 정의관의 핵심을 이루고 있는 '최대 다수의 최대 행복'이 사회적 약자의 희생을 담보로 이루어지는 것이라면, 협력과정에서 얻어낸 사회 재화는 단순히 사회적 역할에 대한 몫으로 결정할 것이 아니라, 사회협력이 최대한 이루어질 수 있는 방향으로 제시되어야 할 것이라 생각했습니다. 즉, 미래가 불확실한 상황에서 자신에게 최대치가 될 것이라는 도박의 심리를 작동할 것이 아니라, 사회의 안전망이 작동할 수 있는 방식으로 사회적 선택이 이루어질 것이라고 생각을 한 것입니다. 사회적 약자가 사회협력을 하지 않으면 근본적으로 그 사회는 점차 붕괴될 수밖에 없기 때문입니다.

| 매킨타이어 | 그 점이 롤스 교수님의 이론 중 가장 큰 장점이라 생각합니다. 우선적으로 다른 철학자들의 사변적인 논변과는 사뭇 다릅니다. 입증방식에서 롤스 교수님은 당시 주류라고 할 수 있는 실증주의 논거를 전폭적으로 끌어들이고 있습니다. 공리주의 정의원칙이라 할 수 있는 '극대화 원칙'과 교수님 본인의 '최소극대화 원리'를 비교, 평가하도록 한 전략도 이런 맥락에서 이해해야 할 것입니다. 이른바 합리적 선택 이론의 입장에서도 여전히 롤스 교수님의 논증이 우세할 것이라 판단하는 것도 이 때문인 듯싶습니다.

하지만 방금 롤스 교수님의 말씀을 세심하게 듣자면, 차등원칙을 합리적 선택 이론의 입장에서 지지하는 것 같아 보이지 않

군요. 오히려 상호 호혜성의 입장에서 그 도덕성을 지지하고 있지 않나 싶습니다. 초기 생각과는 상당 부분 진전된 생각이라고 여겨지는데 제 분석이 타당합니까?

|롤스| 중요한 질문을 해주셨습니다.《정의론》 출간 이후부터 꾸준히 제기되어온 물음이 바로 이것입니다. 매킨타이어 교수님의 말씀처럼 처음《정의론》을 구상할 때 제 관심은 합리적 선택 이론의 입장에서 정의원칙을 택할 수 있을까 하는 것이었습니다. 공리주의 입장을 확실하게 거부할 수 있는 근거를 찾고 있었던 셈이지요. 그러나 시간이 지나면서 정의원칙의 정당화를 선택의 합리성이 아니라 합당성의 조건에서 찾아야 한다고 생각했습니다. 이런 변화의 배후에는 정의원칙이 현실에서 어떻게 안정될 수 있는가에 대해 깊은 고민이 있었던 것도 사실입니다.

|매킨타이어| 저는 이 과정에서 공동체주의자들의 힘이 컸다고 생각합니다. 물론 롤스 교수님께서는 공동체주의자들의 논의의 결과라는 것을 부정하고 계시긴 하지만요. 어쨌든 원초적 입장의 설정에 대해 강한 의구심을 제기했던 비판이 유효한 것은 부정할 수 없는 사실이 아닙니까?

|롤스| 공동체주의자들의 합리적 비판에 대해 무시하고 싶은 생각은 추호도 없습니다. 그들의 비판과 논의는 사회·정치철학적 쟁점을 부각시키고 있다는 점에서 일조하고 있습니다. 다만 언급하고 싶은 사실은 제가 1980년대 말부터 제기한 물음들을 공동

체주의자들의 비판적 시각에서만 평가되는 것은 공평하지 못하다는 것입니다. 누차 강조했듯이, 제 물음은 '정의론'을 현대 민주주의 정체성에 적용했을 때 나타나는 문제에 대해 논의를 보강하는 차원에서 이루어졌음을 새삼 강조하고 싶습니다.

|편집장| 롤스 교수님의 논점은 사실 철학적으로 보면 매우 중요해 보입니다. 보편적인 것과 문화적인 것을 아우르는 문제라고 생각하기 때문입니다. 그러나 이 자리에서 논쟁에 불을 지피고 싶지는 않습니다. 추상적인 논쟁보다는 구체적인 맥락에서 두 분의 논의를 적용해보고 싶습니다. 한국에 오신 만큼 선생님들의 고견이 어떻게 한국이라는 특수한 지형과 문화에 이바지할 수 있을지 궁금합니다. 매킨타이어 교수님께서는 한국의 특수한 상황을 인식하고 그 문제점을 해소하는 데 롤스 교수님의 견해가 얼마나 도움이 된다고 생각하시는지요? 혹 교수님께서 생각하시는 다른 대안이라도 있으신지요?

|매킨타이어| 매우 어려운 질문이군요. 사실 전 한국에 대해 아는 바가 없습니다. 따라서 한국의 구체적인 역사적 경험이나 미래의 복안에 대해 평가하는 것은 제 능력 밖입니다. 그럼에도 이 점만은 분명하게 말씀드리고 싶습니다. 그것은 하나의 독자적인 문화를 지닌 국가나 정치공동체를 평가할 수 있는 획일적이고 보편적인 기준은 존재할 수 없다는 점입니다. 그런 점에서 한국에서 지금 제기되고 있는 여러 사회 문제와 이슈들은 매우 중요하다고 생각합니다.

가령 한국사회가 당면과제로 인식하고 있는 통일 문제라든가, 근대화를 통해 이룩한 서구의 가치와 전통과의 융합 문제, 더 나아가 지금 대학로에서 목청 높여 부르짖는 비정규직 노동자 문제 등 여러 사회적 이슈들의 선별적 선택의 문제들은 오로지 한국의 상황과 공동체의 가치를 통해 먼저 조명되어야 할 것입니다.

이 가치들을 자칫 서구의 잣대로만 미루어 보면 그만큼 한국 사회가 처한 독특한 상황과 그 문제의식을 소진할 위험성이 있다고 생각합니다. 이념으로서 세계화가 부정의 모습으로 비추어지는 것도 이 때문이겠지요. 제가 롤스 교수님의 이론이 성취될 수 없다고 말하는 것도 이와 같은 맥락입니다.

원초적 입장에서 합의한 정의원칙을 문화적 맥락을 떠나 모든 정치공동체에 적용할 수 있다고 생각하고 있다면 말입니다. 그 과정에서 사회나 공동체가 소중하게 생각하고 있었던 판단이나 가치들을 충분히 담아낼 수 없기 때문입니다. 제가 다시 '덕의 부활'을 강조하는 것도 이러한 새로운 가치가 드러날 수 있도록 하기 위해서입니다.

|롤스| 다시 제게 화살이 날아오는군요. 매킨타이어 교수님의 지적에 동의합니다. 이 지구상의 모든 문화를 아우를 수 있는 보편적인 정의원칙을 찾기란 거의 불가능해 보입니다. 사실 이런 정의원칙을 찾을 수 있다고 생각하지도 않습니다. 다만 제가 제시하고 싶었던 것은 충분히 이성적이고 합리적인 사람들로 구성된 사회가 취할 수 있는 정의원칙들입니다. 잘 아시다시피, 제 정의

원칙은 처음부터 현대 사회의 지배적 견해인 공리주의 정의원칙들과 비교하고 있지 않습니까? 물론 제 정의원칙이 특정의 체제에 적용되었을 때 파생되는 문제가 있긴 하지만 말입니다.

그런 관점에서 바라보면 한국사회도 예외는 아니라고 생각합니다. 지금 한국사회의 당면 현안들을 살펴보면 궁극적으로 사회적 부를 확장하는 성장과 그 사회적 부를 나누는 분배라는 두 마리 토끼를 잡으려는 전략을 구사하고 있습니다. 사실 모든 정치지도자들은 그 같은 매력을 포기할 수 없을 것입니다. 그러나 문제는 이 같은 전략 뒤에는 서로 쉽게 섞일 수 없는 이질적인 요소가 있다는 사실입니다.

제가 제 책에서 강조하고 싶었던 것은 바로 성장과 분배가 미리 공통적으로 확보된 정의원칙에 의거할 때 바람직한 방향으로 나아갈 수 있다는 것입니다. 그런데 한국의 상황으로 미루어 보면 아직까지 사회 성원들이 동의할 수 있는 정의의 잣대를 찾지 못했다고 할 수 있습니다. 그런 측면에서 제가 제시한 원칙들은 한국의 상황에도 적용해볼 수 있다고 생각합니다.

|매킨타이어| 그러나 교수님의 논의는 여전히 구체적이면서도 가끔은 비합리적인 문화공동체를 가정하고 있는 것 같아 보입니다. 다양한 가치가 있을 수 있다는 것을 인정하고 계시긴 하지만, 그 가치를 인정받기 위해 매우 힘든 싸움을 하고 있으며, 그 싸움의 끝이 어딘지 모르는 실제적인 사회의 성원을 간과하고 있다고 생각됩니다. 여전히 교수님께서 생각하시는 사회 성원들은 질서가 잘 잡혀 있고, 정의를 충실하게 수행하고자 하는 성원들을 말

하는 것이지, 역사적 편견과 이해에 매몰된 구체적인 개개인들로 구성된 사회 성원을 말하고 있지 않기 때문입니다.

|롤스| 매우 예리한 지적이십니다. 그러나 한편으로는 그것이 제 이론이 갖는 또 하나의 장점이 아닌가 생각해봅니다. 누차 말했듯이, 현대 사회의 특징은 다양한 가치 속에서 무엇이 옳은지, 무엇을 해야 하는지 명확하게 알 수 없다는 데 있습니다. 그 상황에서 어떤 현실적인 개혁이 일어날 수 있을지 매우 의심스럽기까지 합니다. 예를 들면 무작정 무전여행을 떠나는 것은 젊은 시절 인생 경험에는 도움이 될지 모르지만, 사회제도 차원에서 방향 설정 없이 무작정 떠나는 여행은 무수한 역사적 오류를 양산할 뿐입니다.

|매킨타이어| 저도 방향성을 상실한 현대에 대해서 비판적으로 바라보고 싶습니다. 그러나 여기서 논점은 '그 방향 설정이 과연 가능한가'라는 보다 근본적인 물음과 관련 있다고 생각합니다. 한 가지 의문점은 원초적 입장의 설정이 이런 현실적인 사회가 나아갈 바를 결정하기엔 역부족이 아닌가 하는 것입니다. 제 의문의 밑바닥에 서구 근대성의 토대인 자유주의 자아관에 대한 근본적인 회의가 깔려 있는 것은 사실입니다. 한국사회가 갖는 정체성의 문제도 그것이 개인적이든 아니면 집단적이든 이러한 서구 근대성과 전통적 자아관의 충돌이 일어나고 있다고 할 수 있습니다. 그렇게 볼 때 이러한 정체성의 위기를 어떻게 보편주의 관점으로 해소할 수 있을지 궁금합니다.

|롤스| 매우 의미 있는 질문이라고 생각합니다. 사실 서구가 지금까지 생각해온 자아관에 대해 깊은 관심을 기울이는 것은 서구가 걸어온 길과 앞으로 나아갈 길을 이해하는 데 매우 중요합니다. 저는 이 물음에 대해 구체적인 언급을 하지 않았습니다. 대신 사회제도를 떠받드는 사회 정의 문제를 다루어보려고 했습니다. 그럴 때 서구 개인주의의 한계를 극복할 수 있다고 생각했기 때문입니다. 한국도 마찬가지일 것입니다. 서구의 근대성을 기초로 한 정체성이든 전통에 의거한 정체성이든 지금의 상황은 갈등이 첨예하게 대립되고 있다는 것이고, 그것은 긴 정치적 투쟁처럼 보입니다. 그러나 이보다 중요한 것은 사회의 불평등에서 심화된 정의감을 제가 말한 정의원칙과 일치하도록 해야 한다는 것입니다.

|편집장| 그렇다면 결국 그것은 서구 개인주의의 한계를 지적해야 하지 않을까요?

|롤스| 단순하게 생각하시면 됩니다. 기존의 개인주의적 전통에서 가정한 것처럼 권리를 가진 개인의 단순한 합이 사회를 하나의 협동체제로 구성할 수 없다는 점을 좀 더 부각시키고 싶었습니다.
제 생각으로는 하나의 사회는 개인을 넘어 그 성원들의 사회적 관계와 배열이 협동이 일어날 수 있는 하나의 규칙체계입니다. 이 규칙들의 체계가 사회제도의 근간이며, 이것은 자연스럽게 사회를 협동적으로 만들 수 있는 정의원칙을 포함해야 합니다.

그러나 이 정의원칙은 개인들의 권리에서 나오는 것이 아니라, 사회 성원들의 선택에서만 나올 수 있는 것입니다.

|매킨타이어| 그렇지만, 왜 원초적 입장의 선택이 사회제도의 근간이 될 수 있는지에 대한 문제는 여전히 남지 않습니까? 특히 롤스 교수님의 이론은 구체적인 사회 성원들의 가치들이 전통적인 맥락에서 어떻게 발생하고 어떻게 퇴보할 수 있는지를 전혀 보여주지 못하고 있습니다.

|편집장| 그렇다면 매킨타이어 교수님께서는 이 점에 대해 어떤 생각을 하고 계신지 좀 더 구체적으로 말씀해주실 수 있나요?

|매킨타이어| 이렇게 말씀드리면 어떨까요? 원초적 입장에서 도달한 정의원칙을 구체적으로 한국 상황에 적용한다고 해봅시다. 물론 롤스 교수님의 정의원칙이 자유주의 사회로 진일보하는 데 기여할 수 있음을 부인하지 않습니다. 그러나 제가 회의적인 생각이 드는 것은 과연 지금 한국의 상황에서 자유주의 사회로의 진입이 사회 성원들의 구체적 가치로 등장해 사회 곳곳에서 작동할 수 있을까 하는 것입니다. 물론 이 말을 오도하지 않기를 바랍니다.

제 의견은 단지 전통적 가치를 고수하려는 보수진영의 입장에 동조하는 것은 아니기 때문입니다. 제가 강조하고 싶은 부분은 사회 문제를 풀어가는 데 있어 기존 사회가 경험한 가치와 습관을 손쉽게 이데올로기로 극복할 수 없다는 점입니다. 그런 의미

에서 새로운 가치의 평가와 창출은 오로지 전통에 대한 비판적 작업에 있으며, 이러한 비판적 작업을 수행할 수 있는 덕 있는 사람들이 필요할 뿐입니다.

|롤스| 깊이 와닿는 말씀입니다. 그러나 여전히 그 방향성을 제시해 줄 정의원칙이 없다면 어떻게 올바른 방향으로 나아갈 수 있을까요? 또 어떻게 현존하는 많은 사회적 불평등과 악을 제거할 수 있을지 궁금하군요.

|매킨타이어| 방향의 설정과 제시라는 점에서 제 생각이 분명하지 못한 것은 인정합니다. 그러나 매우 독특한 문화적 경험과 역사를 지닌 공동체와 사회 성원들이 그 사회에 존재하는 불평등과 악을 인식하고, 비판적 작업을 통해 고쳐나간다면 굳이 우리가 어떤 방향 설정을 할 필요는 없다고 생각합니다.

|편집장| 이 정도면 두 분 교수님의 의견과 그 차이를 충분히 인식했으리라 생각합니다. 논의가 좀 벗어날 수 있지만, 좀 더 일반적인 질문을 던져보도록 하겠습니다. 지금 이 지구상에 살고 있는 인류가 당면하고 있는 가장 큰 문제는 무엇이라고 생각하십니까?

|롤스| 제기하신 물음에 대해 우회적으로 답변 드리고 싶습니다. 제가 우회적이라 말하는 이유는 제 군건한 믿음을 표현하고 싶었기 때문입니다. 이 지구상에 태어난 모든 인간들은 궁극적으

로 자신의 삶을 충족할 수 있어야 합니다. 저는 이것을 '실존적 계기'라고 부르겠습니다. 실존적 계기란 제 한국 친구들이 말한 '멋진 삶'이란 말과 가까워 보입니다. 인생을 사는 것은 멋지게 살기 위한 것입니다. 이 '멋지다'라는 말은 서구의 '참됨', '진실됨'이라는 뜻과 서로 상통할 수 있다고 생각합니다.

 강조하고 싶은 부분은 이 세상의 멋진 삶은 결코 윤리, 도덕적 논의로부터 자유로울 수 없다는 사실입니다. 그런 측면에서 인간의 삶을 유린할 수 있는 사회악을 제거하는 것이 무엇보다 절실하게 필요합니다. 미국 남부의 아프리카계 미국인의 삶을 미국 사회에서 자주 언급하는 것도 이 때문입니다. 제가 경험한 세상은 이에 대한 가장 중요한 지표가 될 것이라 생각합니다. 물론 이 사회악을 쉽게 제거할 수 있다고 생각하지는 않습니다. 혁명에 의한 사회악의 제거는 폭력을 동반할 수 있다는 점에서 여전히 유보되어야 할 것인지도 모릅니다. 그런 점에서 비록 많은 비판이 있긴 하지만 마틴 루서 킹 목사의 비폭력적 민권운동은 매우 중요한 전환점이라 생각합니다.

 사실 우리가 살고 있는 시대는 혼돈의 시대입니다. 삶의 다양성이 존중되어야 하는 것은 당위라고 할 수 있습니다. 그러나 그 삶의 다양성이 어떻게 사회협동을 이룩할 수 있는지는 여전히 알 수 없습니다. 그런 점에서 지금 제기되고 있는 환경 문제, 여성의 권리 문제, 전지구화의 문제, 생명윤리의 문제들은 혼돈 속에서 어떤 조화를 이룩해야 한다는 것을 보여주는 중요한 사례가 아닌가 싶습니다. 철학자의 문제의식이 결코 우리가 살고 있는 땅을 벗어날 수 없다는 것을 실감하고 있습니다. 이런 문제들이 사회 곳곳에서 보다 활발하게 논의가 이루어지길 바랄 뿐입니다. 물론 철학자들도 그 논쟁에 적극적으로 참여해야 하고요.

|매킨타이어| 저도 롤스 교수님의 말씀에 전적으로 동의합니다. 지금 우리가 살고 있는 시대는 과거 사회가 꿈꿀 수 없었던 물질적 풍요와 여가시간을 얻었습니다. 그러나 그것이 이른바 '노동 없는 사회'라는 낙원인지는 의심스럽습니다. 오히려 과거에 경험하지 못한 새로운 문제들이 속속 제기되고 있는 것이 현 실정입니다.

더 나아가 인간의 통제 또한 더욱 손쉬워지고 있다는 점도 강조하고 싶습니다. 권력자가 마음만 먹는다면, 과거의 통치구조에서는 상상조차 할 수 없었던 전제통치가 이루어질 수 있습니다. 물론 이러한 여러 부정적인 결과에 대한 보다 심층적인 분석과 대안 모색이 필요합니다. 그러나 그보다 중요한 것이 있습니다. 그것은 바로 인간의 정체성에 관한 물음입니다. '나는 누구인가?'라는 물음은 '내가 어디서 왔으며, 어디로 갈 것인가'라는 물음을 동반합니다. 더 나아가 나의 정체성이 얼마나 자신의 문화나 공동생활과 밀접하게 연관되는지 알게 될 것입니다.

인간의 삶의 가치가 두드러지는 것은 바로 이런 연관에 대한 강한 인식과 그 연관에 대한 비판에서 비롯됩니다. 지금 우리 인류가 당면한 문제도 바로 이 과정에서 나타나는 수많은 편견의 산물일 수 있습니다. 이러한 편견을 깨부수는 것이야말로 지금 우리가 해야 할 첫 임무가 아닌가 싶습니다. 물론 이 작업에 선행하여 자신의 문화와 편견을 이해하는 것도 중요할 것입니다.

|편집장| 두 분 교수님의 말씀을 들으면서 재차 지금까지 논쟁이 재현되는 듯한 인상을 지울 수 없습니다. 그러나 두 분이 서로 공감하고 동의하는 부분은 분명한 것 같습니다. 중요한 것은 삶에 충실하는 것이며, 삶에 충실하기 위해서는 사회적인 물음을 결코 회피할 수 없다는 사실입니다. 우리가 지금 당면한 현실적 물음도 결국 우리 인간들이 만들어놓은 문제라는 사실을 인식하는 것이 무엇보다 필요할 듯싶습니다.

인간의 물음이 인간에 의해 만들어졌다는 것은 그 해결의 실마리가 역시 인간에게 있다는 말이 아닌가 싶습니다. 철학자들은 이것을 흔히 책임의 문제로 바라보곤 합니다. 그러나 우리 시대는 또 하나의 실험의 시대입니다. 왜냐하면 지금 우리의 행위가 미래의 삶을 근본적으로 바꾸어버릴 수 있는 중대한 선택의 기로에 놓여 있기 때문입니다. 지금의 행위에 대한 결과는 과연 누가 짊어질까요? 이미 죽어버린 사람에게 책임을 떠맡긴다고 이 세상의 슬픔이 치유되는 것은 아닙니다.

우리의 선택이 중요한 시기입니다. 선택이 중요한 만큼 신중하고 심사숙고하는 자세가 더욱 절실합니다. 오늘 두 분 철학자를 모시고 철학적 견해와 비판을 경청하다보니 우리가 나아갈 바가 더욱 분명해지는 듯합니다. 생각하는 사람, 그리고 그 사회 성원은 자신을 항상 남처럼, 남을 항상 자신처럼 바라볼 수 있지 않나 싶습니다. 물론 그것은 문명의 충돌의 경우에도 해당됩니다.

장시간 깊은 토론에 참석해주신 두 분께 진심으로 감사를 드립니다. 한국에 머무시는 동안 멋진 날들을 보내시길 바랍니다.

|**롤스**| 고맙습니다.

|**매킨타이어**| 고맙습니다. 즐거운 토론이었습니다.

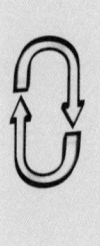

John Rawls

Chapter 4

이슈
ISSUE

Alasdair MacIntyre

이슈

한국사회에 롤스의 정의원칙을 적용하다

롤스의 논의를 가장 손쉽게 이해할 수 있는 방법은 그의 원칙들을 우리 사회에 적용해 그 가능한 논의를 찾아보는 것이다. 특히 우리 사회에서 거센 논쟁이 일었던 이슈들을 중심으로 어떻게 정의의 문제가 제기될 수 있는지 따져보는 것은 흥미롭다. 따라서 이 장에서는 롤스의 정의원칙들을 우리들의 구체적인 현안과 연결시켜 적용해보도록 하자. 다만, 논의를 단순하게 하기 위해 롤스의 정의원칙들을 차례대로 적용해본다.

(1) 양심적 병역거부

본문에서도 제기된 양심적 병역거부 문제는 한동안 뜨거운 논란의 대상이었다. 그 논의의 뜨거움은 신문이나 인터넷을 조금이라도 관심 있게 보면 금방 알 수 있다. 사실 양심적 병역거부는 과거의 시각에서 보면 하등 문제될 바가 아니었다. 특정 종교를 믿는 신앙인에게만 제기되는 매우 지엽적인 문제였기 때문이다. 비록 양심적 병역거부가 종교와 결부되어오긴 했지만, 종교적 자유와 병역의 의무로 대립되기보다는 특정 종교만의 편협한 시각으로 인식되어 왔다고 하는 편이 훨씬 적절한 말일 것이다.

이제 양심적 병역거부는 특정 종교의 문제가 아니라, 사회제도의 정의로움과 직결된 문제라고 인식한다. 왜 그럴까? 현행법을 보면 이 같은 변화를 쉽게 찾아내기는 힘들다. 현행법상으로 양심적 병역거부를 처벌할 수 있는 법은 다음 세 가지다. 병역법 제 87조는 '징병검사 기피죄'라는 명목으로 징병검사를 거부하는 사람에게 적용된다. 또 징병검사를 기피한 사람은 동시에 입영을 거부하고 있기 때문에 '입영 기피죄'에 해당한다. 이 죄가 병역법 제 88조에 적용된다. 양심적 병역거부에 해당하는 또 다른 현행법은 군형법 제 442조의 '항명죄'다. 이 법은 군 입대 후 군인의 신분을 유지하는 자가 군사훈련이나 집총을 거부할 때 적용하는 법이다.

양심적 병역거부를 심각하게 다룬 사회 일각에서는 이 같은 현행법의 적용이 일관되지 못하다고 비판해왔다. 이른바 '법적 일관성'의 문제가 현행법 적용에서 자주 발견된다는 것이다. 현행법은 물론 자진 신고의 경우에만 해당된다고 할 수 있지만 입영거부보다 입영 후 항명죄의 적용이 훨씬 무거운 형량을 받는 경우가 많다고 지적되고 있다. 가령 입영 후 집총이나 군사훈련을 거부하면 군사재판에 회부되고 통상 항명죄를 선고받는다. 이 경우 법정 최고형인 3년형을 받는 경우가 허다하나, 입영거부 후 자진 신고하면 일반법정에서 18개월에서 26개월의 형량을 선고받는 것으로 알려져 있다. 이 같은 현행법의 적용은 입영 자체의 거부로 이어질 수 있는 가능성이 높다.

우리 사회에서 양심적 병역거부는 사실 사회의 그늘 속에서만 존재했던 문제였다. 아마도 그 이유는 쉽게 짐작할 수 있을 것이다. 과거에는 반공 이데올로기와 냉전 이데올로기가 지배하고 있었기 때문에 양심적 병역거부를 늘 부정의 눈초리로 바라볼 수밖에 없었다. 조국의 신성한 '병역의 의무'를 거부하는 것이라 생각해왔기 때문이다. 대한민국의 건장한 남성이라면 마땅히 국가를 지켜야 할 의무가 있다고 믿어왔고 그렇게 교육받아온 결과였다. 이러한 믿음이 깨지게 된 것은 국제 냉전체제의 붕괴, 사회 민주화의 요구 등과 밀접한 관련이 있다. 따라서 양심적 병역거부의 문제도 새로운 관점에서 논의되기 시작한 것이다.

양심적 병역거부가 단지 외부적 환경의 변화에서만 기인한 것은 아니다. 오히려 양심적 병역거부의 문제를 사회의 그늘이 아닌 정치적 자유와 결부시키려는 내부적 노력과도 긴밀하게 연관되어 있기 때문이다. 예컨대 논의의 초점이 '병역거부'가 아닌 '양심성'으로 전환되어 가고 있다. '양심의 자유'를 어디까지 허용할 것인가라는 문제는 단순히 특정 종교의 문제도, 현행법의 준수 문제도 아닌, 새로운 관점과 시각에서 헌법상 보장되어 있는 권리의 문제로 전환되고 있다. 특히 '세계 평화'라는 당위적 관점과 초국민 국가적 논의의 필요성도 이 같은 논의를 부채질하고 있다.

이런 점에서 양심적 병역거부는 롤스의 정의원칙과 깊은 연관이 있다. 특히 롤스의 제1정의원칙은 그 중요한 고리다. 제1정의원칙은 사회의 모든 성원들 각각이 누구에게도 유린될 수 없는 정치적 자유가 있다는 것을 인정하는 것이다. 이런 맥락에서 '양심의 자유'는 무엇보다 중요한 것이 된다. 예를 들어 양심적 병역거부에 동조하는 사람들은 양심적 병역거부는 양심의 자유를 둘러싼 논쟁이며, 따라서 대체 복무를 통해 문제를 풀어가자고 주장한다.

이들의 입장을 간략하게 정리하면 다음과 같다. 양심의 자유는 각 개인이 지닌 근본적인 자유이기 때문에, 누구도 자신의 양심에 따라 행동하는 것을 저지해서도 안 되고, 양심에 반한 행동을 하도록 강요해서도 안 된다는 것이다. 이런 입장에서 바라볼 때 양심의 문제는 다수의 원칙을 존중하여 얻어낼 수 있는 것이 아니라, 근본적으로 각 개개인이 내릴 판단의 문제다. 따라서 국가가 그 성원의 양심실현의 자유를 침해해서도 안 될뿐더러 강요해서는 더더욱 안 된다는 것이 그들의 기본 논지다.

반면 양심적 병역거부에 동조하지 않는 입장에 선 사람들은 이러한 '양심의 자유'의 한계를 강조한다. 그들은 양심의 자유가 두 가지 측면에서 옹호될 수 있다는 점을 강조한다. 즉, 양심을 형성하고 선택할 수 있는 자유, 그리고 그 양심을 지키고 유지할 수 있는 자유가 있는가 하면, 그 양심을 타인에게 표명하고 실현하려는 자유가 있다는 것이다. 동조하지 않는 입장의 사람들이 강조하고 있는 것이 후자의 경우다. 그 양심의 자유가 타인의 기본권과 헌법이 요구하는 질서, 즉 국가의 안전보장이나 공공복리에 저촉될 수 있기 때문이다.

위의 두 대립적 논의를 살펴보면, 두 입장 모두 개개인이 양심의 자유를 가지고 있다는 데에는 동의하고 있음을 알 수 있다. 예컨대 각 개인의 삶을 형성하는 데 양심의 자유가 꼭 필요한 것으로 바라보고 있다. 논란의 핵심은 그 자유가 타인의 기본권과 상충되는가 하는 데 집중되고 있다. 양심적 병역거부를 반대하는 사람들이 제기하는 헌법적 질서에 위배되느냐의 문제는 엄격하게 말해 개인들의 자유가 충돌하여 제기되는 정치적 자유의 문제가 아니기 때문이다.

여기서 문제의 핵심은 바로 양심의 자유가 타인의 자유를 침해할 가능성이 있는가를 보여주어야 한다는 것이다. 만일 양심의 자유가 타인의 자유를 침해할 수 있다면 정치적 자유의 목록에서 하위의 위치에 놓여야 할 것이다. 양심의 자유에 찬성하는 입장의 논의를 생각해보자. 이들에게 양심의 자유는 인간다운 삶을 위한 근본적인 자유이며, 국가의 존재보다 근원적인 자유다. 그런 의미에서 민주주의 사회는 최대한 적극적으로 양심의 자유를 보장해야 할 책임을 지닌다. 하지만 이러한 자유의 당위성을 인정한다 하더라도, 이 근본적인 자유가 타인의 기본적인 자유를 침해할 수 있는지 따져보아야 한다. 또 있다면 해결책을 제시하는 더 적극적인 논변을 제시해야 한다.

양심적 병역거부를 반대하는 사람들의 경우에는 더 큰 증명의 부담을 진다. 무엇보다 양심의 자유가 타인의 기본권을 침해한다는 것을 이론적으로, 그리고 사례를 통해 그 당위성을 보여주어야 하기 때문이다. 이러한 이론적 논쟁 없이 감정적 호소를 통해 문제를 해결하고자 하는 것은 더욱 사태를 악화시키는 결과를 초래할 것이다. 가장 논란이 될 이슈는 '동등한 권리의 문제에서 양심의 자유를 말할 수 있는가, 특히 양심의 자유의 한계를 논의하는 데 구체적인 문화적 맥락이 전혀 개입할 소지는 없는가' 일 것이다.

롤스의 제1정의원칙은 바로 이 지점에서 작동할 수 있는 일종의 사유실험이라고 할 수 있다. 물론 롤스의 정의원칙이 우리가 지금 당면하고 있는 사안에 대해 절대적인 기준점이나 잣대를 제공하지는 못한다. 다만 지금의 논란이 보여주고 있는 것처럼 헌법의 가장 중요한 기본 요소로서 양심의 자유가 과연 다른 어떤 자유보다 더 근본적인지, 그리고 다른 자유와 충돌할 수 있는지를 결정해야 한다. 이런 점에서 롤스의 원초적 입장에서 제시된 정의원칙을 보다 근본적인 수준에서 적용하고, 도덕적 사유를 통해 일반인의 숙고된 믿음과 일치할 수 있는 지점을 찾아가는 것과 같다고 할 수 있다.

(2) 수행평가의 객관성과 변별력, 또는 교육의 공정한 기회 균등

두 번째로 제기할 만한 주제는 교육과 관련된다. 교육에 관한 문제는 사실 방대하고 복잡하다. 때문에 일관되면서도 구체적인 논의를 하기란 쉬운 일이 아니다. 그럼에도 교육 문제는 단순히 개인의 차원을 넘어 사회적 관심이 되고 있다. 조기유학은 말할 것도 없고 온 국민이 자식 교육만큼은 그 어떤 것보다 중요하다고 판단하고 있기 때문이다.

교육 문제 중에서 의견이 첨예하게 대립되고 있는 부분은 대학입시 제도다. 단지 제도가 손쉽게 바뀌고 있다는 데에만 문제가 있는 것은 아니다. 대학입시 제도가 우리에게 이른바 '뜨거운 감자'가 된 연유는 사회의 기득권에 진입할 수 있는 가장 손쉬운 방법으로 인정되고 있기 때문일 것이다. 이른바 일류 학교의 진학은 인생을 판가름하는 가장 중대한 요인이 되고 있는 것이다. 우리 사회에 만연한 학연과 학벌은 이 같은 사태를 심각하게 우려하는 시각에서 붙여진 이름이다.

정작 문제는 다른 곳에 있다. 대학입시 제도의 논란은 결과론의 입장이 아닌 대학입시 제도를 둘러싼 원칙의 대립으로 이해할 수 있기 때문이다. 대학입시 제도에서 가장 중요한 원칙이 무엇인지 살펴보자. 특히 국가적 차원에서 이 문제는 심각하게 제기될 수 있다. 각종 국가시험을 총괄하는 국가의 입장에서 보자면, 국가의 인재를 골고루 등용할 수 있는 원칙을 수립해야 하는 것은 어쩌면 너무도 당연한 일일 것이다. 그런 점에서 보면 대학입시 제도의 근본원칙이 '수행평가의 객관성과 변별력'을 담보하는 방향으로 주도되었던 것은 일리 있는 일이다.

관점을 바꾸면 어떻게 될까? 가령 국가의 입장이 아닌 학생의 입장에서도 대학입시 제도의 원칙이 동일하게 적용될 수 있을까? 모든 국민들이 대학에 가고 싶다고 한다면 어떻게 해야 할까? 우리나라 헌법은 이 같은 희망을 '권리'로 규정하고 있다. 예를 들어 제31조 1항에 '모든 국민은 능력에 따라 균등하게 교육받을 권리를 가진다'라고 명시되어 있다. 이 같은 권리는 어떤 차별도 굴하지 않고 모든 국민이 누려야 할 권리다. 이 같은 권리의 측면에서 보자면 수학능력시험은 단순히 학습 능력을 평가하는 잣대에 불과하다고 반론할 수 있을 것이다.

우리의 현실은 아직도 수능시험이 대학입학 자격시험의 범위를 넘어서야 한다고 주장하는 목소리가 높은 것도 사실이다. 특히 언론들은 수능시험의 변별력을 문제 삼으면서 그 같은 목소리를 대변하고 있다. 수능시험이 단순히 대학입학 능력의 적격과 부적격을 가려주면 그뿐일 텐데, 왜 수능시험의 점수가 변별력이 없다고 비판하는 것일까?

이 이유에 대한 논의는 사실 너무나 다양하고 폭넓다. 그중 한 가지는 수능시험의 결과가 특정 대학의 진학뿐만 아니라 사회 기득권과 직결되기 때문이다. 시험 결과의 변별력이 없다는 것은 기존 사회제도의 원칙을 훼손할 수 있다는 우려가 섞여 있다고 보아야 할 것이다. 특히 기득권층 진입의 열쇠가 될 소수의 고득점자의 경우에는 더욱 문제가 심각해진다. 선별의 공정성은 차치하더라도, 성적의 서열을 명확하게 보여주지 못한다면, 사회 전체가 암묵적이지만 무비판적으로 승인하고 있는 능력 있는 자와 능력 없는 자의 구분이 상대적으로 큰 혼란 상태에 빠지게 된다. 수능시험을 둘러싼 변별력 시비가 끊이지 않고 있는 것도 이 때문이다.

물론 변별력 시비는 수능시험 자체가 능력 측정의 시험이 아니라 그 이상의 어떤 역할을 염두에 두었다고 할 수 있다. 수능시험의 점수를 왜 대학입학 사정의 중요한 판단 기준으로만 보지 않고 그 이상의 역할을 수행해야 한다고 주장하는 것일까? 그렇다면 수능시험은 좀 더 그 응시자의 관점으로 이해되어야 하지 않을까? 최근 일각에서 제기하고 있는 '교육의 기회 균등' 주장은 이 같은 관점을 반영하고 있다고 할 수 있다. 그리고 이 주장은 사회제도로서 교육기관의 공신력과 그 근본 가치를 되묻고 있는 것이다.

사회제도를 떠받들고 있는 것은 제도의 근간이 되는 원칙이다. 예컨대, 국가시험을 관장하고 조정하는 역할을 수행해야 할 교육평가원이 수능시험의 객관성과 변별력의 주체가 된다. 물론 교육평가원은 교육부의 하부 기관으로서, 교육부는 행정부의 하부 부서로서, 또 행정부는 국가기구의 일부로서 사회통합의 기능을 다해야 한다. 이런 의미에서 교육의 원칙은 한 사회의 제도들을 하나로 묶는 협동체의 근본 원리라고 해도 과언이 아니다. 다시 말하면 그 원칙은 롤스가 말한 '사회의 기본 구조'와 직결되어 있으며, 사회원칙과 유리될 수 없다.

수학능력 시험을 총괄하는 교육평가원에서 학생들의 학업 수행능력을 변별력 있게 측정할 수 있는 객관적인 지표를 제공하려고 총력을 기울이는 것은 너무도 당연한 일이다. 그러나 변별력 있는 시험이 대학의 서열화를 공고히 할 뿐만 아니라, 학벌 중심 사회로 이끄는 데 지대한 역할을 하고 있다면 상황은 달라진다. 문제는 교육을 담당하는 주요 행정부서들이 이러한 사회의 기본 골격을 고려하기보다는 그 기관들의 주된 목적과 기능에만 충실하다는 데 있다.

대학의 목적과 기능을 제대로 수행하기 위해서 단지 변별력을 키우는 수능시험을 객관적으로 치르는 것이 필요충분조건이 될 수 있을까? 선행학습을 통해 이루어진 수능시험의 결과가 과연 객관성을 떠나 공정하다고 말할 수 있을까?

이 문제를 출발선이 다른 달리기 시합에 비유하곤 한다. 구체적 논의야 어찌됐든 이 달리기 시합을 공정하다고 볼 수 있는 근거는 희박하다. 한날한시에 치러진 시험이 객관적이고 변별력이 높다는 것은 분명하다. 동일한 조건과 절차에 의해 치러진 시험이 공정하다고 말할 수 있는 근거는 무엇인가? 가난한 가정과 부유한 가정에서 자란 학생들이 동일한 조건 속에서 산다고 하는 것과 무엇이 다른가?

수능시험의 객관성과 변별력은 학생들이 사회 속에 주어진 조건들의 공정성에 대해서는 하등 문제 삼지 않는다. 하지만 정의 문제는 조건들의 공정성과 긴밀하게 결합될 것이다. 사실 우리 사회는 대학의 서열화와 그 서열화로 고착화되는 학벌사회를 받아들이는 듯한 인상이 강하다. 물론 학벌사회에 대한 체계적인 반박이 없다는 것을 뜻하는 것은 아니다. 다만 지적하고 싶은 것은 여러 대중매체들이 수능시험의 변별력을 시비 걸었을 때 사회 정의의 시각에서 바라보는 경우가 흔치 않다는 것이다.

분명한 것은 수능시험이 본래의 목적과 기능을 넘어 사회제도를 공고화하는 기능을 수행하고 있다는 점이다. 특히 변별력 있는 시험은 교육기관들을 등급화할 뿐만 아니라, 그 사회 성원들의 자질과 능력을 다양한 관점에서 평가하지 못하고 매우 단순화된 지표를 통해 일원화시키고 있다. 우리 사회에서 학력의 지표는 개인의 능력과 자질뿐만 아니라, 사회의 모든 분배기제들과 밀접하게 연관된 중요한 지표다.

이러한 현상이 최근의 일만은 아니다. 이를 받아들이는 사회 성원들의 심리적 기제들은 일시적이고 우연적인 소통의 산물일 수 없기 때문이다. 이러한 과정은 우연적인 현상으로 보기에는 매우 어려운 구석이 많이 나타난다. 유교체제의 합리성을 떠받

들었던 기제들이 이름만 바뀌었을 뿐 그대로 답습되는 경향이 짙기 때문이다. 예를 들면 과거제는 각종 국가고시로, 인재의 천거는 당파성에서 학벌체제로 옮긴 듯한 인상을 강하게 풍기는 것도 사실이다.

논란의 핵심은 단지 특정 기간에 치러진 수능시험의 변별력에 달려 있는 것이 아니다. 논쟁의 중심은 국가제도를 떠받들고 있는 원칙들의 정의로움이다. 말하자면 국가의 모든 시험은 객관적이고 변별력을 지니고 있어야 한다. 그 이유는 무엇보다 학생들의 자질과 능력을 바르게 평가하는 것이 국가에 필요한 인재를 등용할 수 있는 기준점이기 때문이다. 또 한편으로 이러한 시험의 변별력은 국가를 구성하는 여러 사회제도를 고착화시키는 데 결정적인 역할을 한다. 국가의 인재등용 원칙으로 '수행평가의 객관성과 변별력 확보'는 우선적으로 국가의 관점에서 가장 합리적으로 선택할 수 있는 원칙이다.

롤스의 관점에서 교육의 공정한 기회 균등 원칙이 매우 중요해 보인다. 교육의 공정한 기회 균등 원칙이 무엇보다 제2원칙이 될 수 있었던 것은 조건의 평등이 실현되지 않고, 어떤 수행평가의 객관성과 변별력도 그 공정함을 보장받을 수 있는 길이 없기 때문이다. 교육기관의 존재 이유는 단지 개인의 능력과 자질을 경쟁체계 내에서 평가하기 위한 것이 아니다. 그 존재 이유는 교육이 무엇보다 다음 세대가 사회협동체의 성원으로 거듭나기 위한 조건들을 충족하면서, 개인의 역량을 최대한 발휘하도록 돕는 데 있다.

위와 같은 사유실험은 여전히 원초적 입장의 당사자들이 어떤 사회를 선호할 것인가라는 근거를 찾아봄으로써 구체적인 대안이 나올 수 있다. 다시 말하면 어떤 논란의 사안이 있을 경우, 그 사안을 지탱하고 있는 사회원칙들이 무엇이고, 그 근거들은 무엇인가를 밝힌 다음, 원초적 입장의 당사자 입장에서 어떤 원칙을 사회원칙으로 받아들일 것인가 심사숙고해보는 것이다.

우리의 경우 정의에 관한 물음은 분명하게 제기되지 않고 있다. 사회제도의 정의로움의 문제는 기존의 삶의 방식과 체제에 대한 한층 심층적인 분석과 비판이 있어야 하기 때문일 것이다. 이런 점에서 교육을 둘러싼 최근의 논란에는 여전히 기존의 유교체제 내에서의 교육 실태와 그 이념성을 비판해보는 것이 얼마나 중요한가를 보여준다. 물론 이 작업은 결코 쉬운 일이 아니다. 그럼에도 모든 정의에 대한 물음이 그렇듯, 단순해 보이는 문제들도 막상 현장에 뛰어들면 복잡한 것과 마찬가지다. 롤스의 정의원칙은 이런 복잡한 논의 속에서 하나의 일관된 관계를 따져보는 것이라 하겠다. 그럼에도 이 같은 원칙의 수용과정은 단순히 우리 전통과 문화에 맞는 방식으로 결정되어야 할 것이다.

(3) 비정규직 노동자 문제

롤스의 정의원칙을 살펴볼 수 있는 마지막 문제는 최근 뜨거운 논란이 되고 있는 비정규직 노동자 문제다. 여기서 제기하고 싶은 부분은 어떤 법안이 가장 정의로운 법안인가를 판가름하기 위한 것이 아니다. 더 중요한 이슈는 왜 비정규직 노동자의 문제가 제기될 수밖에 없는가이다.

최우선적으로 언급되어야 할 사항은 비정규직 노동자의 문제가 '평등과 분배'에서 비롯된다는 점이다. 다시 말하면 비정규직 문제는 단순히 체제의 효율성의 잣대에서 임의적으로 평가할 수 있는 것이 아니라, 사회 정의가 실질적으로 담보해야 할 정의로운 분배에서 파생하는 매우 심각한 문제다.

롤스의 입장에서 보면 비정규직 노동자의 문제는 원초적 입장에서 제시한 '최소극대화 원리'에 따라 최소 수혜자의 혜택을 늘릴 수 있는 방향으로 진행되어야 한다는 다분히 추상적인 대답을 할 것이다. 그런 측면에서 비정규직에 대한 실질적 보호책을 마련하자는 시민단체들의 입장은 전폭적인 지지를 받을 수 있는 것으로 보인다.

그러나 문제가 그리 단순해 보이지 않는 이유는 다른 곳에 있다. 국가정책의 방향이 어느 쪽으로 일관되게 이루어져야 하는지에 관한 문제가 제기되기 때문이다. 비정규직 노동자 문제의 사회적 파장을 생각해보면, 이는 어떤 결정을 필요로 하는 중대 사안이다. 그럼에도 현실적으로 이 문제가 쉽게 풀리지 않는 것은 사회 이익을 조정해야 하는 국가의 역할 때문이다. 사회 기득권자들의 이익도 엄연한 이익인 바, 항상 노동자의 조건만을 고려해야 한다고 생각하는 것은 옳지 않다.

비정규직 철폐를 요구하는 노동자들

이때 비정규직 노동자의 문제를 구체적인 법안발의의 차원에서만 언급하는 것은 문제를 다소 지나치게 이해의 갈등으로만 바라보는 오류를 범할 수 있다. 비정규직 문제를 정의의 관점에서 바라보면 어떨까?

이럴 경우 비정규직 문제는 비정규직 노동자들이 기존의 사회제도 차원에서 얼마나 사회적 약자인가를 드러낼 수 있게 된다. 더 나아가 정의로운 사회를 건설하기 위해 왜 사회적 약자에게 관심을 기울여야 하는지 그 이유를 제시할 수 있게 된다.

구체적인 법안의 발의나 구체적인 실행에 앞서 중요한 것은 비정규직 노동자들이 왜 사회적 약자이며, 이것의 제도적 해소가 장기적인 차원에서 사회 부정의를 해소해나갈 수 있는 계기가 될 수 있다는 점이다.

이것은 법안의 발의 과정에서 철저하게 이해 당사자들의 고통과 관점을 이해하는 차원에서 이루어져야 함을 말한다. 더욱 중요한 것은 어떤 하나의 법안으로 비정규직 문제가 완전히 해소될 수 있다는 기대는 금물이라는 점이다. 사회적 약자는 사회가 분배체계인 한 끊임없이 다른 이름으로 나타날 것이기 때문이다.

하나의 분배 방식에서 나타날 수 있는 사회적 약자들을 국가가 보호해야 한다는 것이 롤스의 생각이다. 그 이유는 사회협동을 통해 사회가 최대의 효율성을 갖기 위해서 사회적 차이를 여전히 활용하고 있기 때문이다. 문제는 사회적 차이가 불평등과 사회적 차별이 되지 않도록 구체적인 사회정책의 방향이 이루어져야 한다는 점이다.

이런 맥락에서 사회의 기득권층을 적극적으로 설득하는 것이 중요하다. 이는 단순히 인간의 조건을 박탈당했다는 의미를 넘어서, 진정으로 미래 사회에 도움이 될 수 있는 사회적 선택은 무엇인지 대답해주는 역설적인 성격을 띤다. 사회가 잘 돌아가지 않는다면 장기적으로 모두에게 혜택이 돌아갈 수 없기 때문이다.

이 점은 '사회는 모든 사람에게 이득이 되는 것'이라는 우리의 직관을 잘 대변하고 있다. 흔히 사회적 논란에서 빠지는 것은 협동체로서의 사회관이다. 이념의 우월성보다 모두에게 사회적인 이익이 될 수 있는 방안을 모색하는 것과 같다. 물론 이 과정에서 특정 이념이 보다 우월할 수 있는 가능성은 다분하다. 그 이유는 모든 사회적 활동이 이전의 삶의 방식과 결코 분리될 수 없기 때문이기도 하다.

우리 사회에서 비정규직 노동자 문제가 더욱 가속화된 데에는 경제 위기 이후 우리의 국가정책이 상당 부분 이른바 신자유주의 정책의 기조 아래서 이루어지고 있다는 점에서 그 원인을 찾을 수 있다. 여기서 중요한 것은 신자유주의 정책의 불가피성을 논구한다든가, 아니면 신자유주의 정책의 무자비함을 드러내는 것만으로 해결되지 않는다는 점이다. 더 중요한 것은 하나의 정책을 수립하는 것은 반드시 분배 방식의 변화를 상정할 수밖에 없다는 것과, 그 변화에 따른 수혜자와 피해자가 반드시 나타난다는 현실이다.

분배정의가 실질적으로 필요한 대목도 바로 이런 인식에 근거한다. 분배정의는 단순히 특정 시점에서 사회에 대한 기여도에 따라 그 몫을 결정하는 것만으로 이룩할 수 없다. 오히려 이미 상존하는 불평등이 어떻게 현재의 분배에 작동하고 있는지를 살펴보고 더 나아가 그에 따른 분배의 혜택을 받지 못하는 사람들에게 더 많은 보완적 조치를 취해야 한다. 이것이 바로 롤스의 정의원칙이 지닌 장점이기도 하다.

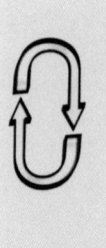

에필로그
Epilogue

1 지식인 지도
2 지식인 연보
3 키워드 찾기
4 깊이 읽기
5 찾아보기

EPILOGUE 1

지식인 지도

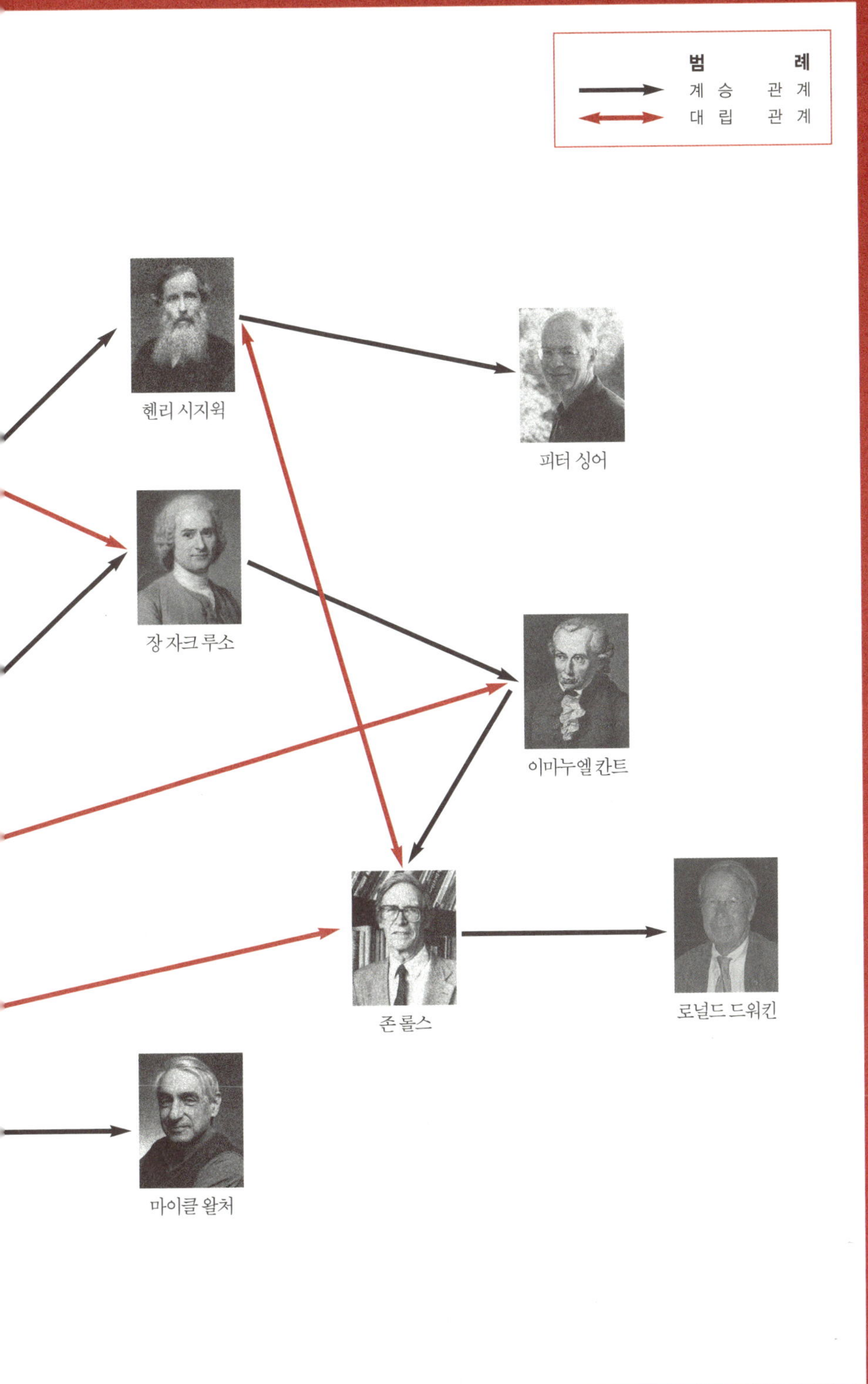

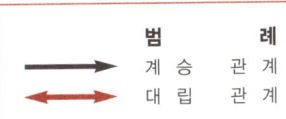

범례
→ 계승 관계
↔ 대립 관계

헨리 시지윅

피터 싱어

장 자크 루소

이마누엘 칸트

존 롤스

로널드 드워킨

마이클 왈처

EPILOGUE 2

지식인 연보

• **존 롤스**

1921	미국 볼티모어에서 출생
1943	제2차 세계대전 중 군 입대
1949	마거릿 폭스와 결혼
1950	미국 프린스턴 대학 철학과에서 박사학위 취득 프린스턴 대학에서 강의 시작
1951	최초 논문 〈도덕 의사결정 과정 개요〉 발표
1952	옥스퍼드 대학에서 법철학자 하트와 정치철학자 아이자이어 벌린 만남
1955	〈두 종류의 규칙〉 발표
1957	정의론의 토대가 된 논문 〈공정으로서 정의〉 발표
1962	코넬 대학에서 철학 교수 역임
1964	하버드 대학교 철학과로 자리를 옮김
1971	《정의론》 출간
1972	하버드 대학교를 빛낸 교수(A University Professor)가 됨
1986	자신에게 지대한 영향을 끼쳤던 하트 교수 기념 강의에 초청됨
1989	후기 저술의 핵심개념의 토대가 된 〈정치적인 것의 영역과 중첩합의〉 논문 발표
1993	《정치적 자유주의》 출간

1993	〈만민법〉 논문 발표. 후에 이 글을 토대로 《만민법》 출간
1999	클린턴 대통령으로부터 '국가인문학상' 수상
2002	11월 24일 사망

• 알래스데어 매킨타이어

1929	스코틀랜드 글래스고에서 출생
1949	런던 대학 퀸 메리 고전학 학사 학위 취득
1951	맨체스터 대학 학위과정 후 옥스퍼드와 에식스 대학에서 강의
1966	《윤리학 소사》 출간
1967	《세속화와 도덕적 변동》 출간
1969	미국으로 이주, 여러 대학에서 강의
1977	여성 철학자 린 조이와 결혼
1981	《덕 이후》 출간
1982~1988	밴더빌트 대학 철학과에서 강의
1984	《덕 이후》(2판) 출간 미국 철학회 동부지회 회장 역임
1988~1994	노터데임 대학 철학과에서 강의
1988	예일 대학 휘트니 인문과학연구소에서 교환교수 활동 《누구의 정의? 어떤 합리성?》 출간
1995	듀크 대학 철학과 교수 재임
2005	미국 철학회 회장 역임

EPILOGUE 3

키워드 찾기

- **공정으로서 정의** Justice as Fairness 정의의 여러 입장 가운데 현실의 공정성 개념이 정의의 주요 개념을 형성한다고 보는 입장이다. 특히 롤스의 원초적 입장은 현실의 이러한 공정성의 개념을 정의의 기본개념으로 확보하려는 장치다.

- **무지의 베일** The Veil of Ignorance 원초적 입장이 왜 공평한지를 보여주는 일종의 장치다. 원초적 입장의 당사자들은 자신의 이해관계로부터 벗어나기 위해 자신의 이해관계에 대해 모두 지워버린다는 것이다. 그러나 무지의 베일이 말 그대로 암흑을 뜻하는 것으로 이해되어서는 안 된다. 무지의 장막의 상태에 있는 당사자들은 현실적 이해관계만을 잊을 뿐 사회가 작동할 수 있는 기본 조건에 대해서는 잘 알고 있는 것으로 가정된다.

- **반성적 평형** Reflective Equilibrium 반성적 평형은 원초적 입장에서 선택된 정의원칙과 일상생활에서 심사숙고해서 얻어낸 판단이 일치하는 것을 뜻한다. 롤스는 자신의 정의원칙이 여러 과정을 걸쳐 민주주의 사회의 심사숙고된 판단과 일치될 것으로 보았다.

- **보편화 원리** The Principle of Universalizability 한 개인의 주관적 원칙이 모든 사람에게 통용될 수 있도록 보편화하는 과정에서 나타나는 원리다. 특히 여기서 획득한 보편성은 인간 행위 법칙의 근간이 된다. 이 같은 보편화 원리를 윤리에 적용한 사람은 칸트였다.

- **불편부당** Impartiality 불편부당은 어느 쪽으로든 치우치지 않는다는 뜻이다. 어느 쪽으로 치우치지 않기 위해서는 현실의 자기이해를 벗어날 필요가 있는데, 롤스의 경우 무지의 베일을 통해 이 같은 조건을 충족한다.

- **비례적 평등** Proportional Equality 비례적 평등은 개인과 그 몫에 따라 결정되는 평등을 말한다. 아리스토텔레스는 처음으로 이 같은 평등 개념이 정치사회에 적용된다고 생각했다.

- **사회의 기본 가치**^{Primary Social Goods} 자유로운 인간이 사회 속에서 자신의 자유를 향유하기 위해 반드시 필요한 것들이다. 이와 대립되는 개념은 자연적 가치가 있다. 자연적 가치는 개인의 존속을 위해 반드시 필요한 것을 말한다.
- **사회의 기본 구조**^{The Basic Structure of Society} 여러 사회제도들을 하나의 통일체로 구성하는 골격을 말한다. 흔히 한 국가가 하나의 헌법 정신에 따라 입법, 행정, 사법의 근간을 형성한다면, 사회의 기본 구조는 국가를 형성하는 근간이다. 롤스에게 이 사회의 기본 구조는 헌법 이상을 의미한다. 사회의 기본 구조는 사회배열의 정의로움을 판가름할 수 있는 정의원칙을 갖고 있다. 그렇기 때문에 사회의 기본 구조에서 중요한 것은 이 같은 정의원칙이고, 이 정의원칙은 국가조직을 정의롭게 배열할 수 있는 근거가 된다.
- **산술적 평등**^{Arithmetical Equality} 산술적 평등은 말 그대로 두 대상이 정확히 동등치를 갖고 있는 상태를 말한다.
- **상호 무관심**^{Mutual Disinterestedness} 상호 무관심하다는 것은 다른 사람의 이익에 대해 전혀 관심을 보이지 않고 오로지 인간 자신만의 관심에 주목한다는 뜻이다. 롤스의 경우 원초적 입장의 당사자들이 이러한 상호 무관심 상태에 있는데, 그들은 자신들의 현실의 이해관계를 벗어나 자신이 획득할 수 있는 사회의 기본가치에만 관심을 둔다고 가정한다.
- **원초적 입장**^{The Original Position} 일종의 사유실험으로 자유롭고 평등한 당사자들이 공평한 상황에서 정의원칙을 선택하는 상황을 말한다. 모든 조건이 동일하다고 가정한 상태에서, 그 계약 상황에 처한 당사자들의 심사숙고한 판단에 따라 정의원칙을 선택할 수 있다.
- **정의감**^{The Sense of Justice} 일반 사람들이 일상생활에서 느끼는 정의로움 또는 정의롭지 못함에 대한 감정이다. 정의감은 직접적이기보다는 간접적으로 느끼는 경우가 많다. 가령 정의감의 대부분은 현실에서의 부정이나 부당함을 어렴풋하게 느끼거나 추론할 수 있는 감정이다. 롤스는 이 감정은 누구나가 가질 수 있는 공정심과 같다고 생각했다. 때문에 롤스의 정의원칙은 궁극적으로 이 정의감과 동떨어질 수 없고 일치되는 것으로 가정된다.
- **정의의 상황**^{The Circumstance of Justice} 정의가 반드시 필요한 상황을 말한다. 흔히 정의의 상황은 오직 인간의 사회에만 적용된다. 신의 나라에서는 모든 것이

완벽하기 때문에 정의가 필요 없을 것이고, 짐승과 동물의 세계에서는 오로지 이기적 욕망에 이끌려가기 때문에 정의가 요구되지 않는다. 정의의 상황은 객관적 조건과 주관적 조건으로 나뉘어 설명되는데, 객관적 조건은 자연자원이 매우 희소해 인간이 사용하기엔 불충분하기 때문에 인간의 협력과 자원의 효율적인 사용이 필요하다는 것이다. 반면 주관적인 조건은 이 세상에 살고 있는 인간들이 바라는 삶의 가치가 서로 다르기 때문에 인간의 협력을 위해선 정의로움이 요구된다는 것이다.

- **질서정연한 사회**^{The Well-Ordered Society} 자유롭고 평등한 구성원들이 사회협력을 이루기 위해 구성된 사회다. 이 사회에서는 모든 성원들이 정의원칙을 준수하고 행동한다.

EPILOGUE 4

깊이 읽기

- 존 롤스 《정치적 자유주의》 – 동명사, 1999
- 존 롤스 《정의론》 – 이학사, 2003
- 존 롤스 《만민법》 – 이끌리오, 2000
- 존 롤스 《공정으로서의 정의》 – 서광사, 1988
- 스티븐 슈트, 수전 헐리 《현대사상과 인권》 – 사람생각, 2000

롤스의 논문 〈전쟁 시의 범죄, 평화 시의 범죄〉가 실려 있다.

- 황경식 《사회정의의 철학적 기초 : 롤스의 정의론을 중심으로》 – 문학과지성사, 1996

롤스의 정의론에 대한 첫 국내 연구서로 롤스 논의에 대한 다양한 서구 학계의 반응을 요약하고 있는 책이다.

- 마이클 슬롯 《덕의 부활 : 의무 윤리의 좌절과 덕 윤리학의 재등장》 – 철학과현실사, 2002
- 복거일 《정의로운 체제로서 자본주의》 – 삼성경제연구소, 2005
- 고지문 《최근 미국소설의 핵심주제》 – 신아사, 2001
- 한인섭 《정의의 법, 양심의 법, 인권의 법》 – 박영사, 2004
- 이창희·장승화 《절차적 정의와 법의 지배》 – 박영사, 2003
- 오트프리트 회페 《정의 : 인류의 가장 소중한 유산》 – 이제이북스, 2004
- 스테판 뮬홀, 애덤 스위프트 《자유주의와 공동체주의》 – 한울아카데미, 2001
- 마이클 왈처 《자유주의를 넘어서》 – 철학과현실사, 2001
- 윌 킴리카 《현대 정치철학의 이해》 – 동명사, 2006
- 마이클 왈처 《정의와 다원적 평등 : 정의의 영역들》 – 철학과현실사, 1999
- 알래스데어 매킨타이어 《덕의 상실》 – 문예출판사, 1997
- 알래스데어 매킨타이어 《윤리의 역사 도덕의 이론》 – 철학과현실사, 2004
- 피터 싱어 《실천윤리학》 – 철학과현실사, 1997

EPILOGUE 5

찾아보기

ㄱ
〈게르니카〉 p. 189
계몽주의 p. 156, 171, 173, 183
《고타강령비판》 p. 273
공동체주의자 p. 67, 69, 155, 195, 197, 200, 210, 254
공리주의 p. 33, 34, 36, 66, 70-72, 76, 82, 97, 98, 100, 103, 16, 109, 110-112, 117, 118, 120, 123, 127-129, 152, 227, 228, 230, 234, 250, 251, 253, 254, 257
공정으로서의 정의 p. 64, 85, 102, 199
공정한 기회 균등의 원칙 p. 166

ㄴ
노예해방 p. 31, 32

ㄷ
《대화》 p. 45

ㄹ
롤스, 존 Rawls, Johns p. 31-39, 55, 63-69, 71-78, 82-86, 89, 90, 92, 95, 96, 98-109, 111, 114, 118, 122, 124, 127-132, 143, 145-157, 149, 150, 152-158, 160. 161, 163, 166-185, 188, 192, 194. 197-200, 202, 206, 207, 208, 218220, 222, 223, 225, 227-243
링컨, 에이브러햄 Lincoin, Abraham p. 31

ㅁ
마르크스, 카를 Marx, Karl p. 66, 237, 238
매킨타이어, 알래스데어 Macintyre, Alasdair p. 31, 36-40, 44, 67, 72, 76-82, 100, 155-158, 164, 166-171, 174, 182-186, 188, 192, 194, 195, 197, 198, 200, 201, 203, 204, 206, 207-210, 212, 216, 217, 237, 239-243, 246
무지의 베일 p. 86-88, 91, 92, 94, 101, 127, 128, 167, 198, 234
민권운동 p. 32, 162

ㅂ
박지성 p. 133, 201
반성적 평형 p. 130, 199
볼테르 Voltaire p. 19
분배원칙 p. 22, 58, 66, 72, 93, 161, 222, 236-230, 232, 235-239
분석철학 p. 66
불편부당함 p. 88
비례적 평등 p. 223, 232
비정규직 노동자 p. 26-28, 256, 279-282

ㅅ
〈사이더하우스〉 p. 181
사회계약 p. 75-82, 90
사회의 기본 구조 p. 96, 276
산술적 평등 p. 223, 291
상호 호혜성 원칙 p. 235, 254
상호성원칙 p. 129, 130
샌델, 마이클 Sandel, Michael p. 169
선행학습 p. 24-26
성장지상주의 p. 115
소수자 우대 정책 p. 125
소크라테스 Socrates p. 18, 19, 46, 221

스미스, 애덤 Smith, Adam p. 156
스크린 쿼터 p. 28

ㅇ
아리스토텔레스 Aristotles p. 223, 286, 290
양극화 p. 16, 25, 27, 28, 81, 115, 117, 175
양심의 자유 p. 270-273
양심적 병역거부 p. 119, 268-272
〈왕의 남자〉 p. 29
원초적 입장 p. 33, 36, 38, 75, 82-96, 98, 99, 100-103, 106, 109, 111, 128131, 152-154, 157, 158, 161-169, 172, 177-179, 182, 184, 185, 187, 189, 194, 195, 197-200, 202, 204, 206, 227-230, 232-234, 238, 241, 251, 254, 256, 258, 260, 273, 278-280
이라크 전쟁 p. 30

ㅈ
자유무역협정 p. 28
자유우선원칙(제1정의원칙) p. 103, 104, 107, 118-120, 122, 124, 270
자유주의 p. 67, 106-108, 121-123, 138, 143, 145, 160, 192, 249, 250, 251, 252, 258, 260
자유주의-공동체주의 논쟁 p. 31, 67, 156, 246
《정의론》 p. 31, 35, 64, 66, 67, 69, 150, 152, 234, 250, 252, 254
정의원칙 p. 149,150, 153, 154, 157, 163, 177-181, 184, 188, 194, 198-200, 204, 206, 207, 232, 234, 238, 241-243, 253-257, 259,-261, 268, 270, 273, 279, 283, 290
정의의 상황 p. 48, 92, 229
정의주의 p. 65
《정치적 자유주의》 p. 67, 69
징병검사 기피죄 p. 269

ㅊ
차등원칙 p. 103, 107, 116, 127, 129, 130, 145-147, 149, 150, 228, 230, 235, 236, 238, 239,
최소극대화 원리 p. 127, 234, 235, 280
최초의 상황 p. 75

ㅋ
칸트, 이마누엘 Kant, Immanuel p. 160, 165-167, 209, 250, 251
킹, 마틴 루서 King, Martin Luther p. 32

ㅌ
트라시마코스 Thrasymachus p. 45

ㅍ
평균효용원칙 p. 129
평등제한 원칙(제2정의원칙) p. 103, 104, 107, 122, 252
평등주의 p. 82, 116, 229
플라톤 Platon p. 45, 46, 134, 152
피카소, 파블로 Picasso, Pablo p. 189, 190, 213, 286

ㅎ
흄, 데이비드 Hume, David p. 75, 76, 156, 185, 205

John Rawls
&
Alasdair C. MacIntyre